D1727015

Karl Heinrich Heydenreich

System der Aesthetik

TEXTE ZUM
LITERARISCHEN LEBEN UM 1800

Herausgegeben von
ERNST WEBER

5

Karl Heinrich Heydenreich

System der Aesthetik

Gerstenberg Verlag Hildesheim
1978

Karl Heinrich Heydenreich

System der Aesthetik

Mit einem Nachwort
von Volker Deubel

Gerstenberg Verlag Hildesheim
1978

Weitere Bände sind ursprünglich nicht erschienen.

CIP-Kurztitelaufnahme der Deutschen Bibliothek

Heydenreich, Karl Heinrich
System der Aesthetik. - Reprogrph. Dr. d.
Ausg. Leipzig 1790. - Hildesheim : Gersten=
berg, 1978.
 (Texte zum literarischen Leben um 1800 [acht=
 zehnhundert] ; 5)
 ISBN 3-8067-0686-7

Reprographischer Druck der Ausgabe Leipzig 1790
Herstellung: Druckerei Strauss & Cramer GmbH, 6945 Hirschberg II
Best.-Nr. 238 00686
ISBN 3-8067-0686-7

System der Aesthetik.

Erster Band.

Longinus de sublim.

Ἡ μὲν φύσις πρῶτόν τι καὶ ἀρχέτυπον γενέσεως στοι-
χεῖον ἐπὶ πάντων ὑφέστηκεν, τὰς δὲ ποσότητας καὶ τὸν
ἐφ᾽ ἑκάσῳ καιρὸν, ἔτι δὲ τὴν ἀπλανεστάτην ἄσκησίν τε καὶ
χρῆσιν, ἱκανὴ παρορίσαι καὶ συνενεγκεῖν ἡ μέθοδος.

Von

Karl Heinrich Heydenreich
Prof. der Phil. in Leipzig.

Leipzig,
bey Georg Joachim Göschen,
1790.

Seiner Excellenz

Dem Hochwohlgebornen Herrn,

Herrn Friedrich Ludwig Wurmb,

Erb = Lehn = und Gerichtsherrn auf Großen=Furra 2c.

Sr. Churfürstl. Durchlaucht zu Sachsen hochbetrau=
tem Conferenz=Minister, wirklichem geheimen Rathe,
Director der Landes = Oekonomie=Manufactur = und
Commercien=Deputation, des hohen Kaiserl. St. Jo=
seph=Ordens Commendeur, und Burgmann
zu Friedberg 2c.

Seiner Excellenz

Dem Reichs-Frey-Hochwohlgebornen Herrn,

Herrn Christian Gotthelf
d. h. R. R.
Freyherrn von Gutschmid,

Erb-Lehn- und Gerichtsherrn auf Klein Wolmsdorf 2c.
Sr. Churfürstl. Durchlaucht zu Sachsen hochbetrautem Conferenz-Minister, wirklichem geheimen Rathe,
und der Ober-Rechnungs-Deputation
Directori 2c.

Seiner Excellenz

Dem Hochgebornen Grafen und Herrn,

Herrn Adolph Heinrich
d. h. R. R.
Grafen von Schönberg,

Erb=Lehn= und Gerichtsherrn auf Berthelsdorf
und Nieder=Ottendorf ꝛc.

Sr. Churfürstl. Durchl. zu Sachsen hochbetrau=
tem Conferenz=Minister und wirklichem Gehei=
men Rathe ꝛc.

Seiner Excellenz

Dem Hochwohlgebornen Herrn,

Herrn Friedrich Gottlob von Berlepsch,

Erb= Lehn= und Gerichtsherrn auf Henningsleben,
Leislau ꝛc.

Sr. Churfürstl. Durchl. zu Sachsen hochbetrautem
Conferenz=Minister und wirklichem Geheimen
Rathe ꝛc.

Dem

Hochwohlgebornen Herrn,

Herrn Christoph Gottlob von Burgsdorf,

Sr. Churfürstl. Durchlaucht zu Sachsen hoch-
verordnetem Präsidenten des Ober-Consistorii
zu Dresden, und Cammerherrn ꝛc.

widmet

in Unterthänigkeit

diesen Versuch

der Verfasser

Vorrede.

Frey von jedem Vorurtheile für mich
selbst, aber mit dem vollen Bewußtseyn, geleistet zu haben, was ich nach
dem Maaße meiner Kräfte leisten konnte,
übergebe ich dem Publikum den ersten
Theil eines Werkes, zu dessen Inhalt
und Form mich ein vieljähriges Studium der Theorie der schönen Künste,
und öftere Versuche, sie in akademischen
Vorträgen zu entwickeln, allmählig hin-
geleitet haben.

Ich sage nichts von allem dem, was man sonst des guten Tones wegen in Vorreden sagen zu müssen glaubte, erlaube mir eben so wenig jene sonst gewöhnliche feyerliche Ankündigung, durch welche sich Schriftsteller nur klein darstellten, indem sie sich zu erheben wähnten, als alle die Artigkeiten, womit sie sich bey jedem neuen Auftritte der lesenden Welt anzuschmeicheln versuchten. Jetzt noch litterarische Moden dieser Art fortpflanzen wollen, würde wenig Achtung gegen den Geschmack seines Zeitalters verrathen. Eine Verbindlichkeit bin ich indessen mir selbst schuldig, und diese vergönne man mir in gegenwärtiger Vorrede zu erfüllen; sie bezieht sich auf die Bestimmung derjenigen Klasse von Theoristen, welcher ich mit völliger Ergebung die Beurtheilung meines Bu-

ches überlasse, und die Ausschließung
andrer, denen ich, wie die Fähigkeit,
so auch das Recht, mich zu richten, ab-
spreche.

Ich theile die Theoristen in empfindsame Kunst-Polyhistoren, Rapsoden, und philosophische Kritiker.

Die empfindsamen Kunstpolyhistoren
freuen sich des Vollkommnen und Schönen, wo sie es finden; ihr Durst nach
Genuß desselben treibt sie von Zeitalter
zu Zeitalter, von Himmelsstriche zu
Himmelsstriche, von Nation zu Nation;
Blumen brechen und Düfte athmen ist
ihr höchstes Ziel und ihr höchster Gewinn.
Wie sehr sie aber auch ihre Gefühle lieben, und wie eifrig sie Nahrung für

b

dieselben suchen, so sind sie doch immer
zu sehr in Ahndung, Genuß und Erinnerung verloren, um sich jemals über
den Grund und Werth ihrer Gefühle
strenge Rechenschaft abzufordern; das
Aeußerste was man von ihnen erwarten
kann, ist, daß sie die Blumen der verschiedenen Himmelsstriche vergleichen, und
mit überfließender Lippe den süßesten
Düften den Preiß zuerkennen. Diese
Theoristen haben viel Verdienst; bey
unverdorbenem Gefühle leitet sie die Natur an unsichtbaren, ihnen selbst unbe-
kannten Banden zu dem Urbilde wahrer
vollendeter Schönheit; dieß begleitet sie
durch alle Nationen und Himmelsstriche;
angezogen von jeder Erscheinung, die sie
in dunklem Gefühle dem Urbilde gleich
finden, genießen sie überall Vollkommenheit, und laden ihre Mitmenschen zu eben

lein dieſer Zuſtand einer verlornen ſchwär-
menden Begeiſterung kann nicht lange
dauern, die Vernunft muß zum hellen
Gefühle ihrer ſelbſt übergehen. Nun

b 4

hierin befindliche Beſchreibung des
Zuſtandes der Begeiſterung herzuſez-
zen: (Opuſc. T. l. p. 13.) veri, pul-
chri et boni ſenſu ac ſpecie percuſſus
animus primum grauiſſime commoue-
tur, mox, iam inflammato quaſi ani-
mo, imagines rerum magnae, ſubli-
mes et arduae, et cum his cogitatio-
nes et ſententiae ſupra humanitatis hu-
militatem elatae menti ſele vndique in-
gerunt, maior mortali modulo perfectio et pulchritudo, tanquam viſum et
phantaſma, obiicitur, quodque poeta
de numinis apparitione ait, *maior ma-*
iorque videri ſolet, cuius ſpeciei admi-
ratione et amore raptus animus, non
aliter, quam pulchritudinis in veram
deam mutatae conſpectu, agitatur, ex-
ſtimulatur, et in furorem, omni ſani-
tate praeſtabiliorem et optabiliorem,
praecipitatur.

richtet sie ihren Blick auf den Zustand im Genusse des Schönen, der ihr in der Erinnerung noch vorschwebt, und so gewiß sie ist, daß jene Begeisterung nur durch die innigste Harmonie des erschienenen Ganzen mit ihrer freyen Natur möglich war, so zuversichtlich fordert sie nun die Gesetze, nach welchen das Spiel der Seelenkräfte erfolgte, und die deutlichen Gründe der Ueberzeugung, daß jene Schönheit an sich Werth habe, und es verdiene, daß Geister im Genuß derselben, ihrer selbst vergessen. Galt es nun vorher im Zustande des Genusses Vergessen aller Prinzipien, so gilt es nun im Zustande des Philosophirens über die Gründe und den Werth der Genüsse die deutlichsten und festesten derselben. Männern, welche auf diese Weise Genie zur Kunst, und räsonnirende Vernunft

in sich vereinigen, wird keine Untersu=
chung über das innere Wesen der Kunst
im Allgemeinen, und die einzelnen Kün=
ste, keine Entdeckung eines Gesetzes,
keine Analyse eines Begriffes, in Bezie=
hung auf dieselbe unnütz scheinen. So
wie ihre Empfindsamkeit in ihrem regen
Spiele den reinsten und höchsten Genuß
verlangt, so fordert ihre philosophirende
Vernunft Allgemeinheit und Einheit der
Prinzipien, Vollständigkeit und Ueber=
einstimmung ihrer Anwendung durch alle
Arten und Zweige der Kunst.

Wenn ich mir das Verhältniß jeder
von diesen Klassen zu meiner Arbeit leb=
haft und deutlich vorstelle, so kann ich
mich in Rücksicht derselben gewisser Wün=
sche nicht enthalten. Möchten doch die
Rapsoden mein Buch keines Blickes wür=

digen, oder doch wenigstens mein guter
Genius verhüten, daß keiner von ihnen
mich beurtheilte! Sie haben von dem
Zwecke der wahren Theorie eben so wenig
eine Idee, als von ihrem Gegenstande,
von den Erfordernissen zu einer solchen
eben so wenig, als von ihren jetzigen
Bedürfnissen. Sie vermissen im Trau=
me ihrer Selbstzufriedenheit an der Wis=
senschaft schlechterdings Nichts; diese ist
ihnen gerade die Quantität zusammenge=
flickter Bruchstücke, wodurch sie sich bey
der großen Menge geltend machen, wie
könnten sie glauben, daß irgend jemand
in ihr ein Erforderniß erfüllt, eine Lücke
ergänzt habe? Vor den empfindsamen
Kunstpolyhistoren habe ich alle Achtung,
und verdanke ihren Schriften ungemein
viel. Allein wie glückliche Wegweiser sie
auch zu den Schauplätzen der Schönheit

sind, so haben sie doch für die Untersuchung der ersten Gründe ästhetischer Empfindungen zu wenig Fähigkeit und Interesse, als daß sie an philosophischen Betrachtungen darüber von etwas längern Athem Theil nehmen sollten. Die philosophischen Kritiker, welche gerade nicht Schriftsteller zu seyn brauchen, sind die einzigen, von welchen ich gerichtet zu werden wünsche. Je aufmerksamer sie mich lesen, und je schärfer sie mich beurtheilen, um desto mehr werde ich mich gegen sie verbunden fühlen.

Mein Zweck ist eben so wenig, ein Kompendium für akademische Vorträge, als ein System bloß für Philosophen von Profession zu liefern. Ich beabsichtige eine Theorie der schönen Künste, lesbar und genießbar für jeden, dem die Natur zugleich die schöne Gabe der Empfindsam-

keit und Geist des Denkens verlieh. Deß=
halb habe ich auch weder jenen magern
Paragraphenstyl gewählt, welcher bey
dem großen Haufen der deutschen Welt=
weisen so beliebt ist, noch mir eine aus den
Zeughäusern der alten Philosophie ent=
lehnte terminologische Rüstung angethan,
in welcher sich gewisse deutsche Philoso=
phen so vorzüglich gefallen. Der freylich
schwerere, aber auch gewiß angenehmere
und wirksamere Styl einer freyen Be=
trachtung, welcher den Geist des Verfas=
sers in der innern Handlung seiner von
lebhaftem Interesse geleiteten Ideenent=
wickelung darstellt, schien mir meinem
Zwecke am angemessensten zu seyn.
Einzelne Gegenstände, welche
einer besondern umständlichen
Ausführung zu bedürfen schie=
nen, habe ich in Erkursen be=

handelt: z. B. im Exkurse zu der vier=
ten Betrachtung die mannigfaltigen Ver=
suche alle Schönheiten auf einen und den=
selben Begriff zurückzuführen, im Ex=
kurse zu der fünften Betrachtung die
vorzüglich gangbaren Grundbegriffe der
schönen Künste u. s. w.

Gegenwärtiger erste Theil beschäftigt
sich vorzüglich mit Untersuchungen, wel=
che man gemeiniglich in der Aesthetik gar
nicht oder doch nur flüchtig berührt fin=
det: über die Nothwendigkeit allgemein=
gültiger Prinzipien für diese Wissen=
schaft, über die Möglichkeit derselben,
und über die Begriffe der Künste selbst.
Alle meine Kraft habe ich auf die Be=
gründung des Wesens der Tonkunst und
Tanzkunst verwendet, die Ausführung
meines Begriffs der Dichtkunst kostet mir

ein angestrengtes Nachdenken von einem
vollen halben Jahre, nachdem ich seit
acht Jahren mehrere Wege ihn zu fin=
den, umsonst versucht hatte. So we=
nig ich eitel genug bin, bloß deßhalb
Beyfall zu fordern; so dringend ersuche
ich doch Leser und Kunstrichter, die sich
darauf beziehenden Abschnitte eines Nach=
denkens zu würdigen, welches gegen
meine angewandte Mühe nicht ganz un=
verhältnißmäßig ist.

Die erste Betrachtung steht nicht aus
zufälligen Ursachen am Eingange dieses
Theils; sie gehört wesentlich in meinen
Plan, und konnte diesem zufolge keinen
andern Platz einnehmen. So gewiß die
philosophische Staatskunst und Gesetz=
gebung das Recht hat, von allen Wer=
ken, welche auf den Geist der bürgerli=

chen Gesellschaft Einfluß haben, zu fordern, daß sie, so viel sie nach ihrer Natur kennen, den Zweck dieser Vereinigung befördern, auf keine selbst nicht die
entfernteste mittelbarste Weise denselben
hindern; so gewiß muß eine wahre Aesthetik aus allgemeingültigen Prinzipien
darthun, daß die ächte Vollkommenheit
der Künste mit ihrer Nützlichkeit für den
Staat im genauesten Verhältnisse steht,
daß ihre schönsten Wirkungen zugleich
auch für den Staat die heilsamsten sind.
Dieser Beweiß kann indessen nicht am
Eingange der Aesthetik geführt werden;
kann nur das Resultat der ganzen Reihe
von Untersuchungen seyn, aus welchen
diese Wissenschaft besteht. Meine aller-
letzte Betrachtung wird einen Versuch
desselben enthalten, in welchem ich nicht
bloß das zu wiederholen verspreche, was

bereits in hundert Dissertationen über
diesen Gegenstand gesagt worden. Die
Geschichte der griechischen Kunst und
schönen Litteratur stellt uns ein Ideal
von dem vollkommensten Einflusse der
Werke des Kunst= und Dichter=Genies
auf den Geist einer Nation dar, ein
Ideal, gegen welches der Grad von
Nützlichkeit derselben, welcher in unsern
Staaten sichtbar ist, eben so sehr ab=
sticht, als die in der Geringfügigkeit von
diesem gegründeten zweydeutigen Urtheile
der Neuern über den vortheilhaften Ein=
fluß der Künste auf die bürgerliche Ge=
sellschaft, gegen die für denselben so laut
und geradezu entscheidenden Stimmen
der Alten. Die lebhafte Vergegenwär=
tigung jenes in seiner Art einzigen Idea=
les schien mir das wirksamste Mittel,
um für die Untersuchungen der Aesthetik

im voraus lebhaft zu interessiren, deßhalb versuchte ich am Eingange meines Werks ein philosophisches Miniaturgemählde davon, und wünsche nichts mehr, als daß ein besserer Zeichner, denn ich bin, bald Stoff bekomme, eine ähnliche Schilderung allgemeiner und großer Wirkungen der deutschen Kunst und Literatur auf die deutsche Nation zu entwerfen.

An diesem Theile ist während zweyer Jahre gedruckt worden. Indessen ist mir bey Uebersetzung des Ganzen am Schlusse nur eine Stelle vorgekommen, welche geändert werden muß. Sie befindet sich S. 150. Hier schalte man in der ersten Zeile vom Anfange, nach mitzutheilen, bis Jedes Werk u. s. w., folgenden Satz ein:

c

„So wie es Menschen giebt, wel=
che eine immer wirksame Fähigkeit
und ein herrschendes Interesse für
die Wissenschaften überhaupt, oder
einzelne Zweige derselben haben, und
keinen höhern Zweck kennen, als den,
den Umfang davon zu erweitern, so
giebt es Menschen, welche eine ur=
sprüngliche Fähigkeit besitzen, mit
freyer Selbstthätigkeit, gewisse Zu=
stände des Begehrungsvermögens
und Gefühls hervor zu bringen, wel=
che sie wegen ihrer selbst interessiren,
und denen sie mit einer solchen Liebe
anhängen, daß sie keinen höhern Zweck
kennen, als den, sie zu unterhalten,
und, wie sie sind, darzustellen.
Durch die Fähigkeit und das Inter=
esse Jener entstehen die Werke der
Wissenschaft, durch die Fähigkeit und

das Interesse dieser die Werke der schönen Künste."

Sollte übrigens in der fünften und sechsten Betrachtung einer oder mehrere Ausdrücke schwankend und unsicher seyn, wie es bey der Unvollkommenheit aller bloß menschlichen Versuche leicht möglich wäre, so wird er sich hoffentlich nach dem Inhalte der siebenten Betrachtung mit leichter Mühe rektifiziren lassen.

Der zweyte Theil, über dessen Materie ich bereits völlig mit mir einig bin, wird unfehlbar künftige Ostern erscheinen. Es ist möglich, daß während dieser Zeit gewisse bis jetzt mir eigene Ideen von andern vorgetragen werden; ich werde sie dann nichts destoweniger als Produkte meines Nachdenkens aufstellen, ohne den Vorwurf zu befürchten, daß ich sie bloß von jenen übernommen habe. Im Falle, daß mir indessen ein solcher gemacht würde, kann ich mich allezeit auf das Zeugniß mehrerer Hunderte hier studierender junger Männer berufen, welche meinen wiederholten Vorlesungen über die Aesthetik eine ununterbrochene Aufmerksamkeit geschenkt haben *). Leipzig, am 12. Jul. 1790.

---

*) Unerwartet aufmunternd ist es für mich, daß Herr Prof. Kant in seiner eben erschienenen Kritik der Urtheilskraft die Empfindungen des Erhabenen dem Grunde nach auf dieselbe Weise entwickelt, wie ich sie seit mehrern Jahren umständlich meinen Herrn Zuhörern, und skizzirt vor einem Jahre im 1. Stücke des Born- und Abichtischen philosophischen Magazins vorgetragen habe.

———————

Erste Betrachtung.

___

Wenn in irgend einem Stücke die Urtheile der Neuern gegen iene der Alten einen auffallenden Kontrast bilden, so ist es gewiß bei der Schätzung des Werthes der schönen Künste für die Menschheit und den Staat der Fall. Die Alten sahen den Künstler als ein ehrwürdiges Mitglied des Staats an, sie glaubten nicht nur, daß durch ihn das Vaterland an Glanz gewönne, sondern auch, daß er durch seine Werke den Bürger zu Ausübung ieder Verbindlichkeit fähiger mache, und also durch die Bildung der Bürger dem ganzen Staate innere Kraft und Stärke geben könne: Studium der Künste, Bildung des Geschmacks für sie war ein nothwendiges Erforderniß einer guten Erziehung. Philo=

sophen, Staatsmänner, Heerführer zeich=
neten sich außer denen, für ihren Hauptzweck
nothwendigen Vollkommenheiten, auch noch
durch ungemeine Kultur des Gefühls für die
Schönheiten der Natur und der Kunst aus.
Die Neuern betrachten den Künstler nicht
blos als das überflüßigste Geschöpf im Staa=
te, sondern sogar als einen zweideutigen ver=
führerischen Bürger, welcher die Sinnlich=
keit herrschender, die Sitten weichlicher und
den Luxus reizender macht; als einen mora=
lischen Giftmischer, welcher den wohlthäti=
gen Einflüssen der Religion, Gesetzgebung
und Moral entgegenwirkt, und nur auf die
Vertrocknung der Lebenskraft in allen Adern
des Staatskörpers arbeitet. Oder wenn
man ihn ja der äußersten Billigkeit würdigt,
so betrachtet man ihn etwa als eine Maschi=
ne des Vergnügens, die man zwar wohl dul=
den dürfe, weil der Mensch doch Zerstreuung
und Ergötzlichkeit haben müsse, die aber doch
ohne großen Nachtheil des Ganzen auch füg=
lich wegbleiben könne. Kunstwerke sind nichts
anders als Waaren der Galanterie und der
Eitelkeit; man besetzt Schränke und Zimmer
mit ihnen, entweder um zu zeigen, daß man

reich ist, oder um das zu besitzen zu scheinen, wovon man oft nicht einmal weiß, was es eigentlich ist: Geschmack. Studium der Künste, Verfeinerung seines Gefühls für die Vollkommenheiten ihrer Werke, wird für den entbehrlichsten Theil der Geistesbildung gehalten; wenige nur widmen ihr einige Zeit, und thun es fast immer nur aus Eitelkeit, oder vor Langeweile.

Die Neuern sind Menschen, und die Alten waren auch Menschen, Wesen von denselben Kräften, denselben wesentlichen Trieben, Bedürfnissen und Zwecken. Woher dieser auffallende Unterschied im Urtheilen über eine und dieselbe Sache? Warum gehen die Neuern, sonst in allem Nachahmer, ich möchte sagen Nachäffer der Alten, gerade hierinn von ihnen ab? —

Die Menschen pflegen die Gründe zu ihren Urtheilen über den wirklichen Nutzen der schönen Künste aus drei Quellen herzunehmen:

1) aus dem Bewußtseyn ihrer selbst und der Geschichte ihrer eigenen Bildung.

2) aus der Beobachtung anderer, auf deren Geist die Künste Einfluß haben konnten.

3) aus philosophischen Grundsätzen, die unmittelbar aus dem Wesen der Künste selbst abgeleitet sind.

Selten haben sie freilich bei ihren Entscheidungen, diese Quellen alle benutzt; insgemein beziehen sie sich vorzüglich auf eine derselben, ie nachdem der Umfang ihres Verstandes, das Maas ihres Beobachtungsgeistes, und selbst der ihnen eigene Grad von Egoismus oder Sympathie sie für dieselbe mehr als die andere bestimmt. So wird der Selbstsüchtige allezeit aus Erfahrungen schließen, die er an sich gemacht hat. Der zurückgezogene, in seine Spekulazionen versenkte Denker aus allgemeinen Grundsätzen; der beobachtende Menschenkenner vorzüglich aus Beispielen anderer, die sich seinem vielbefassenden Blicke darbiethen.

Welches Princip wir nun von diesen dreien bei den Alten und Neuern vorzüglich befolgt finden mögen, so wird uns der Kontrast ihrer Urtheile wenig befremden, wenn wir überlegen:

1) daß die Werke der Kunst bei den Alten wirklich von mehrerem Einfluſſe waren, als sie es bei den Neuern sind;

2) daß die Wirkungen der Kunstwerke der Alten bestimmter waren, in dem Selbstgefühle eines ieden also eher bemerkt werden konnten, als bei den Neuern, wo sie im allgemeinen ausgedehnt, sich für den Beobachter verlieren;

3) daß die Wirkungen der Kunstwerke sich bei den Alten weit mehr in einzelnen hervorstechenden Handlungen zeigten, und überhaupt keine falsche erkünstelte Schaam die Aeuserungen derselben unterdrückte, wie bei den Neuern.

4) daß die Alten auch richtigere Begriffe von dem Wesen der Künste hatten, nicht das Zufällige mit dem Nothwendigen, die Schaale mit dem Kerne verwechselten, wie die neuern Kritiker der Schönheit des Geschmacks gewöhnlich zu thun pflegen.

Ich will diese Punkte etwas genauer erläutern:

A 3

Wenn in einem Staate die schönen Kün=
ste ihre Wirkung und Nützlichkeit bis zu dem
höchsten gedenkbaren Grade erheben, und
nach dem ganzen möglichen Umfange verbrei=
ten sollen; so müssen nicht nur ihre Werke
gewisse Eigenschaften besitzen, ohne welche
dieses *) gar nicht geschehen könnte, son=

---

*) Das Karakteristische der Litteraturwerke
der Alten in Vergleichung mit denen der
Neuern, hat Hr. Prof. Garve in seiner
Abhandlung: Betrachtung einiger
Verschiedenheiten in den Wer=
ken der ältesten und neueren
Schriftsteller, besonders der
Dichter (Neue Bibl. der sch. Wiss. u.
freien K. X. B. und in der Sammlung
einiger Abhandlungen, S. 116 ; 197.)
entwickelt. Wenn ich ietzt noch sagen
wollte, daß diese Abhandlung eines der
geistvollsten Produkte der neuern philoso=
phischen Litteratur ist, daß der Verfasser
mit dem treffendesten Scharfsinne seinen
Gegenstand von allen Seiten und unter
allen Verhältnissen zu fassen gewußt, und
sich über iedes Vorurtheil, welches dabei die
Unbefangenheit des Beobachters und Be=
urtheilers hindern konnte, mit einer selte=
nen Freiheit des Geistes weggeschwungen

dern es wird auch von Seiten der Mitglieder
der Gesellschaft eine gewisse Bildung des Gei=
stes, eine gewisse Richtung und Stimmung
des Geschmacks erfordert, durch welche erst

A 4

hat; so würde ich etwas ganz altes und
schon allgemein anerkanntes sagen. Um
desto weniger aber kann ich meine Ver=
wunderung darüber zurückhalten, daß die
Ideen dieses trefflichen Mannes so wenig
Einfluß auf Poesie und Kritik der Poesie
gehabt haben. Wie treffend eifert er
z. B. über das Unstatthafte, Wirkungs=
lose in den bei neuern Dichtern so häu=
fig anzutreffenden Nachahmungen von
gewissen Eigenschaften der dichterischen
Werke des Alterthums, die ihren Grund
nur in der damaligen Verfassung hatten,
und ausser dieser aller Kraft und aller
Schönheit ermangeln? Und hat wohl die
steife, schulstaubvolle Kritik der Deutschen
darauf eine merkliche Rücksicht genom=
men? Ist in ihren Augen ein Dichter
nicht immer noch desto grösser, je mehr er
seine an sich höchst faden Empfindungen
in mythologische Nomenklatur einhüllt,
die nur selten dem Verstande eine Idee
und der Phantasie ein Bild giebt? —

iene Eigenschaften bestimmte unfehlbare Ziele ihrer Wirkungen erlangen. So wie bei der schönsten Sonate, die ich mit der regsamsten Fertigkeit in den Fingern haben mag, dennoch die Wirkung, die von ihr zu erwarten war, ausbleibt, sobald Saiten fehlen, oder das Klavier verstimmt ist, eben so wird der Staat von den vollendetesten Kunstwerken keinen Gewinn ziehen, wenn seinen Bürgern Sinn, Gefühl und Geschmack für sie fehlen. Bei den Alten vereinigte sich von beiden Seiten alles, was nur dazu beitragen kann, das schöne Schauspiel der vollen Wirksamkeit und des reichsten Seegens der Künste hervorzubringen.

Mit dem Eintritte in die bürgerliche Gesellschaft wird freilich der allgemeine Karakter der Menschheit nicht aufgehoben; der Bürger bleibt allezeit Mensch; allein die Kräfte desselben bekommen eine gewisse bestimmte Richtung, und ihre Wirksamkeit wird nach den Bedürfnissen der Gesellschaft eingeschränkt. Der aussergesellschaftliche Mensch schweift in Verfolgung seiner Zwecke umher, soweit die Schranken der Mensch-

heit es erlauben, kein besonderes Interesse,
keine individuelle Rücksicht giebt seinem Wis=
sen, Empfinden, Begehren und Handeln eine
gewisse Leitung. Sobald er in eine bür=
gerliche Gesellschaft tritt, wird ein engerer
Kreis um ihn gezogen, es werden ihm be=
stimmte Ziele seiner Wirkungen festgestellt,
und sein Interesse wird an die Mitglieder des
Zirkels und an die Mittel ihres gemeinschaft=
lichen Wohlstandes geheftet. So wie da=
durch der Umfang seiner Theilnahme einge=
schränkt wird, so wird eben durch diese Ein=
schränkung die Stärke der Theilnahme und
gleichsam die Elasticität seiner Thatkraft er=
höht. Nun wird nichts seine Aufmerksamkeit
so sehr erregen, nichts die Saiten seiner Em=
pfindung so leicht rühren, und nichts die
Triebfedern des Willens so gewaltig zum
Spiele auffordern, als das, was in näherer
Beziehung auf die Gesellschaft steht, und nur
solche Gegenstände werden ein nothwendiges
vollkommenes Recht auf die Wirksamkeit sei=
ner Kräfte haben. So wie bei diesem Bür=
gergeiste, wenn ich so sagen darf, die Kul=
tur der Wissenschaften einen eigenen Gang
nehmen muß, so wie dadurch Verbindlichkei=

ten und Pflichten besonders gerichtet und vorzüglich auf gewisse Personen geheftet werden,
so wird auch das Künstlergenie für gewisse
Arten der Stoffe, für gewisse Gesichtspunkte
und Ansichten der Gegenstände, für gewisse
Farben und Mischungen der Gefühle und Leidenschaften, für gewisse Wendungen und
Einkleidungen seiner Ideen bestimmt. Und
dieser Zwang, wenn es noch einer ist, wird
ihm angenehm seyn, denn es wird ihm dadurch die Unfehlbarkeit seiner Wirkung verbürgt; er weiß, daß er das Herz treffen
muß, wenn nur seine Stoffe unter irgend
einem Radius vom Kreise der bürgerlichen
Gesellschaft liegen.

Dieß war nun bei den alten Künstlern
der Fall. Ihre Stoffe waren aus dem Gebiethe des Vaterlandes, ihrer bürgerlichen
Gesellschaft genommen, die Art der Darstellung und der Einkleidung dem Karakter und
den Bedürfnissen der Nazion angemessen.
Lieh der Grieche seinem Dichter sein Ohr, oder
sein Auge den Werken seines Mahlers und
Bildhauers, so stellten sich ihm Gegenstände
dar, die in seiner Seele einheimisch waren,

in trauter Verbindung mit seiner Phan=
tasie und gleichsam in Blutsverwandtschaft
mit seinem Herzen standen; iede Szene ver=
gegenwärtigte sich ihm von selbst; ieder Ka=
rakter war ihm ohne Anstrengung begreiflich;
die Empfindungen bemächtigten sich mit sanf=
ter Allgewalt seiner Seele, und die den
Werken der Künstler eingewebte Weisheit
floß in ihn über, wie die Lehren der Mutter
in das Herz eines gelehrigen Kindes.

Ganz anders verhält es sich nun mit den
Werken der Neuern, wenigstens mit dem
größten, mit dem herrschenden Theile dersel=
ben. Sey es nun, weil die neuern Staaten
nicht so viel individuelles in Religion, Ge=
setzgebung, Erziehung, Sitten u. s. w. be=
sitzen, ihren Mitgliedern nicht so viele in an=
dern nicht zu erlangende Vortheile gewähren,
daß sie also keinen so bestimmten Kreiß um
den Karakter des Bürgers schliessen, entwe=
der gar keinen, oder doch wenigstens keinen
so unumschränkt waltenden Gemeingeist bil=
den können; oder sey es, daß zwar auch un=
sere Staaten und die Bürger derselben eine
gewisse Nazionalphysiognomie, einen gewis=
sen Karakter besitzen, daß Religion, Vater=

landsgeschichte, Gesetzgebung, Erziehung
das Auszeichnende davon bestimmen, und
daß es unsre Künstler nur nicht verstehen,
das wirklich vorhandene, aber nur feinere,
schwerer zu bemerkende Karakteristische in den
Bürgern ihres Staates zu treffen, lieber
sklavisch den Fußstapfen der Alten und fremder Nazionen folgen, als originelle Werke für
den Originalgeist ihres Landes bilden; oder
sey es endlich, daß nach der Verfassung derselben, jeder Gemeingeist erstickt, jeder Na-
zionalzug in Karakteren und Sitten verlöscht
werden muß; kurz, es herrscht in den Werken unsrer Künstler fast gar nichts vaterlän-
disches, nichts, das den Bürger, als Bürger, vorzüglich interessirte. Wenn wir uns
mit Kunstwerken der Alten beschäftigen, so
sind wir im vertrauten Kreise einer Familie,
in der Mitte eines Schauspiels, dessen Einheit und Harmonie uns so hinreißt, daß wir
in diesem Augenblicke süßgetäuscht selbst Mitglieder davon werden. Bei den Kunstwerken der Neuern werden wir in die weite Welt
verschlagen, unsere Gefühle schweifen in un-
geheuren Räumen umher, und der Geist unsers Interesse's, der in den Schranken des

Nazionalgeistes zur größten Stärke zusam=
mengepreßt worden wäre, verliert sich in
der endlosen Sphäre der Menschheit. Ich
weiß alles, was man zum Nachtheile bür=
gerlicher Tugenden, in Vergleichung mit all=
gemeinen menschlichen Tugenden sagen kann.
Man braucht nicht viel Tiefsinn, um einzu=
sehen, daß diese nicht so nahe mit Eigennutz
zusammenhängen, als iene, weit mehr von
der Gewalt der reinen sittlichen Vernunft=
gesetze abhängen, als iene, welche sich inge=
gemein auf den Zweck der Erhaltung oder
Erwerbung eigener Vortheile durch den
Wohlstand des Staates gründen. Allein
dieses Mehr oder Weniger kommt hier nicht
in Betrachtung. Bürgerliche und menschli=
che Tugenden haben nur dann reinen unwan=
delbaren moralischen Werth, wenn sie durch
Einsicht und Achtung iener Gesetze der prakti=
schen Vernunft entstanden sind, ihr Einfluß
auf eigene und fremde Glückseligkeit ist auf
der Waage der Sittlichkeit nur das Zufällige,
und kann die Schaale weder heben noch sen=
ken. Der Grund der Verbindlichkeit der
Pflichten, auf welche sich beide gründen, ist
derselbe, allein der Gegenstand, auf welchen

sie sich beziehen, ist dem Umfange und dem
Zusammenhange nach verschieden; der eine
eng begränzt, der andere unendlich, bei dem
einen die Mannigfaltigkeit, aus welcher er
besteht, dicht an einander gedrängt, bei dem
andern nur an lockern, oft nicht sichtbaren
Banden zusammengeschlungen. Kein Wunder also, wenn Bürgerpflichten stärker wirken, als Menschenpflichten; kein Wunder,
wenn Kunstwerke, die sich auf iene beziehn,
für eine Nazion mehr wirken, als solche, die
sich auf diese ausdehnen. Das erste ist der
Fall bei den Alten, das letztere bei den Neuern.

Allein dieser vaterländische Geist, der in
den Werken der Alten webt, ist es nicht allein,
der ihre Wirksamkeit bestimmt. Großer Gewinn war es schon für sie, daß das Vaterland, die Nazion, ihnen ihre Stoffe gab,
allein ungleich größer ward er dadurch, daß
diese Stoffe gerade für künstlerische Behandlung ungemein passend waren. Es kann in
einem Lande ein immer reger Gemeinsinn
herrschen, der Geist der Bürger kann immer
sein eignes Nazionalmaas von Bildung haben, der Künstler es kennen, und ihm gemäß durch seine Werke auf Sittlichkeit und

Bürgertugend wirken wollen; allein er wird
seinen Endzweck wenigstens nur zum sehr
geringen Theile erreichen, wenn ihm nicht
im Gebiethe seines Vaterlandes Stoffe vor-
liegen, die für Kunstdarstellung fruchtbar
genug sind. Religion und Tugend können
an und für sich schon Gegenstände wenigstens einiger schönen Künste werden, allein
die Beschäftigung mit allgemeinen, oft im
hohen Grade abstrakten Ideen, ermüdet endlich die Empfindung, wenn nicht Geschichte
interessante Fakta liefert, in welche sie ein-
gewebt, oder aus welcher sie herausgewickelt
werden können. Für die Künste ist also die
Religion die reichste, welche theils aus sehr
vielen interessanten allegorischen Versinnli-
chungen besteht, theils sich auf viele Sagen
gründet, die dem Künstler eine Menge von
Personen, Gruppen und Szenen darbieten,
welche einer schönen Darstellung fähig sind.
Und diejenige Geschichte ist für die Kunst die
fruchtbarste, die voll von einzelnen Handlungen und Schicksalen interessanter Personen ist, die Empfindung und Einbildungskraft in ein lebhaftes Spiel setzen, und zugleich den Verstand zur Bewunderung ihres

Edelmuths und der Hoheit ihrer Karaktere
auffordern. Kein Unpartheiischer wird es
wagen zu leugnen, daß die Alten von diesen
beiden Seiten ungemein viel vor den Neuern
voraus hatten. Unser Religionssystem ist
ganz für die höhern Kräfte des Verstandes
und der Vernunft, es ist das erhabenste, welches man sich denken kann. Allein desto weniger ist es für Sinnen und Einbildungskraft; desto weniger sind seine Grundsätze
körperlicher Einkleidung fähig. Unser Begrif
von Gottheit befaßt die ganze unermeßliche
Möglichkeit von Vollkommenheiten in einem
unendlichen Zirkel. Die Alten stellten sich
diese mehr getheilt vor, und ihre vielen Götter waren viele Vollkommenheiten und Tugenden und Kräfte, iede in einem erhabenen
und reizenden Bilde dargestellt. Dadurch
bekam der Künstler eine Mehrheit von Stoffen, die um desto faßlicher und rührender
waren, weil sie sich leichter unter die be-
schränkte Sphäre des menschlichen Geistes
fügten. Noch mehr: Wir müssen uns die
Gottheit als über iede Bedingung der menschlichen Natur erhaben denken, unser Begrif
ist um desto reiner, ie mehr wir alles von

ihm sondern, was nur einen Zug menschli=
cher Schwäche verrathen könnte. Die Göt=
ter der Alten waren dem Menschen ähnlicher
und ihm um desto näher. Sie dachten sich
sie mit Leidenschaften und Gemüthsbewegun=
gen, mit allen, oft kleinlichen Bewegungs=
gründen zum Handeln, die sich in dem end=
lichen Geiste des Menschen finden. Und so
wie aus dem Gesichtspunkte der Alten be=
trachtet, ihrer Hoheit und Vollkommenheit
dadurch kein Eintrag geschah, so wurden sie
bei denen sich auf sie beziehenden Kunstwer=
ken weit mehr zur Nachahmung aufgefordert,
strebten muthvoller und zuversichtlicher nach
der Erreichung dieser Ideale. Was für
Stoffe zu hinreissenden Darstellungen ver=
liehen dem alten Künstler die Sagen der My=
thologie? Sie waren an sich reich an erhabe=
nen, kraftvollen und reizenden Zügen; stan=
den in der genauesten Verbindung mit der
Geschichte des Vaterlandes, mit der Verfas=
sung des Staats und folglich auch mit dem
Patriotismus der Bürger. Mahler, Bild=
hauer, Dichter schöpften aus dieser Quelle;
und die Werke, die sie aus ihr entlehnten,
zogen gewiß das Interesse und den Enthu=

siasmus der ganzen Nazion auf sich. Auch
unser Religionssystem gründet sich zum Theil
auf heilige mit göttlichem Ansehn beurkun=
dete Sagen, allein ob diese wirklich so reich
an Materie für die Künste sind, als jene der
Alten, ob nicht die Gottheit, die in ihnen
handelnd vorgestellt wird, zu hoch über der
Sphäre unsers Blickes liegt, und die Men=
schen hingegen, die wir darinnen gemahlt
finden, entweder ganz neben uns, oder wohl
gar unter uns stehen, ob wir nicht zu sehr
vom Verstande und der Vernunft beherrscht
werden, um uns im gleichen Grade für den
dogmatischen, als für den historischen Theil
des Systems zu interessiren; ob nicht die mei=
sten iener Sagen zu abgerissen von der Ge=
schichte unsers Landes und der Verfassung
desselben sind, um einen feurigen Enthusias=
mus zu erregen, das sind Fragen, welche
man immer mit Ja beantworten kann, ohne
der Würde der Religion etwas zu benehmen,
oder ihren Anhängern Wärme des Eifers
absprechen zu müssen.

Eine eben so ergiebige Fundgrube für
die Künstler der Alten war Geschichte grosser

und in die Sinne fallender Handlungen, interessanter Schicksale und Leiden wichtiger Personen. Wo die Verwaltung der Staatsangelegenheiten noch nicht in der unumschränkten Hand eines Einzigen ist, sondern gewissermaßen ieden Bürger beschäftigt, wo sie nicht das Werk einer verwickelten im Dunkeln sich fortwebenden Politik ist, wo die Vollstreckung und Anwendung der Gesetze nicht von Privatverhandlungen und Schlüssen unzugänglicher Gerichtshöfe und Kollegien abhängt, wo der Ausschlag Krieg nicht sowohl vom Mechanismus der Kunst als von dem Muthe der Einzelnen abhängt, da muß sich Liebe zum Vaterlande und zu seinen Mitbürgern, da muß sich iede gesellschaftliche Tugend in vielen einzelnen glänzenden und rührenden Handlungen zeigen, da müssen sich immer neue anziehende Szenen interessanter Schicksale geliebter und bewunderter Personen eröfnen. Diese Handlungen und Szenen werden in Rücksicht auf ihre Ursachen, ihre Verhältnisse nicht schwer zu fassen seyn, sie werden nicht durch den Zwang des Mechanismus, nicht durch erkünstelte Delikatesse in Schatten gestellt werden, sie werden

den sich in einem Bilde den Sinnen und der
Phantasie darstellen. Die Geschichte solcher
Länder wird eine Reihe von Gemälden einfa-
cher grosser Handlungen, interessanter Schicksale vorzüglicher Bürger seyn. Und dieß
war in ienen Staaten des Alterthums, von
welchen wir sprechen, der Fall. Anders
ist es in den unsrigen. Es giebt freilich
bei uns gewiß eben so viel gute und grosse
Menschen, als in ienen griechischen Staaten,
Menschen, welche nach ihrer Sphäre auch
eben so viel für das Vaterland handeln, als
die Bürger in ienem, eben so sehr der Ver-
änderlichkeit des Glücks, dem Wechsel der
Schicksale ausgesetzt sind, als iene. Allein,
wo alles von dem Willen eines Einzigen abhängt, da zieht der untergeordnete Bürger,
selbst auf der höchsten Stufe der Unterord-
nung, nicht so die Augen und die Bewunderung der Nazion auf sich, als in Ländern,
wo er frei handeln kann; unerachtet von seinen Maasregeln und Planen unendlich viel
abhängt, so wird dieses doch nur von dem
kleinern Theile bemerkt; der grössere hält ihn
blos für die Maschine seines Obern, und
gesteht ihm höchstens das Verdienst der

Treue, des pünktlichen Gehorsams zu. Die
Verwaltung des Staats ferner ist äuserst
verwickelt, und das Spiel der zahllosen Triebfedern dieses Ganzen wird grossen Theils den
Augen des Volks durch einen geheimnißvollen
Schleier entzogen, oder kann doch, wenn es
ihm auch blosgestellt wäre, wegen seiner auf-
serordentlichen Zusammengesetztheit nicht von
ihm gefaßt werden. Freilich bleiben die Personen, welche in diese kunstvolle Maschinerie
eingefugt sind, immer noch frei, und haben
auch, iede einen Spielraum für ihre Kräfte,
in welchem sie nach eignen Planen handeln
können. Allein selten wird eine Handlung
durch die Arbeit einer einzigen wirklich, insgemein werden zu iedem Unternehmen nicht
blos mehrere Einzelne, sondern sogar mehrere Gesellschaften, mehrere Kollegien erfordert. Der einzelne grosse Mann in den alten
Freistaaten konnte seine eigene Kraft mehr
ausbreiten, konnte sehr oft unabhängig von
Andern einen Zweck verfolgen, konnte es öffentlich thun, und gerade in dem Zeitraume,
den seine Kräfte zu ihrem Ziele brauchten.
Dieß war im Kriege wie im Frieden der Fall.
Unternehmungen gegen einen Feind gescha-

hen freylich nach reiflich überlegten Planen,
allein die untergeordneten Mitglieder einer
Armee waren keinesweges blinde Maschinen
in der Hand des Generals; wenn auch dieser
ihren Kräften durch Befehl und Plan die
Richtung gab, so entschied dennoch die Kraft,
Stärke und der ausdauernde Muth der Sol-
daten. Bei uns sind die einzelnen Glieder
der Armee nicht viel mehr als die Figuren
in der Hand des Schachspielers, und die
feigste Nazion von einem weisen Generale geleitet, gut disciplinirt, und an Subordina-
zion geschmiedet, kann die tapferste, stärkste
besiegen. Alles dieses zusammengenommen,
so ergiebt sich nun, daß überhaupt die Geschichte iener Staaten, in welchen die Künste
blühten, reicher an einzelnen, einfachen, interessanten und rührenden Handlungen und
Schicksalen treflicher Bürger und grosser Helden seyn muß, als die der neuern, daß also die
Künstler von ienen, auch von dieser Seite mehrere Stoffe zur Darstellung fanden, und durch
sie weit mehr auf den Karakter und die Sitten ihrer Nazion wirken konnten, als die in
den unsrigen.

Solche Stoffe müssen schon in mittelmäſigen Bearbeitungen den Geiſt des Bürgers interreſſiren. Welche hinreiſſende Kraft werden ſie aber dann haben, wenn ſie vollkommen dargeſtellt, mit allen Reizen der Wahrheit und Schönheit geſchmückt erſcheinen. Daß die Griechen in den Künſten Meiſter und Muſter für alle folgende Jahrhunderte wurden, kann den oberflächlichſten Beobachter kein Räthſel ſeyn. Ich will das hundertmal geſagte nicht wiederholen, will nicht zeigen, wie das milde wohlthätige Klima iener Länder nothwendig auf die Organiſazion der Einwohner, und dieſe nothwendig Einfluß auf die Seelenkräfte derſelben haben mußte, wie dadurch Feinheit des Gefühls und Lebhaftigkeit der Phantaſie erzeugt wurden, wie Menſchen, welche mit dieſen begabt ſind, und durch keine unnütze Gelehrſamkeit, keine Feſſeln konventioneller Nachahmungsregeln gehindert werden, wie dieſe, in die bezauberndeſten Szenen der ſchönen Natur geſtellt, nothwendig Künſtler, und große Künſtler werden mußten; allein darauf ſey es mir vergönnt aufmerkſam zu machen, daß das Nazionale der Stoffe ſelbſt den Geiſt des Künſtlers, zu derienigen Vollkommenheit

führen mußte, die wir an ihnen bewundern.
Je näher dem Künstler ein gewisser Gegenstand, in Rücksicht auf die bürgerliche Gesellschaft in welcher er lebt, liegt, ie mehr
er mit den Sitten und der Denkart seines eigenen Zeitalters zusammentrifft, um desto
wahrer wird er ihn schildern und darstellen
können; ie werther er seinem Herzen ist, ie
innigeres Interesse er an ihm nimmt, desto
reizender und schöner wird seine Darstellung
seyn.   Das Vollkommene in den Werken
der alten Kunst, liegt nicht blos in der Uebereinstimmung aller Züge mit Natur und Wahrheit; es liegt sehr oft in Erhöhung und Verschönerung der Wirklichkeit.   Der Künstler
des Alterthums wollte nicht blos treffen,
sondern die getroffenen Züge auch veredlen,
sie durch eine gewisse Art von Läuterung über
das gröbere Irrdische erheben.   Dieß war
nicht etwa Folge theoretischer Grübelei; es
war der unwillführliche natürliche Ausdruck
der Neigung zu dem Gegenstande, die schönste Opferblume des Patriotismus. Eine sanfte
Liebe glühte im Herzen iener Künstler, wenn
ihre Begeisterung in Darstellung überzugehen
anfing; denn die Personen die vor ihrer

Phantasie schwebten, waren mit ihnen durch die Bande des Vaterlands verbrüdert. Diese Liebe war zum Theil auf die Vorstellung ihrer Geistesvollkommenheiten, ihrer edlen erhabenen Tugenden gerichtet, zum Theil haftete sie an der Anschauung ihres Ausdrucks in der äusern Bildung; kein Wunder, daß in der Vorstellung ihrer Seele geistige Vollkommenheit und körperliche Gestalt gleichsam in einander schmolzen, daß die gröbern, rauhern, niedern Theile der Materie verflogen, und das Irrdische sich in ätherischer Erscheinung dem unsichtbaren himmlischen näherte. Dieser Schimmer von Hoheit muß iene Menschen durch alle Situazionen, in denen sie die Kunst erscheinen läßt, begleiten, Gemüthsbewegungen und Leidenschaften müssen vor ihm ihre gräßlichen Empörungen zurückhalten, die gröbern sinnlichen Gefühle ihre unreinen Farben verbergen. Stille Seelengröße und Hoheitvolle Ruhe, Friede der Harmonieliebenden Vernunft, muß aus den Gestalten der Sinnlichkeit in der Hülle eines geläuterten Daseyns hervorleuchten *).

B 5

*) Ich ersuche die Beurtheiler meiner Schrift, auf diese Idee aufmerksam zu seyn. Viels

Werke mit diesen Eigenschaften begabt, mußten wirken, ieder Keim einer bürgerlichen

leicht ist sie neu und auch nicht blos Einbildung, wie es manchem scheinen dürfte.
Daß S c h ö n h e i t höchstes Gesetz in den
Werken der bildenden Kunst bei den Alten
war, daß sie ihr Wahrheit und Ausdruck
bis auf einen gewissen Grad aufopferten,
daß eine gewisse idealische Hoheit ihre Men-
schendarstellungen bezeichnet, ist etwas,
das oft gesagt worden, und auch im Grunde leicht zu sagen ist. Immer blieb mir
hierbei noch die Frage übrig: worauf sich
dieser Karakter ihrer Werke gründe? wie
ihre vaterländischen, religiösen, politischen, moralischen, oder physischen Verhältnisse, (denn an Theorie und Regel ist
hier wohl nicht zu denken) ihrem Genie
diese Richtung gaben, und diesen Geist
ihrer Werke bestimmten? Ich fand keinen Aufschluß, bis ich mir die Einbildungskraft derselben unter dem Einflusse
der Vaterlands- und Mitbürgerliebe dachte, einer Liebe, die nothwendig beim Künstler in Enthusiasmus, ich möchte sagen,
in eine ästhetische Schwärmerei übergehen
mußte. Allein, indem ich diesen Gedanken verfolgte, mich in die Lage des Künstlers versetzte, wie er, von der geheiligten

Tugend mußte sich bei ihrem Genuſſe glückli=
cher entfalten, wenn nur die Menſchen, für

Wärme des Patriotiſmus erfüllt, die Ge=
ſtalt irgend eines geliebten Mitbürgers
der Vorzeit in ſeiner Phantaſie erweckte,
oder von einem ſchon vorhandenen Werke
kopirte, oder die eines noch lebenden nach
der gegenwärtigen Anſchauung bildete; ſo
ward mir die Erſcheinung begreiflich.
Geht es uns gemeinen Menſchen bei der
Vorſtellung der moraliſchen Karaktere ge=
liebter Perſonen ſo, daß die Flecken und
Mängel derſelben im Hintergrunde des
Gedächtniſſes zurückbleiben, und nur die
edlen ſchönen Züge, und dieſe insgemein
noch erhöht, in einem vollkommenen Ge=
mählde vor die Phantaſie treten; warum
ſoll nicht dem bildenden Künſtler bei der
geiſtigen Anſchauung der Körpergeſtalt
von Perſonen, die er nur mit Enthuſi=
aſmus denken kann, daſſelbe begegnen,
warum in ſeiner Phantaſie ſich ſolche Bil=
der nicht von ſelbſt läutern und idealiſi=
ren, warum nicht alles rauhe und grob=
körperliche in die Grenzen des edlen und
ſchönen zurücktreten? Ich weiß nicht, ob
ich mich ſelbſt täuſche, wenn mir alle dieſe
Erſcheinungen ſo natürlich vorkommen,
wie das Aufbrechen einer ſchönen Roſe

welche sie bestimmt waren, Fähigkeit genug besaßen, das Schöne in ihnen zu fühlen

aus unverdorbner Knospe, an einem sanften heitern Morgen. — Allein nun kann ich mich auch eines andern Gedankens nicht erwehren, der sich mir schon längst bei Lesung mancher Winkelmannischen und Lessingischen Schrift näherte. Was nämlich für den Griechen höchstes Gesetz in der bildenden Kunst war, und nach seinen Verhältnissen nothwendig seyn mußte, das kann es nicht deshalb auch für uns seyn. Freilich wenn wir nicht auf den Grund seiner Maxime zurückgehn, nicht überlegen, wie Bürgerenthusiasmus mit dem Feuer der Phantasie zu einer Flamme vereinigt, in dem Geiste des darstellenden Künstlers Läuterung und Erhöhung der Gestalten wirkten, und wie durch dieselbe Mischung der Geschmack der Bürger mit Hintansetzung der wirklichen Wahrheit und des unbedingten Ausdrucks, für iene, idealische, ich möchte sagen überirdische Schönheit eingenommen war, so werden wir leicht verführt, den Neuern ein Gesetz aufzudringen, welches sie nie mit wahrer Ueberzeugung annehmen können, weil sie kein Bedürfniß und keine Verbindlichkeit dazu treibt. — — Doch hiervon werde ich an einem schicklichern Orte mehreres sagen.

len. Ihre Wirkung und Nützlichkeit wird
aber nur dann allgemein seyn können, wenn
diese Menschen alle gewissermaßen gleich gebildet und gleich gestimmt sind. Und dieß ist
nun die zweite Haupturſache, weswegen die
Künste bei den Alten unendlich mehrern Einfluß haben mußten, als bei den Neuern.
Meine Mitbürger und Zeitgenossen werden
es mir verzeihen, wenn ich behaupte, daß
im Ganzen die Alten mehr Kunstgefühl besaßen, als wir. Es war dieses nicht sowohl
Verdienst eigner absichtlicher Bildung, sondern mechanische Folge ihrer physischen, moralischen, politischen Verhältnisse, ihrer Orga-
nisazion, Erziehung, Lebensart, Sitten und
Gebräuche. Den Physiologen wird es nicht
schwer fallen, zu beweisen, wie unter dem
milden, sanften Himmelsstriche Kleinasiens
und Griechenlands, bei einer feinern, zweck-
mässigen innländischen Nahrung, bei einer
natürlichen Befriedigung eines gereisten, aber
nicht abgematteten Geschlechtstriebes, bei einer durch keine Maschine der Galanterie ge-
hinderten Pflege der Geburth, nothwendig
harmonische Körpergebäude, entwickelt werden mußten. Eben so leicht ist es dem Beob-

achter der Erziehung und iugendlichen Bil=
dung bei den Alten zu zeigen, wie durch sie
nothwendig eine Empfänglichkeit für die
Schönheiten der Natur und Kunst gebildet
werden mußte, von welcher wir uns, weit
entfernt sie zu besitzen, wohl kaum einen Be=
grif machen können. Die Natur selbst war
die Schule der Alten, die Sinnen ihre Leh=
rer, die Sitten waren einfach, natürlich, die
Gebräuche und Zeremonien bedeutungsvoll
und wirksam. Die Schule der Neuern ist
eine düstere Stube, Gedächtniß und verall=
gemeinernde Vernunft sind die Kräfte, wel=
che von der frühsten Kindheit an beschäftigt,
und wider alle Natur und Willen Gottes an=
gestrengt werden; die Sitten sind äuserst zu=
sammengesetzt, und mit unnützem Prunk
überladen und der Herrschaft eines erkünstel=
ten Zwanges unterworfen. Die Gebräuche
größtentheils nachgeahmt, veraltet, Bedeu=
tungsvoll und Wirkungslos. Kein Wunder
also, daß sich im Geiste der Alten, ohne daß
sie absichtlich und regelmässig darauf gearbei=
tet hätten, ein zartes Gefühl bildete, welches
die leiseste Rührung schnell und getreu auf=
nahm, daß in den Neuern hingegen die auf=

ſtrebende Empfindſamkeit nach und nach un=
terdrückt wird, daß Gleichgültigkeit, Stumpf=
heit und Kälte in den Herzen der meiſten
herrſchen.   Und wenn feines Gefühl ohne
eine vorzügliche Lebhaftigkeit der Phantaſie
kaum gedacht werden kann, ſo ergiebt es ſich
von ſelbſt, daß die Alten ohne ihr Zuthun
einer Einbildungskraft fähig waren, zu der
ſich die Neuern mit allen ihren künſtlichen
Mitteln nur ſelten erheben können.

Doch dieſes feine Gefühl und dieſe leben=
dige Phantaſie allein, hätten den Werken der
ſchönen Künſte keinen ſo allgemeinen Einfluß
verurſachen können, wenn nicht nun eine ge=
wiſſe Gleichheit der Nazion in den Prinzipien
des Geſchmacks hinzugekommen wäre.   Und
von dieſer Seite ſind nicht nur ietzt die Neu=
ern unendlich weit gegen die Alten zurück,
ſondern es iſt auch nicht einmal Hoffnung da,
ſich ihnen gewiſſermaaſen zu nähern.   Was
für ein vielköpfiges, buntſchäckiges Unge=
heuer iſt das Publikum unſrer Künſtler! Wie
viele ganz geſonderte Stufen des Standes
und des Ranges! wie verſchiedene Maaſe
der Wiſſenſchaft und der Aufklärung! wie

viele Arten des Zweifels und der Ueberzeugung! Wie tausendfache Irrwege der Schwärmerei und Einfalt! Wie mannigfaltige Richtungen, wie mannigfaltige Grade der Innig-
keit des Interesses! Wo ist ein Kunstwerk,
über welches sich die Urtheile des grössern Theiles der Nazion vereinigten? ein Kunstwerk,
welches zugleich die höhern gebildeten Stände,
und zugleich die niedern, zugleich die tiefen
Denker und zugleich den Bürger von blos
gesundem Verstande interessirte? Was man
für iene dichtet oder bildet, ist diesen unge-
nießbar, und was diesen bestimmt ist, verursacht ienen Langeweile und Eckel. Der
Stoff sey Religion, Geschichte, Weisheit des
Lebens, Schönheit der Natur, Darstellung
des handelnden Menschen; er wird immer
nur einen einzigen oft kleinen Theil der Nazion anziehn, oder wenn auch Theilnehmung
da wäre, so wird doch iede Klasse der Bürger eine besondere Art der Einkleidung und
Behandlung verlangen. Ich will nicht behaupten, daß in ienen Staaten des Alterthums, in welchen die Künste nicht blos für
Belustigerinnen, sondern auch für Wohlthä-
terinnen der Gesellschaft gehalten wurden,

alle Bürger einander völlig gleich gewesen
wären, ich finde auch da gewisse Verschieden=
heiten des Standes, des Ansehens, der Bil=
dung und Verfeinerung des Geistes. Allein
der müßte ganz fremd in der Geschichte ihrer
Verfassung und Sitten seyn, welcher es leug=
nen wollte, daß die Stände nicht so ganz
gesondert, die Bildung der verschiedenen
Klassen nicht so abstechend verschieden war,
als bei uns. Gleichheit des Interesses ver=
band die verschiedenen Stände mit einander,
und machte ihnen gewisse Stoffe und Kennt=
nisse gleich wichtig; ich meyne diejenigen, die
sich auf Geschichte und Verfassung des Va=
terlandes, auf Pflichten und Tugenden des
Bürgers bezogen. Die Masse von Wissen=
schaft, welche unter der Nazion herrschte,
war keineswegs so schwer zu fassen, daß sie
nur hätte denienigen brauchbar seyn können,
welche die Natur ganz vorzüglich mit Talen=
ten versehen hatte, oder welche ihres Stan=
des und Reichthums halber sich aller Mittel,
sie zu erwerben, bedienen konnten. Es war
eine mäßige Summe nützlicher, aber mit Be=
quemlichkeit zu verarbeitender Kenntnisse von
Mythologie, Geschichte, Sittenlehre, und

Aesthetik.   C

andern nützlichen Disciplinen, die vom Vater zum Sohne forterbte, ohne daß man
grosse Anstrengung und vieler Zubereitungen
bedurft hätte, um sich in den Besitz davon
zu setzen. Jeder Bürger besaß einen gewissen Theil davon, und war dadurch fähig,
Kunstwerke zu genießen, welche sich allein
auf Gegenstände bezogen, die aus diesem der
Nazion eigenen Kreise von Wissenschaft und
Grundsätzen hergenommen waren.

So war also genaue Harmonie und Verhältnißmäßigkeit zwischen den Kunstwerken
und dem Publikum, für welches sie bestimmt
waren, und es ist nun keine Frage mehr, ob
und warum die Künste bei den Alten von weit
grösserm Einflusse und Nutzen waren, als sie
es bei den Neuern seyn können.

Allein bei aller Nützlichkeit wird oft eine
Sache nicht für nützlich anerkannt, wenn
nicht noch besondere Umstände da sind, wo
ihr Einfluß sich in auffallenden, dem Auge
des Beobachters blosliegenden Erscheinungen
äussert. Daß dieses bei den Alten der Fall
war, ist unmittelbare Folge der Beschaffen-

heit des Geistes der Kunstwerke, und der Art und der Verhältnisse der Bürger, auf welche sie wirkten.

Die Stoffe, welche die alten Künstler behandelten, waren vaterländisch; sie bewirkten patriotischen Enthusiasmus, edle Bürgertugend. Wenn nun eine iede Wirkung desto eher und desto leichter bemerkt wird, ie individueller sie ist, so müssen natürlicherweise sich die Einflüsse solcher Kunstwerke in dem Selbstgefühle eines ieden weit mehr auszeichnen, als die von solchen, die sich auf die unendliche Sphäre der Menschheit beziehn. Sah der iunge Bürger des Alterthums die Bildsäule eines Wohlthäters des Vaterlands, so gerieth sein Patriotismus in ein reges Spiel, alle mit ihm verwandte Empfindungen erwachten, er fühlte mit vollem Bewußtseyn den edlen Durst nach Verdienst um sein Vaterland. Las er seine Lyriker, seine epischen oder dramatischen Dichter, so fand er Ereignisse, Handlungen, welche alle aus dem Gebiethe der Vaterlandsgeschichte genommen, den Leidenschaften, Gefühlen, Grundsätzen, und dem Geiste der Nazion

angemessen waren. So wie die dadurch er=
regten Empfindungen sich ganz auf Vaterland
und Staat bezogen, so konnte er auch im
Gefühle seiner selbst die Wirkung und den
Werth der Wirkung des Kunstwerks unter=
scheiden. Was bei uns die Stärke des Ein=
flusses der Kunstwerke hindert, das schadet
nun auch der Bemerkbarkeit ihrer Wirkun=
gen. Ihre Beziehungen erstrecken sich auf
nichts geringers, als auf die gesamte Mensch=
heit und die ganze weite Welt; die Wirkun=
gen derselben können sich also in dem Be=
wußtseyn der Einzelnen nicht so unterschei=
dend darstellen, sie werden sich, wie ihre Ur=
sachen, ins Allgemeine gedehnt, für den Be=
obachter verlieren.

Allein der Einfluß der Werke der schönen
Künste zeigte sich auch bei den Alten in einzel=
nen glänzenden Handlungen, welches bei uns
nach unsrer Verfassung kaum iemals gesche=
hen kann. Im Kriege und im Frieden konnte
ieder Bürger an den Einrichtungen und Re=
voluzionen des Staates Antheil nehmen,
konnte gewissermaßen einen eigenen Zweck
für das Vaterland ausführen, hatte einen

Spielraum für seine thätige Kraft. War
nun durch irgend ein Kunstwerk sein Vater-
landsgeist in Flammen gesetzt, so fand er leicht
eine Gelegenheit, wo er handeln konnte, und
niemand durfte der Kunst das Verdienst abstreiten, die That veranlaßt zu haben. Ich
brauche nicht erst zu sagen, daß nach unsrer
Verfassung solche Fälle gar nicht vorkommen
können, daß wir fast gar nicht für das Vaterland handeln, nur kleine Beiträge zur
Ausführung äusserst zusammengesetzter Plane
ganzer Kollegien liefern können.

Wir dürfen hier auch das nicht vergessen:
daß die Alten ihre Empfindungen bei den
Werken der schönen Künste ohne alle Zurück-
haltung ausbrechen liessen, uns hingegen eine ganz misverstandene Schaamhaftigkeit an
dem Ausdrucke unserer Gefühle verhindert.
Wir finden es lächerlich, wenn eine offene
unbefangene Seele bei einem Kunstwerke einen unwillführlichen Ausdruck des Enthusiasmus entschlüpfen läßt; wir halten es für
Rohheit, für Sittenlosigkeit, und wenn auch
der Zwang einer so sinnlosen Decenz das Gefühl selbst nicht unterdrücken kann, so ver-

birgt es doch sein Daseyn und bestimmt die
Menschen, den Einfluß der Kunstwerke für
nicht so groß zu halten, als er wirklich ist.

Die letzte Ursache, welche ich angab, dürfte
vielleicht die problematischeste scheinen; ich
sagte nämlich, die Alten hätten richtigere Begriffe von den Künsten gehabt. Sollte es
möglich seyn, daß die Neuern, diese Besitzer
so vieler Aesthetiken, hierinnen gegen die
Alten zurück seyn sollten, die vielleicht keine
vollständige philosophische Theorie irgend
einer Kunst aufzuweisen hatten? — Es ist
so. Trotz allen unsern Systemen und Kom-
pendien, besitzen nur äußerst wenige einen
wahren Begriff vom Wesen der Kunst, sehen
nur äußerst wenige sie aus dem richtigen Gesichtspunkte an. Das Wesentliche übersieht
man, und das minder Wesentliche allein bemerkt man. Man bringt nichts in Rechnung,
als die äußere Zierlichkeit, Regelmäßigkeit
der Werke, und das dadurch bewirkte augen-
blickliche Vergnügen; das innere Wesentliche, die Beziehung auf die höhern Vermögen,
besonders auf eine edle, dem Verstande und
der praktischen Vernunft untergeordnete Em-

pfindsamkeit wird kaum beobachtet. Und vielleicht sind diejenigen, welche die Künste nach Theorien und philosophischen Abstraktionen beurtheilen, dieser Verblendung am meisten schuldig, vielleicht sahen die Alten gerade deshalb hierinnen heller, weil sie mehr bei dem unmittelbaren Eindrucke, bei dem Gefühle selbst stehen blieben. Der Einfluß dieser verschiedenen Ansicht der Künste auf das Urtheil über ihre Nützlichkeit für den Staat und die Menschheit, ist offenbar. Wenn ich das wahre Wesen der Künste verkenne, so sehe ich auch nur einen, und vielleicht gerade den zufälligern Theil ihrer Wirkungen, welcher mit den erhabenen Zwecken der Menschheit nur in entfernter Beziehung steht.

Und so glaub' ich denn, wird es eine ganz natürliche Erscheinung seyn, daß die Alten über die Nützlichkeit der schönen Künste für den Staat so einig waren, und die Neuern darüber so unentschieden und zweideutig sprechen.

Zweite Betrachtung.

Wenn man die Untersuchung über das We=
sen der Kunst und die Grundgesetze des Ge=
schmacks aus ihren ersten Quellen erklären
will, so muß man sich freilich oft in etwas
dunkle Tiefen der Spekulazion versenken.
Allein wer von dem Werthe und der Nütz=
lichkeit dieser Gegenstände überzeugt ist, der
läßt sich ihre genauere Kenntniß gern eine
Aufopferung kosten, verfolgt den Gang der
Theorie selbst bei den feinsten Analysen mit
Interesse und Vergnügen. Mein Zweck ist
keinesweges oberflächliche Berührung derer
zeither in den Aesthetiken vorgetragenen
Grundsätze; ich wünsche gewisse zeither noch
unentschiedene Punkte grundaus zu entwik=
keln, gewisse Untersuchungen nach ganz andern
Richtungen zu leiten, und der Wissenschaft die=
jenige Gestalt zu geben, unter welcher allein
sie auf Würde und Einfluß Rechnung ma=
chen kann. Vorzüglich meine jungen Leser
werden es also nicht überflüßig finden, wenn

ich vorher etwas genauer untersuche, was
die Werke der Kunst für die nothwendigsten
Zwecke der Menschheit wirken, und sie in
dieser Rücksicht wahrer und richtiger zu wür=
digen suche. Wenn auch das dadurch erregte
Interesse nicht bei allen in Enthusiasmus
übergehen kann, so wird es doch stark genug
seyn, um den Geist in derjenigen Spannung
zu erhalten, die zu jeder etwas tiefern Erfor=
schung eines philosophischen Gegenstandes
nöthig ist.

Der Einfluß der Künste, habe ich in der
vorigen Betrachtung gezeigt, kann bei uns
nicht so groß seyn, als er in jenen Staaten
des Alterthums war, in welchen sie blühten.
Allein daraus folgt noch keinesweges, daß
er geringfügig seyn müsse, keinesweges, daß
es die Mühe nicht lohne, sich mit ihren Wer=
ken zu beschäftigen, und seinen Geschmack zu
bilden. Wir müssen nur, um uns vor die=
sem Vorurtheile zu hüten, den ganzen vollen
Umfang dieser Wirkungen, ihren Einfluß auf
den innern Menschen erwägen. Gemei=
niglich bleibt man nur bei dem kleinlichen äu=
ßern Nutzen stehen, man glaubt den Künsten

hinlänglich Gerechtigkeit widerfahren zu las=
sen, wenn man rühmt, daß sie die Sitten
feiner, gefälliger machen, daß sie den Men=
schen zur Geschmeidigkeit und Artigkeit im
Betragen bilden, daß sie Gefühl für das An=
ständige und Zierliche geben; kurz, man
denkt sich das Verdienst z. B. eines Klopstock
um die Seele seines Lesers, ungefähr so groß,
als das eines gemeinen Tanzmeisters um die
Körperbildung seines Schülers.   Der Ge=
schmack wird blos deshalb noch für etwas
Wünschenswerthes gehalten, weil man da=
durch in den Cirkeln zu glänzen hofft; an sich
scheint er eine kleinliche Fähigkeit zu seyn, die
sich der Weltmann, mit dem leeresten Kopfe
und dem gefühllosesten Herzen weit glücklicher
erwerben kann, als der talentvolleste Mensch,
wenn er ohne Stand und Geburt ist. Dieses
Vorurtheil, blos eine Folge von Seichtheit
und Stumpfheit der Beobachtung, wird von
selbst fallen, wenn wir die wahre Beziehung
der Wirksamkeit der Kunstwerke auf den
Geist des Menschen einsehen.

Ohne mich hier umständlich in die Kritik
der verschiedenen Begriffe vom Wesen der

Künste einzulassen, kann ich, als allgemein
angenommen, voraussetzen, daß vorzüglich
Empfindung und Phantasie durch ihre Werke
in Thätigkeit gesetzt werden. Und aus diesem einzigen unbezweifelten Grundsatze ergiebt sich die ganze Deduktion ihres Einflusses auf das Wohl der einzelnen Menschen
und der ganzen Gesellschaft. Wir mögen
uns den Menschen denken als ein Wesen,
welches unbedingt nach Glückseeligkeit strebt,
oder als ein solches, welches nach einer edlern Glückseeligkeit in der Befolgung seiner
Pflichten strebt, oder als ein solches, welches ohne Rücksicht auf eigenes Vergnügen
den Gesetzen der Sittlichkeit treu bleibt, so
finden wir, daß in ieder Rücksicht die Bildung
dieser Kräfte äusserst wichtig ist, und also
die Mittel, wodurch sie befördert, und auf
den höchsten Grad gebracht werden kann,
iedes vernünftige Wesen zur Theilnehmung
auffordern müssen. Allein indem ich, angesehen die Zwecke wornach sie streben, verschiedene Klassen von Menschen aufzähle, so
will ich damit keinesweges sagen, daß es
gleichgültig sey, zu welcher von denselben
man sich schlage. Ich bin überzeugt, daß

keine freie Handlung in Rücksicht auf Sittlich=
keit indifferent ist; streng genommen, ist iede
vernünftig oder unvernünftig, gut oder böse.
Eben so gewiß bin ich auch dessen, daß nur bei
der letztern von den drei angegebenen Klassen
wahre Tugend statt findet, und daß also die
Künste, wenn sie dieselbe befördern sollen, uns
müssen fähiger machen können, aus Einsicht
der Wahrheit des sittlichen Vernunftgesetzes
gut zu handeln. Ich dürfte mein Augen=
merk also geradezu nur hierauf richten, und
es wäre alles entschieden. Allein die Vor=
urtheile sind noch zu groß, das Zeitalter
sträubt sich noch sehr gegen die Einsicht des
wahren Wesens der Sittlichkeit und die An=
erkennung des Einflusses ihrer Principien
auf alle freie Handlungen des Menschen. Ich
will also die Untersuchung theilen, um selbst
denenienigen, die von Irrthum und Vorur=
theil behaftet sind, keinen Zweifel übrig zu
lassen.

Um im allgemeinen glückseelig zu seyn,
das heißt, Zwecke, für die man sich interes=
sirt, zu erreichen, und sich dadurch angeneh=
me Empfindungen zu erwerben, ist eine

schnelle lebhafte Rückerinnerung der Vergangenheit und Vorhersicht der Zukunft nöthig. Jeder Mensch hat ein gewisses Maas von
Erfahrung, allein nicht jedem hilft seine Erfahrung gleich viel, und die Nützlichkeit der
Erfahrung steht gerade nicht immer in gleichem Verhältnisse mit dem Umfange und der
Masse derselben. Das Gedächtniß ist keine
blos mechanische Kraft; wir können durch
eigenen Fleiß zu seiner Bildung sehr viel beitragen. Besonders dadurch, daß wir uns
an lebhafte helle Anschauung der Dinge gewöhnen, machen wir es, wenn nicht etwa
ein physischer Fehler entgegen wirkt, behalt-
samer und behender im Wiederdarstellen, fähiger vollständige deutliche Bilder zu liefern,
und dieses sind die Bedingungen, unter welchen
allein wir, bei eintretendem Bedürfnisse, den
Erinnerungsideen die zweckmäsige Richtung
geben, und sie auf den gegenwärtigen Fall
anwenden können. Also zu der gemeinsten
Glückseeligkeit des Menschen wird schon eine
gewisse Schnelligkeit und Lebhaftigkeit der
Phantasie erfordert, ohne sie ist Klugheit
und Vorsicht schlechterdings nicht möglich.

Allein wenn die Phantasie von dieser Seite
ihre volle Wirkung auf menschliche Glückseeligkeit hervorbringen soll, so muß ihr schlechterdings die Empfindung zur Seite gehn.
Was hülfe eine Erfahrung, welche blos ein
Gehäuf von Bildern und Scenen der Vergangenheit, ohne Einfluß auf Schmerz und
Vergnügen wäre? bei der größten Vollkommenheit der Vernunft würde eine solche dem
handelnden Menschen wenig Vortheil leisten.
Und hier sehen wir denn wieder eine Seite,
wo der Mensch die Kraft seines Gedächtnisses durch Fleiß und Bildung erhöhen kann.
Jeder Gegenstand trifft in irgend einem
Punkte seines Umfangs mit der menschlichen
Glückseeligkeit zusammen.   Diesen suche
man also bei iedem auf, denke demnach einen ieden mit einem gewissen, freilich verhältnißmäsigem Interesse, und er prägt sich
gewiß tiefer ein, wird von der Phantasie
leichter und klarer hervorgezogen.   Was
auch gewisse Weltweise sagen, wir haben sowohl für Schmerz als für Vergnügen Erinnerung, und es verräth sehr viel Kurzsichtigkeit, wenn man dadurch, daß man die Er-

innerung für den Schmerz leugnet, etwas
für die Weißheit und Allgütigkeit des höch=
sten Wesens erwiesen zu haben glaubt. Man
darf nur eine Spanne weiter sehen, um zu
entdecken, daß auf der Erinnerung für den
Schmerz ein grosser Theil der menschlichen
Klugheit und Vorsicht, und also auch ein
großer Theil der menschlichen Glückseeligkeit
beruht, ja daß sogar eine der erhabensten
Seiten des sittlichen Menschen, nämlich:
Mitgefühl für fremde Leiden auf diese Fä=
higkeit sich des Schmerzes zu erinnern ge=
gründet ist. So sehen wir also, wie durch
Empfindsamkeit Gedächtniß und Phantasie
in ihren Funktionen befördert werden. Wenn
nun die schönen Künste, wie es niemand leug=
nen wird, vorzüglich auf Empfindung und
Phantasie wirken, und, gesetzt auch sie hät=
ten sonst gar keinen Nutzen, doch diese Kräfte
in jedem Falle üben, verfeinern und verstär=
ken; so ist es offenbar, wie sie schon im all=
gemeinen großen Einfluß auf Glückseeligkeit
haben. Die Sinne liefern die Masse der Er=
fahrung, der Verstand ordnet sie nach Ge=
setzen, die schönen Künste beleben sie mit
Interesse und Feuer.

Eben so wichtig, als für Glückseligkeit die lebhafte Vergegenwärtigung der Vergangenheit ist, muß es auch nothwendig eine gewisse Vorspiegelung der Zukunft seyn. Dieß ist Sache des Dichtungsvermögens, welches, gestützt auf die Gesetze des Verstandes, und nach Maasgabe derer im Gedächtniß ruhenden Erinnerungsideen, analogisch die möglichen Ereignisse der Zukunft vorbildet. Ich brauche nicht erst zu zeigen, wie nöthig ihm zu seinen Thätigkeiten ein reiches Gedächtniß, eine behende feurige Phantasie ist, und wie viel ihm schon, von dieser Seite betrachtet, die öftere Beschäftigung mit Werken der Kunst nützet. Allein auch, seine Kraft selbst wird durch diese erhöht und fähiger gemacht, mit Schnelligkeit mögliche Fälle vorzustellen und zu übersehen; eine Vollkommenheit, deren Werth nicht hoch genug geschätzt werden kann.

So befördern also die Werke der schönen Künste offenbar schon im Allgemeinen Glückseligkeit.

Allein eine Glückseligkeit dieser Art ist noch nicht eben von großem Werthe. Men-

schen, welche ohne weitere Bedingung nach
angenehmen Empfindungen durch Erreichung
ihrer Zwecke streben, sind im Grunde des
Namens vernünftiger Wesen nicht würdig.
Allein edel und achtungswerth ist nun schon
iene Gattung von Menschen, welche sich den
Genuß angenehmer Empfindungen durch Gerechtigkeit und Tugend zu erwerben bestrebt
ist. Wir wollen sehen, wie diese durch Ver-
traulichkeit mit den Künsten in ihren Zwecken
gefördert werden.

Es scheint nicht möglich, daß irgend ein
Mensch sich so ganz von aller Sinnlichkeit
losreißen könne, um iederzeit allein das Ver-
nunftgesetz der Sittlichkeit zum Bewegungs-
grund seiner freyen Handlungen zu machen,
ohne dabey auf das Vergnügen zu rechnen,
welches ihm die Ausübung desselben gewähren wird. An den meisten von unsern tugendhaften Handlungen hat Empfindung,
Phantasie und Dichtungsvermögen Antheil.
Und dieß ist wirklich nicht etwa Ausartung
unsrer Natur, sondern, nothwendige Folge
der Einrichtung derselben. Eine zweckmäßige Bildung jener Kräfte ist demnach ein

Aesthetik.   D

nothwendiges Erforderniß zur Beförderung
guter und edler Handlungen. Um die Ausübung der Pflichten gegen uns selbst und gegen unsre Nebenmenschen zu einem Gegenstande des Vergnügens, und einem Ziele unserer Begierden zu machen, wird ein lebhaftes
starkes Interesse für die Gesetze der Natur,
Liebe für Harmonie und Ordnung, ein hoher Grad von Empfindsamkeit, und zwar
gebildeter, höchstveredelter Empfindsamkeit
vorausgesetzt. Und, wenn nicht zu leugnen
ist, daß die Vorhersicht der Folgen unsrer
Handlungen sehr oft die Ausübung des Guten befördert, so erhellet von selbst, wie wichtig in dieser Rücksicht zweckmäßige Erhöhung
der Phantasie und des Dichtungsvermögens
ist, wie viel man für seine sittliche Vollkommenheit durch Schnelligkeit und Lebhaftigkeit
dieser Kräfte gewinnt. Allein am unverkenn-
barsten zeigt sich der Einfluß derselben auf
moralische Güte bey unsern Handlungen gegen unsre Nebenmenschen. Ohne lebhaftes
Mitgefühl ist wahre thätige Bruderliebe nicht
möglich; wer nur immer sich selbst empfindet,
sich selbst denkt, der wird für seinen Nebenmenschen nie handeln; um sich dazu aufge-

fordert zu fühlen, muß man sein i c h vergeſ=
ſen, ſich in den Seelenzuſtand deſſelben hin=
über empfinden, und durch dieſe Gemein=
ſchaft der Gefühle und Zuſtände wird erſt
wahre thätige Theilnahme möglich. Unſre
ſympathetiſchen Empfindungen gründen ſich
größtentheils auf Thätigkeiten der Phanta=
ſie; bey dem Anblick eines Leidenden, oder
bey Erzählung und Schilderung ſeines Schick=
ſals erwachen in uns die Gedächtnißideen
ſelbſt empfundner Zuſtände dieſer Art; wir
tragen dieſe auf ihn über, und ſo nur ſind
wir fähig, ſeiner Gefühle theilhaftig zu wer=
den. So wahr, als alle dieſe Grundſätze
ſind, ſo einleuchtend iſt auch die Nützlichkeit
der Werke der ſchönen Künſte für die Aus=
übung jeder Verbindlichkeit, die man ſich
ſelbſt, oder ſeinen Nebenmenſchen ſchuldig iſt.

Allein die Tugend, von der wir ietzt ſpre=
chen, iſt im Grunde nur eine leichte Vor=
übung der wahren reinen Sittlichkeit, zu
welcher unſer Natur, wie man aus der
Vernunft ſelbſt ſieht, beſtimmt iſt. Wir
alle, die wir uns an ihr begnügen, ſind nur
erſt im Vorhofe des Allerheiligſten. Eine

vollkommen sittlich gute Handlung muß un=
abhängig seyn von allem Einfluße sinnlicher
Triebfedern; das heißt, blos Einsicht der
Wahrheit des in der Vernunft liegenden Ge=
setzes, muß sie erzeugt, keine Hoffnung ir=
gend eines Vortheils, keine auch noch so
edle angenehme Empfindung, zu ihrer Voll=
bringung etwas beygetragen haben. Dieß
ist das Ziel, dessen Erstrebung die Gottheit
durch die Vernunft iedem Menschen aufgege=
ben hat, und gesetzt auch, er sähe die Un=
möglichkeit ein, diesen Zweck zu erreichen, so
muß er ihm doch so nah als möglich zu kom=
men suchen. Allein dieser reinen heiligen
Sittlichkeit, die, allgenugsam in ihrer Sphä=
re, wie die Gottheit, Grund und Zweck ih=
res Wirkens in sich selbst findet, dieser schei=
nen nun die Künste, weit entfernt, sie beför=
dern zu können, vielmehr mit ieder Einwir=
kung auf den menschlichen Geist entgegen zu
arbeiten. Sie erhöhen die Reizbarkeit der
Empfindung und die Spielkraft der Phanta=
sie, und entflammen dadurch nothwendig
Begierden und Leidenschaften. Durst nach
angenehmen Gefühlen wird durch sie der
unumschränkt herrschende Trieb in der mensch=

lichen Natur, und bestimmt nach gesetzloser Willkühr die freyen Handlungen. Auf den ersten Anblick kann diese Schilderung wohl blenden, allein, wenn wir sie genauer prüfen, so finden wir, daß sie überspannt und ungerecht ist, daß die Künste wirksame Mittel zu Beförderung der reinsten Sittlichkeit sind. Die Werke der Künste üben freylich allezeit die Empfindsamkeit, allein daraus folgt noch gar nicht, daß sie den Menschen gewöhnen, Erwerbung angenehmer Empfindung zum alleinigen Ziele aller seiner Handlungen zu machen. Vielmehr können sie ja eben durch Erregung von Empfindung denselselben bestimmen, seine wahre Würde in der Vernunft zu suchen, und recht und gut zu handeln, ohne alle Rücksicht auf dadurch zu erwerbendes Vergnügen. Der Dichter kann freylich die Wollust schildern, welche dem Menschenfreunde eine edle That verursacht; allein, kann er nicht eben auch und noch weit erhabner singen:

„Tugend, du bist das Leben des Gei‑
　　　stes, sein inniges, wahres
Unabhängiges Seyn; — — —

D 3

Sein scharftrennender Blick zu scheiden Beß=
res vom Schlimmern,

Sein festschreitender Gang auf graden Pfaden
des Rechtes,

Seine Königsgewalt, zu steuern den lüsternen
Sinnen,

Daß sie in Fluten der Wollust den göttlichen
Geist nicht ersäufen,

Daß sie mit störrischen Schmerz den Helden
Gottes nicht beugen!

Siehe, du bist der Saiten der Seele lauterste
Stimmung,

Ihr harmonischer Einklang in das Tönen der
Schöpfung,

Ihr Einfügen im Gliederbau der ewigen
Ordnung,

Ihr Behagen an sich, ihr Gerndaheimseyn,
ihr Jauchzen

In sich selbst, im Lebensgefühle der vollen Ge=
sundheit! *)

Und indem er die Tugend von dieser Seite
schildert, kann es ihm wohl fehlen, die Men=
schen mehr und mehr in das reine lautere
Interesse der Vernunft zu ziehn? — So kön=
nen also die Künste unmittelbar auf Bil=

*) Eine Stelle aus Herrn Kosegartens Gedichte:
Die Tugend.

dung einer reinen Tugend wirken. Allein
wenn wir nun auch zugäben, daß dieß nur
äußerst selten der Fall sey, so erhellt von ei=
ner andern Seite, daß die schönen Künste
wirksame Mittel sind, die Ausübung der
Gesetze der praktischen Vernunft leichter und
sicherer zu machen. Fanden wir eben ietzt,
daß sie den Geist für reine wahre Sittlichkeit
durch ihre Werke wirklich interessiren kön=
nen, so werden wir nun auch sehen, wie sie
die Anwendung der Gesetze derselben in vor=
kommenden Fällen der Erfahrung vermitteln.
Damit dieses nämlich geschehen könne, muß
der Gegenstand vollständig, wahr und leb=
haft vorgestellt werden, wie wäre sonst An=
wendung, und zwar richtige, zweckmäßige
Anwendung des Sittengesetzes möglich?
Wenn es zum Beyspiele darauf ankommt,
einen Nothleidenden zu retten, so muß man
doch vor allen Dingen das ganze Schicksal
desselben kennen, und seinen innern Zustand
mitempfinden, ehe man an ein moralisches
Verhalten gegen ihn denken kann. Je schnel=
ler nun dieses geschieht, und ie lebhafter,
und wahrer, desto eher und gewisser wird
das Sittengesetz den Menschen zum Handeln

bestimmen. Zu diesem Behufe nun, behen=
der lebendiger Vorstellung von Schicksalen
und innigem Mitgefühle fremder Leiden,
sind Empfindsamkeit, Phantasie und Dich=
tungsvermögen nöthig, und ich kann getrost
dem Leser die Anwendung von dieser Wahr=
heit auf die Nützlichkeit der Künste für Mo=
ralität und Glückseligkeit überlassen.

Freylich bewirken unter allen diesen Be=
ziehungen, die wir iezt verfolgt haben, die
schönen Künste nicht unmittelbar Hand=
lung, sondern sie erhöhen und bilden nach
und nach die Kräfte. Und hier liegt denn
der vorzügliche Grund, weßhalb man so ge=
neigt ist, ihnen allen wirklichen Einfluß ab=
zuleugnen. Wir wollen nämlich die Wir=
kungen der Dinge allezeit, wenn ich so sagen
darf, mit Händen greifen, oder in einer auf=
fallenden Erscheinung anschauen; gelingt
uns dieses nicht, so nehmen wir keinen An=
stand, ihren Erfolg zu bezweifeln. Nun ist
es bey allmähliger Bildung der Seelenkräfte
selbst, kaum möglich zu bestimmen, wiefern
sie durch irgend ein Mittel vollkommener ge=
worden sind, am allerwenigsten, zu ermes=

sen, was ein einzelner Zeitpunkt des Gebrauchs davon zu diesem Behufe beygetragen
hat. Es würde ein Wunder scharfer Beobachtung seyn, wenn man angeben könnte:
durch Lesung lyrischer Dichter, zum Beyspiele, haben unsre Seelenkräfte den oder ienen
bestimmten Grad von Bildung bekommen,
oder, durch Vorstellung dieses oder ienen
Trauerspiels sey das sympathetische Gefühl
so oder so weit erhöht worden. Dieß läßt
sich auf keinen Fall genau bestimmen. Allein
daraus folgt noch gar nicht, daß von dem
Genusse der Werke der schönen Künste, keine
oder nur sehr geringfügige Wirkungen zurückbleiben. Ueberhaupt geht in der menschlichen Seele, so wie im unendlichen Univer-
sum, nichts verlohren, die flüchtigste Erscheinung läßt eine Spur zurück; und
von dem kleinsten unbedeutendsten Gemählde gehen wir vollkommener weg.

Allein wenn auch, wird man sagen,
zugegeben werden muß, daß die Werke der
schönen Künste nützlich seyn können, daß sie
nicht nur im allgemeinen Empfindung und
Phantasie verfeinern, sondern sogar fähig
sind, die Moralität zu befördern; so ist doch

D 5

dieser Nutzen so lange problematisch, kann
nicht eher mit Sicherheit in Rechnung gebracht werden, als man erwiesen hat, daß
es gewisse für alle vernünftige Wesen in gleichem Maaße gültige Geschmacksregeln giebt,
welche den Künstler verbinden, alle seine
Darstellungen zu dem Endzwecke der Vervollkommnung seiner selbst und seiner Nebenmenschen zu bilden. Bevor dieß geschehen
ist, darf man wenigstens Gleichgültigkeit
gegen die Künste niemanden verargen, es
keinem verdenken, wenn er sie blos für Mittel des Zeitvertreibes und der Ergötzlichkeit
hält *), und Erzieher und Gesetzgeber ver-

*) Baumgarten Aesthet. P. I. c. I. S. IV.
§. 76. p. 33. Neque vanus augur ar-
bitror fore, si praedixerim, quod ali-
quibus exemplis iam expertus scribo,
per eandem se viam (die Zurückführung
der Geschmacksregeln auf feste Principien,)
non paucis ingeniis, non paruis, ere-
ctioribusque animis commendatura bo-
na liberalium artium studia, vt non pue-
rilia tantum, sed et viris, iisque sapien-
tibus, digna, sicuti sunt, videantur,
eoque moueant, vt vel ipsi audeant ali-
quid noui et egregii in aestheticis exer-

dienen keinen Tadel, wenn sie den Künstler durch thätige Unterstützung nicht so sehr aufmuntern, als andre Mitglieder des Staats, deren Verdienstlichkeit anerkannt ist.

Dieser Einwurf ist unstreitig wichtig. Er führt uns auf die Untersuchung des Ursprungs, des Werthes und der Allgemeingültigkeit der Regeln des Geschmacks. Und nach Vollendung von dieser werden *) wir

> citiis, vel saltem de artibus eo ducentibus moderatius, aequius, honorificentius iudicent, de applicationibus earundem, vti iudices, bene satis instructi, magisque competentes.

*) Man muß zwey Fragen wohl unterscheiden, die: ob die Kunst, wie sie ietzt betrieben wird, ob der Geschmack, wie er ietzt gestimmt ist, die wahre Glückseligkeit der Bürger befördere? und die: ob überhaupt die Kunst so betrieben, der Geschmack so gerichtet werden könne und solle, daß er das ächte Beste des Staats befördere. Die erste kann nicht entscheidend beantwortet werden; denn man hat dazu kein bestimmtes Prinzip, und blos durch die Aufzählung mehrerer Fälle und

auf die Frage zurückkommen, von welcher
wir ausgiengen, werden dann mit völliger

Beyspiele, kann nichts Zuverlässiges aus=
gemacht werden.   Die zweyte verstattet
allerdings eine befriedigende Antwort, al=
lein der Stoff dazu liegt nicht auf der
Oberfläche der Philosophie.   Tiefe Unter=
suchungen über die Natur der Empfindsam=
keit, ihr Verhältniß gegen die übrigen
Kräfte der Seele, den absoluten Werth
ihrer Wirkungen, und den höchst mög=
lichen Vollendungspunkt ihrer Bildung
müssen vorhergehen, ehe man sie geben
kann. Deßhalb haben sich auch die meisten
an einer vagen Beantwortung von iener
begnügt, anstatt die ungleich schwerere
Beantwortung von dieser zu unter=
nehmen.
   Man hat viele Schriften über den
günstigen Einfluß des Geschmacks auf die
Sittlichkeit.   Ich wundre mich, daß man
nicht noch mehrere über das Gegentheil
hat.   Denn iene alle fast, gründen sich
auf falsche, oder verworrene, oder völlig
leere Begriffe von Geschmack, oder setzen
nicht einmal einen gewissen Begriff davon
voraus, und es kann bey dieser schlechten
Grundlage nichts weniger als Evidenz er=
folgen.   Man nimmt den Geschmack als

Entschiedenheit sagen können, was Künste und Geschmack für das Beste der Menschheit und des Staates zu leisten im Stande sind.

ein Vermögen an, Schönheit zu beurtheilen, allein 1) man bestimmt vorher nicht, was eigentlich in der Natur und Kunst wahrhaft schön sey, 2) oder man hebt nur einen kleinen Theil der Elemente des Schönen heraus, die Regelmäßigkeit, Ordnung und Zierlichkeit, und nimmt die Bemerkung von dieser allein als das Wesentliche im Geschmacke an. Im ersten Falle kann der Beweiß nicht anders als zirkelförmig ausfallen. Denn sobald noch nicht gezeigt ist, welche von denen auf Sinnen und Phantasie wirkenden Gegenständen es an sich verdienen, das Wohlgefallen eines vernünftigen Wesens zu erregen, kann man auch nicht bestimmt angeben, was richtiger Geschmack ist, und bevor dieß nicht am Tage liegt, ist alles Räsonnement über den Einfluß des Geschmacks auf Sittlichkeit und wahre Glückseligkeit ohne Wirkung.

Im zweyten Falle ist es offenbar, daß, wie spitzfindig man auch zu Werke gehe, es doch unmöglich ist, der Sittlichkeit einen wichtigen und nothwendig zu erfolgen-

den Vortheil durch den Geschmack zu ver=
sprechen. Was für eine elende Sophi=
sterey ist es z. B. wenn die Aesthetiker sa=
gen: wer in der sinnlichen Welt an Ord=
nung, Harmonie und Ebenmaas Wohl=
gefallen finde, der werde dadurch selbst
angewöhnt, es auch in der moralischen
Welt zu wünschen, und zu befördern zu
suchen, ein Satz, dessen Bündigkeit kei=
ne Vernunft erweisen kann, und die Er=
fahrung eher widerlegt, als bestätigt *).
Nun ist man aber ferner auch nicht ein=
mal einig, was denn eigentlich diese Fä=
higkeit, Schönheit zu beurtheilen, wel=
che man Geschmack nennt, für eine Kraft
sey, ob es eine ursprüngliche oder abgelei=
tete, oder mit einer andern eine und die=
selbe sey. Einige nehmen ihn als eine
besondre von keiner uns bekannten abge=
leitete Seelenkraft an; andre halten ihn

*) Das neueste Beyspiel so einseitiger Ge=
schmacksphilosophie ist der Aufsatz des
Hrn. Charles de Polier's, über das
Vergnügen, welches die Seele
durch die Uebung ihrer Fähig=
keiten genießt, und besonders
über das, was der Geschmack
gewährt. Aus den Memoirs of the
literary and philosophical society of
Manchester. Warrington 1785. übersetzt
in Hrn. Prof. Cäsars Denkwürd. a. d.
phil. W. 6. B. S. 50.

für bloßes Gefühl, andre für einen Zweig
der Urtheilskraft, ohne doch zu bestim=
men, wie die Anwendung dieser auf schö=
ne Gegenstände erfolge, andre für das
moralische Gefühl selbst, andre für das
Resultat mehrerer zusammenwirkender gei=
stiger und körperlicher Kräfte.   Bey die=
ser Verworrenheit und Unentschiedenheit
in den Begriffen wäre es ein Wunder,
n'nn die daraus gezogenen Resultate
bündige Denker überzeugen könnten *).

Neuerlich hat ein englischer Philosoph
Herr Samuel Hall, einen Beweiß
geliefert, daß der Geschmack für die Schön=
heiten der Natur und der schönen Künste
keinen günstigen Einfluß auf den morali=
schen Charakter habe.   (S. Memoirs
of the literary and philosophical Society
of Manchester.   Warrington, 1785.
Vol. I. p. 159. deutsche Uebersetzung von

*) So sagt z. B. der eben anzuführende
    Herr Hall: ich werde weder die
    Grundsätze prüfen, auf welchen
    der Geschmack beruht, noch un=
    tersuchen, ob er mehr ein Kind
    der Natur, oder der Erziehung,
    oder das gemeinschaftliche Re=
    sultat beyder sey.   Ich werde
    meine Betrachtungen auf die
    Wirkungen einschränken, wel=
    che der Geschmack, er entsprin=
    ge nun, woher er wolle, auf

Hrn. Prof. Cäsar in seinen Denkwürdd.
aus der philos. W. 5. B. S. 209.) Er
bezieht sich in diesem Aufsatze vorzüglich
auf Shaftsbury's *), Hutche=
sons **), Homes ***), und Per=
civals †) Grundsätze, und in Rücksicht
auf diese hat er allerdings Recht, zeigt
unwidersprechlich die Unzulänglichkeit ihrer
Principien, und das Bedürfniß neue auf=
zustellen, wenn nicht die ganze Frage un=
beantwortet bleiben soll.

den moralischen Character äu=
ßert. Wie kann eine so grundlose
Untersuchung richtige Resultate liefern!
*) *Shaftsbury's* Characteriſtics.
**) *Hutcheſons* Inquiry into the Orig. of
our Ideas of Beauty etc.
***) Elements of Criticiſm.
†) *Percival* on a Taſte for the Beauties of
Nature in ſ. Moral and literary diſſer-
tations, die vierte Abhandl.

Dritte Betrachtung.

Die Geschichte sagt uns, daß Künste ent=
standen, und sich zu einem hohen Grade der
Vollendung erhuben, ehe man noch an phi=
losophische Regeln und Theorien gedacht
hatte. Wären sie blos Produkte des Zufalls,
oder gewisser Verträge, so wäre dieses die
seltsamste unbegreiflichste Erscheinung, die
man sich denken könnte. Allein da sie sich
auf feste, unwandelbare Anlagen in der
menschlichen Natur gründen, so mußten sie
sich nothwendig aus ihnen entwickeln, ohne
alle Beyhülfe wissenschaftlichen Raisonne=
ments; ia dieses war sogar nicht einmal mög=
lich, bevor sich die Keime davon dem Blicke
des denkenden Beobachters gezeigt hatten.

So lange der menschliche Geist sich
bloß auf G e f ü h l einschränkte, waren
die Werke der Künste für ihn nur Ge=
genstände der Empfindung, des Staunens

und der Bewunderung. Er sah ihre Entste=
hung als etwas Unbegreifliches und Uebernas
türliches an. Es wurde schon eine nicht ge=
meine philosophische Stimmung erfordert,
wenn er ihre Vollkommenheiten zergliedern
und die Ursache ihrer Wirkungen in den Kräf=
ten der Seele selbst aufsuchen sollte. Die
größte Aufgabe war, die zerstreuten Beob=
achtungen auf gemeinschaftliche feste Princi=
pien zurück zu führen, und in den Gesetzen
der geistigen Natur des Menschen auch die
Vollkommenheitsgesetze für die Werke der
Kunst aufzufinden.

Wir finden in den Schriften der Griechen
und Römer, vortreffliche Bemerkungen über
einzelne Schönheiten der Werke der Kunst.
Allein von keiner Kunst, selbst nicht von der
Dichtkunst, haben sie uns, wenn wir streng
prüfen, eine philosophische Theorie hin=
terlassen.

Eigentliche Philosophie über die Künste
war auch in Zeiten nicht möglich, wo man
die Gesetze der Empfindungen und Leidenschaf=
ten noch nicht kannte, und den Zusammen=

hang, in welchem diese Kräfte gegen die so=
genannten höhern stehen, noch nicht entwik=
kelt hatte, wo man ihre Produkte entweder
für bloße Aufwallungen der thierischen Na=
tur hielt, oder als Eingebungen einer frem=
den Kraft mit blindem Staunen betrachtete.
An Zurückführung der Regeln für die Künste
auf feste Prinzipien ist erst dann zu denken,
wenn Empfindungen und Leidenschaften die
Denker eben so sehr interessiren, als Verstand
und Vernunft, wenn sie den Zusammenhang
von ienen mit diesen einsehen, und ihre Kul=
tur eben so möglich und eben so nützlich glau=
ben, als die von diesen.

Vor Leibnitz werden wir allen diesen zu
folge, die Idee einer Philosophie der Künste
umsonst suchen. Allein es wäre ein wahres
Wunder, wenn sie nicht in den Kopf irgend
eines seiner Nachfolger gekommen wäre. Zu=
mahl, nachdem Wolf der ganzen Masse neuer
Beobachtungen, Zergliederungen, Reduktio=
nen und Beweise, eine gewisse systematische
Rundung gegeben hatte, mußte nothwendig
irgend ein scharfsinniger Denker auf den
Wunsch gerathen, auch die Theorie der Em=

pfindungen, und vorzüglich die Theorie der
Empfindungen des Schönen auf dieselbe Art
behandelt, und also den unvollendeten Kreiß
philosophischer Disciplinen geschlossen zu
sehen.

Bilfinger war der erste, der eine Wissen=
schaft dieser Art ahndete; ich sage ahnde=
te *), denn daß er sie deutlich gedacht haben
sollte, glaube ich nicht. Nachdem er die Be=
griffe der theoretischen Seelenkräfte bestimmt
hat, so sagt er: posse omnes perfici studio
et industria facultates, id cognouimus experientia magistra; dann setzt er hinzu: Vellem
existerent, qui circa facultatem *sentiendi, ima-
ginandi*, abstrahendi et memoriam praesta-
rent, quod bonus ille Aristoteles, adeo ho-
die omnibus sordens, praestitit circa intel-
lectum, hoc est, vt in artis formam redige-
rent, quidquid ad illas in suo vlu dirigen-
das, et iuuandas pertinet et conducit. Mit

---

*) G. B. Bilfingeri Dilucidationes philoso-
phicae de Deo, anima humana, mundo,
et generalibus rerum affectionibus. Ed.
sec. pag. 258.

Recht bezieht Meyer *) diesen Wink jenes
großen Mannes auf die Möglichkeit einer
Aesthetik, und ich habe ihn an einem andern
Orte **) ganz ohne Grund deßhalb getadelt.
Eine Bildungswissenschaft für Empfindung
und Phantasie muß doch nothwendig die schönen Künste in ihren Umfang ziehen.

Ich weiß nicht, ob Baumgarten durch
diesen Wink auf seinen Plan zu einer wissenschaftlichen Aesthetik geleitet worden ist. Soviel weiß ich, daß ein Mann von seinem
Geiste auch durch sich selbst darauf kommen
konnte. Er machte seine Idee zuerst in einer
akademischen Streitschrift: de nonnullis ad
poema pertinentibus, Halae 1735. bekannt;
dann ließ er (cIↃ cI ccɪ) sein Buch: A e s t h e-
t i k folgen, welches aber freylich nur die
Ausführung eines Theiles von dem Plane,
welchen er entworfen hatte, enthielt.

E 3

*) Meyers Anfangsgründe aller schönen Wis-
senschaften, I. Th. S. 11. 12.
**) Ueber die Möglichkeit einer allgemeinen
Theorie der schönen Künste, in Hrn. Prof.
Cäsars Denkwürd. aus der phil. W. 3. B.
S. 232.

Keinen Urtheilen muß man weniger trauen, als denen, welche die Philosophen unsres Zeitalters über diejenigen von den vorigen fällen, die in lateinischer scientifischer Sprache geschrieben haben. Denn gemeiniglich haben sie die Schriften der Männer, welche sie richten, nicht gelesen. So ist es bey Baumgarten der Fall. Man nennt ihn fleißig genug; allein schon aus dem Tone, mit welchem die andern Aesthetiker von ihm sprechen, erhellet, daß sie ihn nicht gelesen, höchstens blos durchblättert haben. Es mag wahr seyn, daß die Aesthetik dieses Mannes eben nicht die süßeste Lektüre ist; daß es viel Ueberwindung und Aufopferung kostet, sich durch seine Terminologie und affektirt zusammengestoppelten Dichterstellen durchzuarbeiten; allein man wird für seine Arbeit durch Größe und Harmonie des Plans, einzelne scharfgefaßte Gesichtspunkte, gründliche Begriffbestimmungen, und tiefe Zergliederungen hinlänglich belohnt. Ich getraue mir zu behaupten, daß die Aesthetik im Ganzen nach Baumgarten nicht nur keinen Schritt weiter fortgegangen ist, sondern daß sogar viele für groß gehaltene Bearbeiter derselben „sie rück-

wärts gebracht, und die so lichtvolle, wahr=
haft philosophische Ordnung, die in Baum=
gartens Plane Statt findet, in die unphilo=
sophischeste Verworrenheit verwandelt haben.
Es wird nicht überflüßig seyn, den Ideen=
gang und Plan dieses tiefsinnigen Mannes
kürzlich zu übersehen. „In ieder Gattung
von Erkenntniß,“ sagt er, „und vorzüglich
philosophischen Wissenschaften, ist man bey
iedem Schritte, welchen man thut, zahllosen
Irrthümern und Täuschungen ausgesetzt, be=
vor man zu den ersten allgemeinen Grundsäz=
zen aufgestiegen ist. Man hat Regeln für
die Schönheit, Regeln für die Bildung von
Werken der Kunst; allein sie alle gründen sich
auf nichts anders, denn auf Beyspiele meh=
rerer alter und neuer Meister, oder auf die
durch Erfahrung erkannte Wirkung gewisser
Eigenschaften der Kunstwerke auf die meisten
Menschen. Dieß ist nur ein sehr unsicherer,
leicht zu zerstöhrender Grund, und so lange
man die Regeln des Geschmackes auf nichts
anders bauen können, verdienen sie auch
den Nahmen einer philosophischen Wissen=
schaft nicht. Denn die Resultate einer
solchen müssen allgemein gültig seyn, und

das sind sie nicht, wenn sie sich bloß auf In=
duktion, oder Autorität anderer stützen. *)

*) Folgende sind die klassischen Stellen aus
Baumgarten, um seine Idee zu faſſen:

Aesthet. P. I, c. I. S. IV. §. 70. Iam
sumere licebit, artem aestheticam hoc
praeſtantiorem eſſe, 1) quo patentio-
res regulas complectitur, i. e. quarum
applicatio pluribus in occaſionibus vti-
lis, immo neceſſaria eſt, quo comple-
tior ipſa eſt, regularum sufficientium
breue tamen compendium. 2) quo
fortiores et grauiores regulas exhibet,
i. e. quas nunquam sine maiori detri-
mento negligas, 3) quo exactiores eas
exponit, et accuratiores, 4) quo magis perspicuas, 5) quo certiores, et ex
veris principiis, *animabus regularum*,
deriuatas, 6) quo magis allicientes ad di-
rigendas ex suis praescriptis actiones et
ipsam praxin. §. 73. Falsa regula semper
peior, quam nulla. Iam autem ex vno
alteroue exemplo tantum abſtractae, ac
sine vlteriori ratione pro vniuersalibus
venditae leges, quid aliud sunt, quam
a particulari ad vniuersale satis hiulca
consequentia? Quoties hinc, nisi omni-
no falsae, tamen peccant in quantitate?
Iam autem inductio completa nunquam

Soll eine wahre Philosophie des Geschmacks
entstehen, so muß man bis auf die ersten
Gründe der schönen Erkenntniß gedrun=
gen seyn. Aus diesen allein kann man eine
für alle Menschen gültige Wissenschaft des Ge=
schmacks, eine wahre Metaphysik des Schö=
nen herleiten. In der Schönheit besteht das
Wesen aller schönen Künste, Schönheit ist
nichts anders, als sinnlich erkannte Vollkom=
menheit; mithin fließen die Regeln der Aesthe=
tik aus den allgemeinen Regeln aller Voll=
kommenheiten."

§ 5

haberi poteſt. Hinc opus eſt perſpici-
entia veritatis regularum grauiorum a
priori, quam dein confirmet ac illuſtret
experientia, ſicut illius inueniendae
forte primum fuit ſubſidium. Indigent
hinc artes ſpeciales, ſi veras a ſpuriis
regulis ſeiungere ſit animus, vlteriori
principio, ex quo ſpeciales ſuas regulas
cognoſcere poſſint, et hoc, ars aeſthe-
tica ne per eandem male fidam exſpecta-
tionem caſuum ſimilium vnice ſtabilien-
dum ſit, vt in formam ſcientiae redi-
gatur.

S. auch Meyers Anfangsgründe aller
schönen Wissenschaften I. Th. Einleitung.

Der Plan, welchen Baumgarten für seine Wissenschaft entwarf, war, dünkt mich, der natürlichste den man wählen kann. Erst bestimmt er den Begriff der Wissenschaft, und ihrer Gegenstände, handelt von Genie, Uebung, Theorie, Begeisterung und Korrektion, und theilt die Aesthetik in die theoretische und praktische. Die theoretische theilt er in 1) Heuristik, welche Grundsätze über Erfindung, Schätzung und Wahl der Stoffe zu Kunstwerken enthält. 2) Methodologie, die Wissenschaft, sinnlicher, lichtvoller Anordnung der einzelnen Theile des gewählten Stoffs. 3) Semiotik, die Wissenschaft vollkommener Bezeichnung. In der praktischen wollte er die allgemeinen Grundsätze der theoretischen auf die einzelnen Künste anwenden. Allein er ist in der Ausführung nur bis auf die Methodologie gekommen.

Baumgartens Gedanke, und sein ganzer Entwurf verdienen Bewunderung, allein daß er seinen Endzweck damit erreicht habe, wird hoffentlich kein Unpartheiischer behaupten. Gerade das, was er suchte, finde ich nicht, nämlich feste, allgemeingültige Principien.

Die Ursachen davon scheinen mir diese zu
seyn:

1) Die Leibnizisch-Wolfische Schule hält
Vergnügen und Schmerz für bloßes Produkt
der Vorstellkraft, und jede angenehme oder
unangenehme Empfindung ist nach ihr eine
Reihe von Thätigkeiten derselben, welche nur
verworren wahrgenommen werden. Dunkle
Einsicht von Vollkommenheit oder Unvollkommenheit macht also das Wesen derselben aus.
Die Nichtigkeit dieser Begriffsbestimmung zu
zeigen, ist hier der Ort nicht *); so viel ist
jedem Leser Baumgartens einleuchtend, daß
er dadurch bey seiner Aesthetik irre geführt
worden. Natürlich, wenn ich das wahre
Wesen einer Kraft verkenne, sie mit andern
vermenge, und in ihre Thätigkeiten das hin-
einlege, was erst durch zweckmäßige Mitwirkung und Lenkung andrer Kräfte hineinkom-
men soll, wenn ich über ihren eigenthümlichen
Charakter nicht nach einer genauen Analyse

*) Ich habe es ausführlich gethan, in mei-
   nen Versuchen über Empfindung
   und Phantasie in Hrn. Prof. Cäsars
   Denkwürdigk. 5. B. S. 151 - 162.

ihrer in der Erfahrung sich zeigenden Wir=
kungen, sondern nach beliebigen Satzungen
meines Systems entscheide; so werde ich die
wahren ursprünglichen Gesetze derselben nie
auffinden, und nie im Stande seyn, zweck=
mäßige Allen einleuchtende Regeln für ihre
Bildung und Vervollkommnung zu geben.
Da nun alles Schöne sich auf Empfindung
gründet, und die Aesthetik eine philosophische
Bildungswissenschaft für den Geschmack seyn
soll, so ist es ganz natürlich, daß sie nur
dann ihren Zweck erreichen kann, wenn sie
sich auf eine richtige Theorie der Empfindung
gründet, hingegen ihn ganz verfehlen muß,
wenn sie von einer falschen ausgeht.

Damit hängt, als Folge, ein anderer
Fehler zusammen. Nämlich:

2) Der Begriff von Schönheit, nach wel=
chem sie in vollkommener sinnlicher Erkennt=
niß, oder in sinnlich erkannter Einheit in
der Mannigfaltigkeit bestehen soll, ist ganz
unrichtig. Auf verschiedene schöne Gegen=
stände paßt er gar nicht, auf andere ist er
zwar anwendbar, erschöpft aber bey weitem
die Ursache des Wohlgefallens an ihnen nicht.

Ueberhaupt ist es, wie ich in der Folge zei=
gen werde, unmöglich, einen allgemeinen
für alle schön genannte Gegenstände in glei=
chem Maaße geltenden Begriff aufzustellen.
Jener Begriff (der vollkommenen sinnlichen
Erkenntniß) nun ist die Grundlage von Baum=
gartens Systeme; kein Wunder, daß seine
Resultate so wenig befriedigen. Denn eine
Aesthetik, die sich auf diesen Begriff gründet,
und für alle schöne Gegenstände Vernunft=
principien verspricht, muß nothwendig auf
der einen Seite zu weit seyn, nämlich in dem,
was sie verspricht, auf der andern zu eng
und unvollständig, nämlich in dem, was sie
leistet.

Mit diesem Fehler nun hängt wieder ein
andrer zusammen:

3) Baumgarten hegt einen falschen Begriff
vom Wesen der schönen Künste; dieß besteht
nach ihm in vollkommen sinnlicher Erkennt=
niß, und er schränkt ihre Wirksamkeit fast
ganz auf die sogenannten niedern Seelenkräfte
ein. Wir werden in der Folge sehen, daß
dieser Begriff nicht genug thun kann. So
viel muß schon ietzt erhellen, daß er viel zu

vag ist, um unter feste Principien gebracht
werden zu können.

Aus allen dreyen genannten Punkten ergiebt sich endlich noch:

4) Daß Tonkunst, Tanzkunst, und bildende Künste in Baumgartens Aesthetik leer
ausgehen müssen. Es kann bey seiner Grundlage nicht anders erfolgen, und das Buch
selbst zeigt es; denn alles ist nur auf Dicht-
und Redekunst anwendbar. Und diejenigen
Theile, wo er gezwungen war, in das Specielle aller einzelnen Künste einzugehn, als
Methodologie, Semiotik, und praktische
Aesthetik, diese ist er uns ganz schuldig ge-
blieben.

Unabhängig von diesen vier Punkten ist:

5) Vermengung der allgemeinen Begriffe
mit Vernunftprincipien. Baumgarten glaubt
genug gethan zu haben, wenn er nur gewisse
Vollkommenheiten der Werke der Kunst unter einen höhern Gemeinbegriff gebracht hat.
Allein Gemeinbegriffe sind nicht Principien,
sondern ihre Gültigkeit wird erst dadurch er-

wiesen, daß man ihre Abhängigkeit von
wahren Principien zeigt.

Dieß scheinen mir diejenigen Mängel zu
seyn, welche vorzüglich den üblen Ausschlag
der Baumgartenschen Unternehmung verursacht haben. Und da nach ihm kein Welt-
weiser sich bemüht hat, auf einem andern
Wege Principien der Aesthetik zu suchen, da
man nicht einmal seinen Ideengang scharf
geprüft hat, so ist das, was ich gesagt habe,
kein Paradoxon: nämlich, daß im Ganzen
die Aesthetik nach Baumgarten um keinen
Schritt fortgerückt ist. *)

*) Ich wundere mich, daß Herr Meiners
in seiner Revision der Philosophie, I. Th. 4. Abschn. über die Aesthetik, keinen von denen Punkten berührt
hat, die ich hier als Ursachen des verun-
glückten Baumgartenschen Versuchs nenne.
Ueberhaupt scheint mir der Gang seines
Räsonnements zu keinen auf immer be-
friedigenden Resultaten zu führen; wiewohl ich nicht läugne, daß er verschiedene
der Bildung einer Aesthetik entgegenste-
hende Schwierigkeiten sehr scharfsinnig
gezeigt hat, so scharfsinnig, daß es mir

räthselhaft ist, wie er vierzehn Jahre
darauf eine so dürftige Aesthetik schreiben
konnte, wie sie der Welt vor Augen liegt.
Was ich bey Beurtheilung dieses Buches
in der kritischen Uebersicht der
schönen Litteratur, ausführlich ge=
sagt habe, betrifft im Grunde die meisten
nach Baumgarten erschienenen Aestheti=
ken, und deßhalb darf ich mich hier dar=
auf beziehen. (Krit. Uebers. d. sch.
Litt. 1. und 2. St.)

Vierte Betrachtung.

Baumgarten hielt es für möglich, alles Schöne, der Natur und Kunst, auf Vernunftprincipien zurückzuführen; ja er glaubte dieses wirklich selbst in seiner Aesthetik geleistet zu haben. Ein noch größerer Analyst, als er, Herr Kant, hält es hingegen für unmöglich, irgend eine Schönheit Vernunftprincipien unterzuordnen. „Die Deutschen," sagt er *), „sind die einzigen, welche sich des Worts Aesthetik bedienen, um dadurch das zu bezeichnen, was andre Kritik des Geschmacks nennen. Es liegt hier eine verfehlte Hofnung zum Grunde, die der vortreffliche Analyst Baumgarten faßte, die kritische Beurtheilung des Schönen, unter

---

*) Kritik der reinen Vern. S. 21. nach der A. A.

Vernunftprincipien zu bringen, und die Regeln derselben zur Wissenschaft zu erheben. Allein diese Bemühung ist vergeblich. Denn gedachte Regeln oder Kriterien, sind ihren Quellen nach blos empirisch, und können also niemals zu Gesetzen a priori dienen, wornach sich unser Geschmacksurtheil richten müßte, vielmehr macht das letztere den eigentlichen Probierstein der Richtigkeit der ersteren aus." Dieser Aeußerung zufolge kann man also weder die Beurtheilung der Schönheiten der Natur, noch iene der Schönheiten der Kunst auf Vernunftprincipien zurückführen; ein Ausspruch, der besonders aus dem Munde eines Weltweisen, wie Kant, von außerordentlicher Wichtigkeit ist.

Bevor wir in dieser Untersuchung einen Schritt wagen, wollen wir die Frage, um welche es uns zu thun ist, so genau als möglich zu bestimmen suchen. Denn daß sie misverstanden werden könne, muß man ihr auf den ersten Blick ansehn, und daß sie häufig

misverstanden worden ist, zeigen die vielen
mislungenen Versuche, sie zu beantworten.
Insgemein hat man dabey darin gefehlt,
daß man das Wesentliche der Frage ganz
übersah, und ihr eine Richtung gab, die
das wahre Ziel im Rücken ließ; oder daß
man die Gränzen derselben erst viel zu weit
ausdehnte, dann nichts destoweniger nur einen kleinen Theil des so sehr zusammengesetz-
ten Gegenstandes erwägte, und von diesem
kurz weg auf das Ganze schloß.

Wenn man fragt, ob die Gesetze für den
Geschmack sich auf Principien a priori gründen, so fragt man keinesweges: ob vor
aller Erfahrung gewisse Ideale,
Urbilder der Schönheit in uns liegen, die dann mit dem Selbstgefühle erwachen, und nach denen
wir vermittelst angestellter bewußter oder unbewußter Vergleichung,
die Gegenstände beurtheilen. Zwar
hat diese Meynung von ieher schwärme-
rischen Weltweisen sehr gefallen; allein,
die Erfahrung hat auch dem schärfsten Beobachter des menschlichen Geistes noch kein

solches Urbild oder Ideal der Schönheit dargebothen, und die Vernunft kann von der
menschlichen Seele schlechterdings nichts offenbaren, was nicht in den Grenzen der Erfahrung, durch den innern Sinn, erscheinet.
Eben so wenig kann die Frage den Sinn haben: ob der Geschmack eine besondere vom Verstand und Vernunft
unabhängige Seelenkraft, oder
wohl ein besonderer innerer Sinn
sey? Der Geschmack ist nichts anders, als
die Fähigkeit, über Schönheit richtig zu urtheilen, ist also der Verstand selbst, wiefern
er auf das Schöne angewendet wird, und
kann demnach kein besondrer Sinn, keine besondere für sich bestehende Seelenkraft seyn.
Eben so wenig kann endlich die Frage so gefaßt werden: ob der Geschmack seine
eigenen, von keinem höhern Princip abhängigen für sich bestehenden Gesetze habe. Denn auch dieses widerlegt die Erfahrung, indem noch keine Beobachtung, keine Analyse, ein solches aufgefunden hat.

 Wenn die Frage des Streites, und der
Entscheidung werth seyn soll, so kann sie

nichts anders heißen, als: **Können die Gesetze des Geschmacks aus den höchsten, unwandelbaren, allgemeingültigen Principien der Vernunft dergestalt abgeleitet werden, daß ieder vernünftige Mensch eben so gewiß ihnen Beyfall geben muß, als er sich durch diese unauflöslich gebunden fühlt?**

Vergebens würde man einwenden, daß solche Geschmacksgesetze selbst keine Gesetze a priori wären, sondern sich nur auf dergleichen gründeten. Denn dieses schadet ihrer Allgemeingültigkeit gar nichts. **Unmittelbare höchste Gesetze a priori** sind freylich nur die reinen höchsten Gesetze der Vernunft. Allein die aus ihnen abgeleiteten, durch Anwendung auf Gegenstände der Erfahrung gebildeten, Gesetze sind ihnen in Rücksicht auf den Ursprung, die Ursache, und den Umfang der Gültigkeit völlig gleich. Man nehme den Erfahrungsstoff von ihnen weg, so bleibt immer die Form des Gesetzes in ihrer ursprünglichen Reinheit, Voll- und Allgemeingültigkeit zurück, welche von

ihrem Quell, der reinen Vernunft aus, überall gleich stringirend, im Innern aller untergeordneten Gesetze herrscht.

Geschmacksgesetze sollen bestimmen, was
wahre, was falsche, ächte oder unächte
Schönheit sey. Mithin bedürfen wir, um
ihre mögliche Ableitung aus den Principien
der Vernunft zu zeigen, vor allen Dingen
einer genauern Bestimmung des Begriffes
Schönheit, oder, wenn er sich nicht sollte
bestimmen lassen, wenigstens einer Kritik seines mannigfaltigen Inhaltes.

Wir haben viele Schriften über das Wesen des Schönen. Allein so reich auch einige
derselben an einzelnen trefflichen Bemerkungen sind, so fehlet uns doch im Grunde immer noch, eine Philosophie, eine pragmatische Geschichte der Empfindungen des Schönen. Nämlich bloß beobachten, was die
Menschen gemeiniglich schön nennen, und
was die verschiedenen von ihnen also genänn-
ten Gegenstände Gemeinschaftliches haben,
das heißt meines Bedünkens noch nicht über
das Schöne philosophiren. Eine wahre

Philosophie des Schönen darf sich nicht begnügen, die hieher gehörigen Erfahrungs-
fakta zu erzählen, darf nicht bloß referiren,
daß gewisse, und welche Gegenstände angenehmer Empfindungen schön genannt werden; sie muß die gemeinschaftliche Abkunft
dieser Empfindungen von höhern Principien
zeigen, oder, wenn es unmöglich ist, alle
verschiedene Aeste davon auf dieselben zurück
zu führen, die Ursachen davon angeben, und
die verschiedenen Arten dieser Empfindungen,
in dieser Rücksicht, sorgfältig trennen, muß
endlich nach sichern Grundsätzen den wahren
für alle gültigen Werth, dieser verschiedenen
Klassen bestimmen. Man wird einwenden, dieß
sey vor der Hand zu viel gefordert, denn um eine
solche philosophische Kritik des Begriffs der
Schönheit zu liefern, bedürfe man nichts Ge-
ringeren, als der ganzen Aesthetik, und ietzt
wolle man ia erst wissen, und eben durch Zergliederung dieses Begriffes erfahren, ob eine
philosophische Wissenschaft des Geschmacks
möglich sey, das heißt, ob man aus den
Grundsätzen der Vernunft bestimmen könne,
welche Gegenstände es ihrer Vollkommenheit
wegen verdienen, schön genannt zu werden.

In der That brauchen wir auch hier diese
genauere Untersuchung noch nicht; allein das
müssen wir nothwendig fragen: ob die
schönen Gegenstände wegen gewis=
ser eigenthümlicher Beschaffenhei=
ten als eine besondre Klasse von
Gegenständen angesehen zu wer=
den verdienen, ob man die Empfin=
dungen, welche durch sie erregt
werden, als eine besondre Gat=
tung von Empfindungen betrach=
ten müsse; und inwiefern iene Ge=
genstände in Rücksicht auf die Ur=
sachen des durch sie erregten Ver=
gnügens, von einander selbst ver=
schieden sind.

Das deutsche Wort schön, dessen Ab=
stammung von scheinen wohl nicht zu be=
zweifeln ist, bestätigt in Rücksicht auf diesen
Begriff, was der Kenner der menschlichen
Natur ohnehin schon in Rücksicht auf die
allmählige Bildung und Verbreitung des=
selben muthmasen mußte, nämlich, daß
man gewissen Gegenständen des Gesichtsin=
nes die Eigenschaft des Schönen zuerst

beylegte. *) Später erst trug man sie auf
Gegenstände des Gehörs, und am letzten auf
Gedanken und Sprachausdruck über. Jetzt
bedienen wir uns dieses Beyworts fast in
gleichem Umfange, um gewisse Gegenstände
des Gesichts, des Gehörs, gewisse Gedanken und gewisse Arten, dieselben durch Sprache auszudrücken, zu bezeichnen. **) Wir

F 5

*) Man sehe Herrn Adelungs Wörterbuch
in: Schön. (4. Theil.)

**) Es ist indessen nicht zu leugnen, daß
wir auch bey Gegenständen des körperlichen Gefühls, des Geruchs und des Geschmackes, das Wort Schön anwenden.
Wir sagen: etwas rieche schön, schmecke
schön, lasse sich schön anfühlen. Und ich
möchte dieses nicht Sprachverwirrung nennen. Denn wir pflegen nur diejenigen
Gegenstände der niedern Sinne so zu nennen, welche irgend eine geistige Empfindung erregen, das Gefühl des Lebens und
der Gesundheit zu vorzüglicher Lebhaftigkeit erhöhen, oder uns mit Ruhe, Heiter-
keit, und sanftem Vergnügen erfüllen.
Und daß dieses wenigstens bey Menschen
von feinern Geiste der Fall ist, lehrt die
Erfahrung; sie werden selten eins ganz

wollen sehen, ob man alle diese Gegenstände in irgend einem gemeinschaftlichen Punkte zusammenfassen kann.   Vorher noch einige Worte über die Theorie der Empfindungen.

Alle Schönheit bewirkt angenehme Empfindung, und eben deshalb nennen wir gewisse Gegenstände schön, weil sie es auf eine bestimmte Art thun.   Mithin, wenn wir im Allgemeinen wissen, wiefern man Empfindungen überhaupt, und insbesondere angenehme, auf Principien zurückführen könne, ob dieses bey allen, oder nur bey einigen Arten derselben möglich sey, so können wir auch schon im Voraus die Anwendung auf die Empfindungen des Schönen machen, und ahnden, ob und wiefern sie sich unter Vernunftsgründen ordnen lassen werden.

Es kommt hier sehr darauf an, daß wir uns im Begriffe der Empfindung nicht irren;

> grob körperliche Sinnenrührung erfahren, die sich nicht mit einer geistigen, edlern Empfindung vergesellschaftete. Ueberhaupt ist nicht zu leugnen, daß die sogenannten niedern Sinne in sehr genauer Verwandschaft mit den edlern Empfindungen und Gesinnungen stehn.

sondern ihn aufnehmen, wie ihn die Erfahrung im innern Bewußtseyn darbiethet. Und
so ist Empfindung, ganz allein für sich
betrachtet, weder Vorstellung, noch Begier
oder Abneigung, lediglich das Gefühl des
Angenehmen oder Unangenehmen
selbst, etwas, das man schlechterdings
nicht weiter zergliedern, nicht mit logischen
Merkmalen definiren kann. Alles was man
zu thun vermag, ist: die Ursachen dieser Gemüthszustände, sofern es die Erfahrung erlaubt, zu entwickeln, oder ihre unmittelbaren nothwendigen Wirkungen auf das Wil-
lensvermögen anzugeben. Vernachlässigt
man hier die Gränzen unsrer Erkenntniß,
das heißt, will man bloß durch Vernunft-
schlüsse entdecken, was der innere Sinn uns
nimmermehr darstellen kann; so ist es ganz
natürlich, daß man, anstatt Wahrheit zu
finden, das Spiel nichtiger Träumereyen
wird. Der Mensch besitzt im Vergnügen und
Schmerz, angenehmer und unangenehmer
Empfindung, Receptivität und Spon-
taneität, d. h. er ist unter gewissen Veranlassungen gezwungen, Schmerz und Vergnügen aufzunehmen, wegen des Eindrucks,

den gewiſſe, außer ſeinem Bewußtſeyn liegende Gegenſtände auf ſeine Organen machen,
ohne daß er den Grund ſeiner Empfindung
in irgend einer der Vernunft nothwendigen
Ueberzeugung auffinden kann; er hat aber
auch die Fähigkeit, ſich ſelbſtthätig Schmerz
und Vergnügen zu bereiten, indem er ſelbſt,
als vernünftiges Weſen, ſich gewiſſe Geſetze
und Zwecke vorſteckt, die er denn bald erreicht bald verfehlt, denen er ſich bald nähert
oder von denen er ſich entfernt. Im erſten
Falle liegt der Grund des Angenehmen oder
Unangenehmen außer der Vernunft, im
letzten in der Vernunft. Nur dieſe Unter-
ſcheidung müſſen wir genau faſſen, um die
Frage zu beantworten, welche angenehme
oder unangenehme Empfindungen man auf
Vernunftprincipien zurück führen könne. So
viel iſt doch wohl einem Jeden einleuchtend:
daß die Philoſophie nur diejeni-
gen Thätigkeiten und Zuſtände
unſers Weſens auf Vernunftprincipien zurückführen kann, welche
die Natur ſelbſt von Vernunfts-
principien abhängig gemacht hat,
alle andre hingegen, welche die

Natur durch andre Einrichtungen
und Mittel bestimmt hat, nicht
von Principien abgeleitet werden
können, wenn man sich nicht in
Schwärmereyen und gehaltlosen
Spitzfindigkeiten verlieren will.
Und wenn man nun alle Empfindungen unter
folgende Klassen bringen kann: 1) ganz unmittelbare Empfindungen, bey denen wir
uns gar keiner bestimmten Ursache bewußt
sind, 2) solche, welche durch unmittelbaren Eindruck gewisser vorzustellender Gegenstände auf unsre Organen entstehn, ohne
Vermittelung irgend eines Urtheils, 3) solche, die sich auf zufällige Associazionen
gewisser Bilder und Vorstellungen mit gewissen Gegenständen gründen, 4) solche, welche durch Vorstellungen erregt werden, die
sich auf Leben und physische Vollkommenheit
beziehn, 5) solche, welche sich gründen auf
eingesehene Beziehung gewisser Gegenstände
auf gewisse Zustände des Menschen als eines
einer edlern, vom Thierischen unabhängigen
Glückseligkeit fähigen Wesens, 6) solche,
welche durch Beziehung gewisser Gegenstände, Bilder, Vorstellungen und Gedanken

auf die Gesetze des Verstandes, der spekula=
tiven und praktischen Vernunft entstehn; so
sieht Jeder von selbst, warum man weder die
erste, noch die zweyte, noch die dritte, noch
die vierte unter Vernunftprincipien bringen
kann, die beyden letzten aber dergleichen al=
lerdings annehmen. Freylich kann man auch
für die Empfindungen der ersten und zwey=
ten Klasse eine allgemeine Ursache anneh=
men, als z. B. daß iede ganz unmittelbar
angenehme Empfindung sich gründe auf eine
Vermehrung der Vollkommenheit unsrer phy=
sischen Natur, so wie iede unangenehme die=
ser Art auf das Gegentheil, daß iede durch
Vorstellung unmittelbar bewirkte beruhe auf
der Harmonie oder Disharmonie gewisser
Erscheinungen mit gewissen Gesetzen der Vor=
stellkraft, oder auf der mehrern oder weni=
gern Leichtigkeit, mit welcher gewisse Erschei=
nungen von unserm Geiste vorgestellt wer=
den; allein, was das erstere Beyspiel be=
trifft, so ist für die hieher gehörigen Empfin=
dungen, damit wohl eine allgemeine Ursache
gefunden, aber sie sind keinesweges unter
Vernunftprincipien gebracht; und beym
zweyten ist es erstlich eben der Fall, dann

iſt bey dieſen Empfindungen die angegebene
Erklärung bloß Hypotheſe. *) Wenn ich
ſage: iede Stockung im Kreislaufe des Ge=
blüts iſt eine Unvollkommenheit in der phyſi=
ſchen Natur des Menſchen, und verurſacht

*) Philoſophie dieſer Art, wenn es anders
   Philoſophie genannt werden darf, finde
   ich leider in meiner Abhandlung: über
   die Möglichkeit einer allgemei=
   nen Theorie der ſchönen Künſte,
   (Cäſars Denkw. a. d. phil. W. 3. B. von
   S. 241 : 255.) und bitte hiermit das
   Publikum deßhalb um Verzeihung. In=
   deſſen wünſche ich verſchiedene Stellen
   daraus deßhalb von der Vergeſſenheit ge=
   rettet, weil ſie treffliche Beyſpiele abgeben,
   wie weit Kühnheit im ſpekulativen Den=
   ken, bey Unkunde der Grenzen philoſo=
   phiſcher Erkenntniß, grober Vermengung
   von Urſachen überhaupt, mit Vernunft=
   principien, und gänzlicher Vernachläſſi=
   gung des karakteriſtiſchen Unterſchiedes
   der mannichfachen Arten von Empfindun=
   gen in Rückſicht auf ihre Entſtehung, von
   der Wahrheit abführen könne; alles Feh=
   ler, die nicht mir allein, ſondern beynahe
   allen denen eigen ſind, die von den Ge=
   ſetzen der Empfindungen gehandelt haben.

ihm also unangenehme Empfindungen; so ist
hiermit zwar eine gewisse Erfahrung in der
Körpernatur des Menschen vernunftmäßig,
erklärt, d. h. die Bedingung davon in einem
höhern allgemeinern Satze aufgestellt, allein
keinesweges ist diese Bedingung aus der
Vernunft genommen; diese hat wohl Be-
dingtes und Bedingung in gewisse Form gebracht, allein die Bedingung, dem Inhalte
nach, nicht aus sich geschöpft. Eben so ist
es, wenn ich z. B. das Wohlgefallen an gewissen Farben, an gewissen Verbindungen
von Tönen, aus der Harmonie gewisser Erscheinungen des Gesichts= oder Gehörssin-
nes, mit den ursprünglichen, nothwendigen
Gesetzen der Vorstellkraft erkläre; da gebe ich
wohl eine Ursache an, aber kein Vernunft=
princip. Und hier ist es noch zugleich der
Fall, daß die ganze Erklärung zum Theil
bloß Muthmasung ist. Ganz anders ist es
nun, wenn ich wegen einer falsch ausgefall-
nen Untersuchung, z. B. eines Gegenstandes
der Philosophie, Misvergnügen empfinde,
oder mich wegen einer wahrhaft guten That
freue; hier liegt in beyden Fällen der Grund,
warum ich so oder anders empfinde, in der

Vernunft selbst. So viel im Allgemeinen von der Theorie der Empfindungen.

So wie die Empfindungen überhaupt, in Rücksicht auf die Ursachen, aus denen sie entstehen, verschieden sind, so sind es auch die Schönheiten. Es giebt:

1) Schönheiten, wobey das Wohlgefallen durch unmittelbaren Eindruck gewisser Gegenstände auf unsre Sinnen, ohne Dazwischenkunft irgend eines Urtheils, erregt wird. Hieher gehören: α) für den Gesichtssinn, einzelne Farben, Verbindungen und Mischungen derselben, gewisse Umrisse, und Modifikazionen der Oberflächen der Körper, endlich auch Bewegungen. Bey allen schönen Gegenständen dieser Art gründet sich freylich unser Wohlgefallen auf bestimmte Gesetze, sonst wäre es nicht möglich, daß alle Menschen darinn mit einander übereinstimmten, wie sie es doch im Vergnügen an gewissen Farben, Umrissen, und Bewegungen wirklich thun; (niemand wird am Schwarzen mehr Vergnügen finden, als am Rothen, oder an

langsamer Bewegung sich mehr ergötzen, als
an schneller, oder das Eckigte schöner finden,
denn das Runde.) Allein: 1) können wir
diese Gesetze nie mit Gewißheit angeben,
2) und wenn uns auch dieß gelänge; so können es doch keine Vernunftprinzipien seyn,
sondern bloß mechanischwirkende, leidentlich,
unbewußt und unabsichtlich von uns zu befol-
gende Gesetze. ß) für den Gehörsinn, einzelne Klänge und Verbindungen mehrerer
Töne. Wenn man unter einzelnen Tönen in
Rücksicht des Vergnügens, welches sie verursachen, einen Unterschied annehmen will;
so verwechselt man zuverläßig Klang und
Ton. Ein einzelner Ton ist an sich ganz
indifferent; allein freylich verknüpft die
Phantasie meistens, uns unbewußt, mit dem
einzelnen Tone mehrere *). Klänge hin-

---

*) Herr von Chabanon, den ich in der
    Folge mehrere Male werde anführen und
    benutzen müssen, sagt in seinem Werke:
    de la Musique considérée en elle même
    et dans ses rapports avec la parole, les
    langues, la poesie, et le theatre, S. 26.
    (Neue Ausg.) Un son musical ne porte
    avec soi aucune signification; il ne dit

gegen sind an sich wegen ihrer verschiedenen
Grade von Helligkeit, oder Dumpfheit, Rein=
heit oder Unreinheit, u. s. w. mehr oder we=
niger angenehm. Harmonie und Dishar=
monie mehrerer Töne gründen sich auf uns
wandelbare Gesetze, die man sogar durch
Berechnung genau bestimmen kann; allein
sie liegen außer unserm Bewußtseyn, und
bestimmen unser Gefühl, ohne Vermittelung
irgend eines Vernunftprincips; es erfolgt
also dabey Wohlgefallen oder Misfallen, nicht
deßhalb, weil wir uns gewisse Verhältnisse
vorstellen, sondern wir werden allererst durch
dieses Gefühl in den Stand gesetzt, uns die
Verhältnisse vorzustellen, unter welchen es
unwillführlich in uns erregt ward.

G 2

rien a l'esprit, il n'existe que pour l'
oreille. Un son musical, qui n'est pré-
cédé, suivi, ni accompagné d'aucun
autre, n'offre a l'oreille aucun agré-
ment, quelque beau, qu'il puisse être;
on ne trouve du plaisir à l'entendre que
parce qu'on prévoit l'effet qu'il doit
produire dans un ensemble melodique.

2) Schönheiten, deren Reiz sich bloß auf zufällige Associationen gewisser Bilder und Vorstellungen mit gewissen Gegenständen gründet. Dergleichen giebt es für jeden einzelnen Menschen, und für ganze Nationen. Ich berufe mich auf den Lieblingsgeschmack an gewissen an sich nicht schönen Zügen und Eigenheiten menschlicher Gestalt, den wir bey vielen Völkern der alten und neuen Zeit finden. Ueber Schönheiten dieser Art könnte man sich nun gewiß eher von Sinnen denken, als man ein Vernunftprincip für sie feststellte.

3) Schönheiten, deren Wirksamkeit auf einer wesentlichen Beziehung gewisser Gestalten und Töne auf gewisse Zustände des Menschen als eines für Wohl und Weh empfänglichen Wesens beruht. Von Tönen bedarf es weiter gar keines Erweises. Allein bey vielen Gestalten ist es derselbe Fall. Worauf beruht großentheils unser Vergnügen an Schönheiten der landschaftlichen Natur, woher kommt es, daß wir bald eine la-

chende heitre Flur, bald schaudervolle Gruppen von Felsenmassen schön nennen? Doch wohl daher, weil dergleichen Anblicke genaue Beziehung haben auf gewisse Zustände des Herzens? Warum reizen uns gewisse Mischungen von Licht und Schatten, warum die grauende Dämmerung eines Hains? Aus keiner andern Ursache, als weil diese Erscheinungen Aehnlichkeit besitzen mit gewissen Situationen unsers Herzens? *)

G 3

*) Ich setze, um mich verständlich zu machen, einige Stellen aus des Marquis von Marnesia vortreflichem Gedichte: Sur la nature champêtre, her. S. 98.

Du paisible matin quand les rayons nouveaux
Commencent a blanchir la cime des côteaux;
A cette heure, où la terre humide de rosée
Sous la fraîcheur des nuits renait fertilisée,
Après un court repos, ranime ses couleurs,
Et répand dans les airs le baume de ses fleurs;
Heureux, retrouvez-vous la gaîté de l'enfance,
Son aimable candeur, sa tendre bienveillance?
Voyés-vous retracés en touchant souvenir
Et vos momens de joie, et vos jours de plaisirs,
Par le Calme des bois, la fraîcheur des prairies,
Etes-vous entraînés aux douces rêveries?

4) Schönheiten, welche durch Beziehung gewiſſer Gegenſtände, Bilder, Vorſtellungen, Gedanken und

S. 99.

Dans le riche contour d'une vaſte étendue
Quand d'importans objets arrêtent votre vue,
Quand l'horizon, borné par d'antiques forêts,
Repouſſe vos regards ſur d'immenſes guerets,
Quand un fleuve fécond, deſcendu des montagnes
D'un cours ſuperbe et lent enrichit les campagnes,
Quand d'opulens châteaux et d'auguſtes cités
Au ſite avec orgueil uniſſent leurs beautés,
Et qu'enfin aux grands traits jettés par la Nature
Votre ame s'agrandit, et s'élève et s'épure,
Vos penſers plus profonds ſont nobles et pompeux;
La raiſon vous demande un plan majeſtueux.
Mais abandonnez-vous aux élans du genie
Sur le ſol tourmenté, dont la beauté hardie
Mêle quelque douceur à toute ſa fierté,
Et dont le caractère eſt la ſublimité,
C'eſt la que chaque objet, par un pouvoir ſuprême,
Vous élève bientôt au-deſſus de vous-même,
Qu'au milieu des rochers, des arbres toujours verds,
Un ſaint enthuſiaſme inſpire les beaux vers.

Handlungen, auf die Gesetze des
Verstandes, der spekulativen oder
praktischen Vernunft Vergnügen
erregen. Warum reizt uns Ordnung, Uebereinstimmung, Verhältnißmäßigkeit so sehr
an Gegenständen des Gesichts? Warum
Zeitmaas und Rythmus in Werken für das
Gehör? Warum vergnügt uns faßliche
Mannichfaltigkeit? Warum Zusammenstellung ähnlicher Dinge, bildliche Einkleidung?
Warum Zweckmäßigkeit und Ordnung in Gedanken, die für das Gefühl interessant sind?
Warum nennen wir gewisse Charaktere, Handlungen schön? Warum ihre Darstellungen?
Weil in allen diesen Fällen die Gesetze der Vorstellkraft, des Verstandes, der spekulativen
oder praktischen Vernunft beobachtet werden.
Darum hat man von ieher Schönheit für
den Verstand, und sittliche Schönheit angenommen.

Unter diese vier Klassen scheinen mir alle
Schönheiten, in Rücksicht auf die allgemeinen Ursachen des Vergnügens, welches wir
daran empfinden, gebracht werden zu können. Nur einer flüchtigen Uebersicht dersel-

ben bedarf es, um sich zu überzeugen, daß
sie nicht auf ein gemeinschaftliches Princip
reducirt werden können. Man kann freylich
gemeinschaftliche Züge bemerken, die sich
an den meisten finden, z. B. daß sie ange=
nehm rühren, durch Eindruck auf Sinnen
und Phantasie. Allein, 1) trift dieß doch
nicht bey allen ein. Wir nennen Gedanken,
Handlungen, Charaktere schön, wobey das
Vergnügen keinesweges durch Eindruck auf
Sinnen oder auf Phantasie bewirkt wird.
2) wäre dieß zwar ein gemeinschaftlicher Zug,
aber nicht Princip, nicht Grund, nicht
Quelle des Vergnügens am Schönen. Ich
behaupte diesem nach, daß man die soge=
nannten schönen Gegenstände nicht als eine
eigene besondre Klasse von Gegenstän=
den, und die durch sie erregten Empfindun=
gen nicht als eine eigne besondre Gat=
tung von Empfindungen ansehen kann. *)

Doch ist es nunmehr Zeit, den Faden
anzuknüpfen, und auf unsre Hauptfrage zu=

*) Herr Meiners hat in seiner Revision der
    Philos. S. 232. u. s. w. sehr gute hieher
    gehörige Bemerkungen.

rückzugehn: ob die Gesetze des Geschmacks
aus den höchsten unwandelbaren allgemeingültigen Principien der Vernunft dergestalt
abgeleitet werden können, daß ieder vernünftige Mensch eben so gewiß ihnen Beyfall geben muß, als es sich durch diese un-
auflößlich gebunden fühlt? ob also aus Vernunftprincipien bestimmt werden könne, welche Gegenstände wahrhaft schön seyen, und
es an sich verdienen, daß ein Wesen von solcher Würde, wie der Mensch ist, sich an ihnen ergötze?

Wenn wir uns des völlig evidenten Saz-
zes erinnern, von dem wir in der Theorie
der Empfindungen überhaupt ausgiengen:
daß nämlich die Philosophie nur dieienigen
Thätigkeiten und Zustände unsers Wesens
auf Vernunftprincipien zurückführen kann,
welche die Natur selbst von Vernunftprincipien abhängig gemacht hat, alle andre hingegen, welche sie durch andre Einrichtungen
und Mittel bestimmt hat, nicht von Vernunftprincipien abgeleitet werden können;
so müssen wir sogleich erkennen, daß keinesweges die Schönheiten von allen vier Klas-

sen, die ich aufgestellt habe, Principien der
Vernunft untergeordnet werden können.

Deßhalb fielen eben zeither die Resultate
dieser Untersuchung so zweydeutig aus, weil
man entweder für alles Schöne Vernunftprincipien forderte, oder sein Augenmerk
vorzüglich auf diejenigen Klassen desselben
richtete, bey welchen die Vernunft sich ganz
unthätig verhält, d. h. das Vergnügen nicht
durch ihre Natur selbst verursacht und bestimmt. (d. 1. und 2. meiner Klassifikation.)
Ueberhaupt ist es bey der Leugnung der Principien der Schönheit eben so gegangen, wie
bey der Leugnung der Principien der Wahrheit. Was thaten die Skeptiker, um diese
durchzusetzen? Sie gaben erstlich der Frage
eine ganz falsche Richtung. Statt zu erweisen, daß der Mensch nach der Einrichtung
seiner Natur, gar keiner Wahrheit fähig
seyn könne, welches eigentlich von ihnen
gefordert ward, zeigten sie nur, daß bis ietzt
die Menschen in ihren Grundsätzen und Urtheilen unendlich verschieden gewesen, welches zu leugnen niemanden in den Sinn gekommen war. Dann stellten sie zwar wohl
eine Schilderung der mannichfaltigen Mey-

nungen und Urtheile der Menschen über einen
und denselben Gegenstand auf, übergiengen
aber diejenigen Grundsätze mit Stillschwei-
gen, worinn alle Menschen, welche Sinnen,
Verstand und Vernunft besitzen, mit einander
übereinkommen. Gerade so die Leugner der
Vernunftprincipien für die Schönheit. Sie
sollten vor allen Dingen erweisen, daß es nach
den nothwendigen Anlagen der menschlichen
Natur unmöglich sey, für irgend eine Klasse der
Schönheiten Vernunftprincipien aufzustellen,
allein, weit entfernt dieß zu thun, zeigten sie nur,
daß die Menschen in ihren Geschmacksurtheilen
unendlich von einander abgehen, und suchten,
indem sie die Grundsätze, worinn alle Menschen mit einander übereinstimmen, ganz übers
giengen, durch eine buntfarbige Schilderung
mannichfaltiger Urtheile verschiedener Nationen und Individuen über gewisse Schönheiten, ihr Publikum in Erstaunen und Betäu-
bung zu versetzen. Wohlbedächtig nahmen
sie auch alle ihre Beyspiele von Schönheiten
her, deren angenehmer Reiz sich auf unmittelbare Einwirkung äußerer Gegenstände,
oder auf zufällige Verknüpfung gewisser Bilder und Ideen mit gewissen Gegenständen

gründete, und, da sie für solche keine Vernunftprincipien aufstellen konnten, so schlossen sie a parte ad totum, von der Unmöglichkeit, für Schönheiten einer gewissen Art Vernunftprincipien anzugeben, auf die allgemeine Unmöglichkeit, es für irgend eine der übrigen Klassen zu leisten. Allein, wenn wir nur genau und richtig unterscheiden und theilen, so wird uns ihr Räsonnement in keine Verlegenheit setzen. Wir thun bey den beyden ersten der benannten Klassen, auf Deduktion aus Vernunftprincipien Verzicht, und überheben uns mit dieser Resignation aller Grübeleien, durch die man zeither die Ursachen von unmittelbaren, oder zufälligen Schönheiten anzugeben versuchte. Bey allen diesem machen wir nicht den mindesten Versuch, ihre Kaussalität, und die Gesetze, nach denen ihr Eindruck erfolgt, in der Vernunft aufzusuchen, denn sie liegen außer dem Bezirke derselben. Allein, diese beyden Klassen weggerechnet, bleibt uns immer noch eine ansehnliche Gattung von Schönheiten übrig, nämlich alle jene, wo uns gewisse Gesetze des Verstandes und der praktischen Vernunft zum Beyfall und Wohlgefallen bestimmen:

Hier nun müssen wir nothwendig die Frage
aufwerfen: ob das Urtheil der Ver=
nunft, mit welchem sie den Werth
einer solchen Schönheit angiebt,
auf zufälligen Ursachen beruhe,
oder, ob es nicht vielmehr im We=
sen derselben seinen nothwendigen
Grund dergestalt habe, daß das
Princip, nach welchem sie bey ih=
rem Urtheile handelt, jedem ver=
nünftigen Wesen als wahr ein=
leuchten müsse, sobald es zur be=
wußten Erkenntniß desselben ge=
langt ist. Alle Kunstschönheiten gehören
unter diese Klasse: denn sie sind Ausführun=
gen gewisser Zwecke vernünftiger Wesen.
Wenn wir also von ihnen erweisen, daß die
Geschmacksregeln für sie wirklich aus festen
allgemeingültigen Vernunftprincipien herge=
leitet werden können, so haben wir für die
Sache der philosophischen Theorie der schö=
nen Künste alles gewonnen.

Ich begreife nicht, was selbst Kant gegen
diese genauere Klassifikation der Schönheiten,
und die darauf gegründete Einschränkung

und Richtung der Frage über die Möglichkeit
der Vernunftprincipien für den Geschmack
einwenden könnte. Sie stimmt mit seiner
Art zu philosophiren völlig überein. Er theilt
selbst die Empfindungen in solche, die ihren
Grund in der Sinnlichkeit haben, und solche
die aus der Natur der Vernunft folgen, kann
also, wenn er seinen Grundsätzen getreu
bleibt, eben so wenig für alle Empfindungen
Vernunftprincipien fordern, als dieselben
von allen leugnen.

Ehe wir nun aber weiter gehen, müssen
wir bestimmt wissen, was eigentlich die schönen Künste ihrem Wesen nach sind.

Exkurs

zu der vierten Betrachtung.

Wenn ich die verschiedenen Versuche der Weltweisen, alle physische, imaginative, intellektuelle und moralische Schönheiten unter ein
und dasselbe Princip zu ordnen, übersehe; so
finde ich, daß man zwey Fragen mit einander
vermengt hat: 1) die: Kann man alle iene
mannichfaltigen Schönheiten unter ein und
dasselbe Vernunftprincip ordnen? und 2) die:
Kann man an allen Schönheiten überhaupt
etwas ähnliches, etwas gemeinsames auffinden? Und die meisten von denen, welche die
erste Frage befriedigend beantwortet zu haben
vorgaben, hatten im Grunde nur die letzte entschieden.

Unter allen mir bekannten Meynungen der
Weltweisen über diesen Gegenstand ist nur eine,
die für eine Antwort auf die erste Frage gelten
kann: nämlich dieienige, nach welcher man

alle Schönheiten auf Einheit in der Mannichfaltigkeit zurückführen zu können glaubt. Einheit ist die Seele, das innere Leben der Vernunft, alles ihr Wirken in sich und außer sich
ist Verbinden und Einen; und wenn
man das Wesen des Schönen auf sie zurückführen kann, so ist seine Abhängigkeit von
Vernunft ganz unverkennbar. Allein wiewohl
die Vertheidiger der Einheit die Frage, von der
hier die Rede ist, scharf gefaßt hatten, so folgt
dennoch daraus nicht, daß ihre Meynung gegründet ist. Sie hat indessen viel Glück gemacht, und eine genauere Prüfung davon kann
in keinem Falle überflüßig seyn.

Man kann bey einigen Systemen der ältesten Weltweisen das Princip der Einheit für
das Schöne wirklich zu finden glauben. So
könnte man es in der Pythagoräischen Philosophie ahnden, und im Plato wirklich heraus-
grübeln, nach welchem alles Allgemeine,
also auch das καλον eine Vereinigung, und eine
Beziehung auf ein Einziges, εις εν voraussetzt.
Allein nur Köpfe, die bey einer äußern Aehnlichkeit sich das übrige hinzuzudichten geneigt
sind, können durch diesen Schein getäuscht wer-

den. Vom Pythagoras kann man viel schwärmen, aber wenig bestimmtes wissen, und Plato
dachte sich bey seinem ἕν ganz etwas anders,
als Vernunfteinheit *).

Augustin war der erste, der sich für dieses
Princip ausdrücklich erklärte, und der Vater

*) Man lese die vortrefliche Abhandlung des
Hrn. Prof. Plessing: Untersuchungen
über die Platonischen Ideen,
in wiefern sie sowohl immate-
rielle Substanzen, als auch eine Vernunftbegriffe vorstellten.
In Hrn. Prof. Cäsars Denkw. a. d. phil.
Wiss. 3. B. S. 122. Vom Plato haben wir zwey Dialogen über das Schöne,
den größern Hippias, und den Phedrus.
Allein mit Recht sagt der P. André, essai
sur le beau S. 17. Comme dans le
premier il enseigne plûtôt ce que le
beau n'est pas, que ce qu'il est; comme dans le second il parle moins du
beau, que de l'amour naturel qu'on a
pour lui; comme dans l'un et dans l'
autre il étale à son ordinaire plus d'esprit
et d'eloquence, que de véritable philosophie, je renonce a la gloire de prou-
ver ma thèse en grec. (Nämlich dieser
Weltweise glaubt das Princip der Einheit
im Plato zu finden.)

Aesthetik.   H

Andre in seinem scharfsinnigen essai sur le beau, (ou l'on examine, en quoi consiste précisément le Beau dans le Physique, dans le Moral, dans les Ouvrages d'esprit, et dans la Musique. a Paris MDCCXLI. 8.) so viel ich weiß, der erste, der dem Kirchenvater seine Entdeckung vindicirte. Augustin hatte ein besonderes Werk über die Natur des Schö, nen geschrieben; dieses ist nicht auf unsre Zeiten gekommen, allein wir finden in verschiedenen Stellen seiner übrigen Schriften seine Meynung darüber auf das bestimmteste. Ich führe, da ich das Original nicht bey der Hand habe, eine Stelle aus ihm, nach der Andreischen Uebersetzung an *); (sur le beau S. 18). Si je demande, sagt er: à un Architecte, pourquoi ayant construit une arcade à l'une des ailes de son édifice, il en fait autant à l'autre, il me répondra sans doute, que c'est afin que les membres de son architecture **) symetrisent bien ensemble. Mais pourquoi cette symetrie nous parait-elle necessaire? Par la raison, que cela plaît. Mais qui êtes-vous

*) Augustin. de vera Relig. c. 30. 31. 32. etc.
**) Augustin. de Mus. l. 6. c. 13.

pour vous ériger en arbitre de ce qui doit
plaire ou ne pas plaire aux hommes? et
d'où fçavez-vous, que la fymetrie nous
plait? J'en fuis fûr, parce que les chofes
ainfi dispofées ont de la décence, de la ju-
fteffe, de la grace: en un mot, parceque
cela eft beau. Fort bien. Mais dites-moi.
Cela eft-il beau, parcequ'il plaît; ou cela
plaît il parce qu'il eft beau? Sans difficulté,
cela plaît, parcequ'il eft beau. Je le crois,
comme vous. Mais je vous demande encore: Pourquoi cela eft-il beau? et fi ma
queftion vous embarraffe, parce qu'en effet
les maîtres de votre art ne font guères jus-
ques-là, vous conviendrez du moins fans
peine, que la fimilitude, l'égalité, la con-
venance des parties de votre bâtiment réduit
tout à une efpéce d'unité, qui contente la
raifon. C'eft ce, que je voulais dire. Oui;
Mais prenez-y garde. Il n'y a point de
vraye unité dans les corps, puifqu'ils font
tous compofés d'un nombre innombrable de
parties, dont chacune eft encore compofée
d'une infinité d'autres. Où eft-ce donc que
vous la voyez cette unité, qui vous dirige
dans la conftruction de votre deffein; cette

unité, que vous regardez dans votre art
comme une loi inviolable; cette unité, que
votre édifice doit imiter pour etre beau;
mais que rien fur la terre ne peut imiter parfaitement, puisque rien fur la terre ne peut
être parfaitement un? Or de-là que s'en-
fuit-il? Ne faut-il par reconnoître, qu'il
y a donc au deffus de nos efprits une cer-
taine unité originale, fouveraine, et éternelle,
parfaite, qui eft la régle effentielle du beau,
que vous cherchez dans la pratique de votre
art? — Und an einem andern Orte ſtellt er
wirklich den allgemeinen Satz auf: *Omnis pul-*
chritudinis forma vnitas eſt *).

Allein ihre völlige Ausbildung konnte dieſe
Meynung erſt durch die Leibniziſche Philoſophie, und beſonders durch die in derſelben angenommenen Grundſätze von den dunkeln und
bewußtloſen Ideen bekommen. Wenn das
Princip der Einheit für alle Arten des Schönen, ſelbſt für iedes phyſiſche unmittelbare
Schöne, gelten ſollte, ſo war immer noch der
allgemeine Ausſpruch der Erfahrung zu über-

*) Auguſtini Epiſt. 18. Edit. P. P. B. B.

winden, nach welchem wir uns bey zahllosen
schönen Gegenständen bewußt sind, an gar kei=
ne Einheit gedacht zu haben. Allein, so wie
überhaupt die dunkeln und bewußtlosen Ideen
vortrefliche Dienste leisten, wenn es darauf an=
kommt, Vernunftprincipien für gewisse Erschei=
nungen der menschlichen Seele aufzustellen,
bey denen die Erfahrung uns weiter nichts sagt,
als daß sie da sind, oder überhaupt die Abhän=
gigkeit gewisser, unserm Bewußtseyn nach von
aller Idee unabhängiger Thätigkeiten und
Handlungen von Vorstellung zu zeigen; so
mußten sie auch hier den beklommenen Meta=
physikern des Schönen aushelfen, und die Theo=
rie durch einen wahren Salto mortale retten.
Bey jedem Schönen war nun Einheit, wenn
nicht mit Bewußtseyn, doch gewiß ohne Be=
wußtseyn, vorgestellt *).

H 3

*) Die Leibnizisch = Wolfische Theorie der
Empfindungen des Schönen, ist natür=
lich ein Theil der in dieser Schule herr=
schenden allgemeinen Theorie der Empfin=
dungen, und man muß diese studiert ha=
ben, um jene zu verstehen. Vollkommen=

Indeſſen mußte auch dieſe Theorie ihre
Vollſtändigkeit erſt nach und nach erhalten.
Bey Wolf iſt der Begrif noch ganz roh; Schön-

> heit, Einheit in Mannichfaltigkeit begrün-
> det nach ihr iedes Vergnügen, allein nicht
> immer wird man ſich ihrer deutlich be-
> wußt. Wolf. Pſychol. Empir. §. 514.
> Not. p. 391. Probe hic notandum eſt,
> non neceſſe eſſe, vt quis in genere *iu-*
> *dicet* obiectum, quod percipit, eſſe
> perfectum: ſufficit enim perfectionem
> quandam ſiue veram, ſiue apparentem
> *ſaltem confuſe* percipi. Ita non opus
> eſt, vt *iudices* imaginem prototypo
> ſimilem eſſe perfectam; ſed ſufficit vt
> tibi conſcius ſis ſimilitudinis. Nec opus
> eſt vt *iudices*, horologium eſſe perfe-
> ctum; ſed ſufficit vt tibi conſcius ſis,
> quod tempus accurate indicet. Neque
> etiam opus eſt vt quis iudicet, vitam
> diſſolutam eſſe perfectam; ſed denuo
> ſufficit vt ſibi conſcius ſit, ſe agere,
> quod lubet. Iudicinm enim, quo ſta-
> tuitur, in eo, cuius tibi conſcius es,
> conſiſtere perfectionem rei perceptae in
> notioribus confuſis inuoluitur, vt non
> agnoſcatur, niſi ab eo, qui ſingulari
> acumine illas reuoluere et ad diſtinctas
> reuocare valet.

heit war ihm rei aptitudo producendi in nobis voluptatem, vel obseruabilitas perfectionis: (etenim in hac obseruabilitate aptitudo illa confiſtit.) *) Baumgarten fügte den Begrif der sinnlichen Gewahrnehmung der Einheit im Mannichfaltigen bey **), und vorzüglich Mendelssohn und Sulzer ***) verſuchten diesen Begrif ſchärfer zu beſtimmen, und

Ş 4

*) Wolf Pſychol. Emp. §. 543. 544. 545. 546. conf. Eiusd. Ontol. §. 503. Der Begrif des Sinnlichen in der Gewahrnehmung des Vollkommenen, liegt nicht in der Wolfiſchen Definition. Ich glaubte ihn aus dem Worte *obseruabilitas* herauswickeln zu können. Allein wenn auch die Erklärung, welche dieser Weltweiſe von obseruare giebt, (Pſych. Emp. 456.) ienes Wort bloß auf ſinnliche Gegenſtände zu beziehen, zuließe, so würde doch ſeine ausdrückliche Annahme unkörperlicher Schönheit eine Schwierigkeit bleiben. (Eiusd. l. §. 544. not. pag. 421.)

**) Baumgarten Aeſthet. P. l. c. I. S. I. §. 14. 15. 16. 17. 18. 19.

***) Moſes Mendelssohn im I. Th. der phil. Schr. S. 104. l. Th. S. 12.

deutlicher zu entwickeln †). Unabhängig, wie
es scheint, von der Leibnizisch-Wolfischen Philosophie, setzte der Vater Andre den Grundsatz
der Einheit fest, und wendete ihn auf das Schöne, das Schöne in den Sitten, in den Werken der Litteratur und der Tonkunst an *).

Bey Prüfung der Erklärung des Schönen,
von welcher die Rede ist, müssen wir nothwendig von einer Kritik des Begriffes Vollkommenheit ausgehen, auf den sie sich gründet. Consensus in varietate, Uebereinstimmung eines
Mannichfaltigen zu einer Einheit ist nach der
Wolfischen Schule im allgemeinen Vollkommenheit. Die Einheit ist hier nicht etwa bloß
Zweck, sondern überhaupt Begrif. Wenn
ein Gegenstand, (iederzeit etwas Mannichfaltiges;) alles, ohne Einschränkung ist, was er
seinem Begriffe nach seyn soll, so ist er vollkommen **). Dieser Erklärung sind alle Dinge,

---

†) Allgemeine Theorie der schönen Künste,
   4. Th. Schön.
*) in dem schon angeführten essai sur le beau.
**) Bilfinger Dilucid. philos. de deo a. h.
   m. etc. p. 129. Consensum interpre-
   tor illam plurium relationem inter sese,
   et ad communem aliquem scopum, vi

auch die freyen Handlungen untergeordnet.
Die Begriffe der Gegenstände des Erkennens
H 5

cuius omnia ad illum obtinendum aut
conseruandum conducunt. Memineris,
scopum hic non supponi pro caussa finali, quae per illa plura consentientia demum ab aliquo efficienti principio obtinenda sit: sed generalissime, pro principiato omni, pro omni illo, quod ex
concursu plurium resultat. Consensus
igitur ille generaliter consistit in ea relatione plurium, vi cuius ad commune
aliquod praestandum aut exhibendum
concurrunt. Deficiunt fere verba generalitati illi conformia. Dixissem commune ἀποτελεσμα, nisi illud *effectum* denotaret *a caussis efficientibus producendum*; quae *non in omni perfectionis specie* intercurrunt. Dico igitur generaliter ad *commune aliquod*. — Criterium
vero eius consensus est, si relatio plurium ad idem commune resultans, potest
formula, propositione aut canone generali ita exprimi, vt per illum intelligatur, sequi vel obtineri hoc commune
ex illis pluribus coniunctis. Quousque
enim id obtinet, eousque consensus est,
et perfectio respectu illius resultantis,
formula isthac expressi.

beziehen sich auf Wirklichkeit und Vernunft, die
Begriffe freyer Handlungen vernünftiger Wesen auf das Sittengesetz. Ich halte diese Definition für etwas Vollendetes und Unwandelbares. Allein wenn wir sie nun auf die Empfindungen des Vergnügens anwenden, so folgt
deßhalb noch nicht, daß alles Vergnügen sich
auf Vollkommenheit gründet. Es kann dieses
mehr als einen Sinn haben. Nämlich alles
Vergnügen entsteht entweder durch Eindrücke
und Vorstellungen von äußern Dingen, oder,
unabhängig von dergleichen, durch innere Zustände unsers Wesens. Ferner, bey verschiedenen dieser Gegenstände und Zustände sind wir
uns bewußt, Vollkommenheit, außer uns, oder
in uns erkannt zu haben, bey vielen andern
hingegen erinnern wir uns auch nicht der leisesten Ahndung von Vollkommenheit. Diese
verschiedenen Fälle machen folgende Fragen nöthig: 1) Gesetzt, daß wirklich alles Vergnügen sich auf Vollkommenheit gründet, beziehen
sich, das durch gewisse Eigenschaften äußerer
Dinge, und das durch gewisse Eigenschaften
und Zustände unserer eigenen Natur verursachte
Vergnügen auf Vollkommenheit in einem und
demselben Sinne? Diese Frage muß noth-

wendig mit Ja beantwortet werden; denn es
giebt überhaupt und im Allgemeinen nur einen
Begrif von Vollkommenheit, der auf äußere
Dinge und innere Seelenzuſtände mit gleichem
Rechte angewendet wird.   Wenn alſo Wolf
ſagt *): Voluptas eſt intuitus ſeu cognitio
iutuitiua perfectionis, ſiue verae ſiue appa-
rentis; ſo bezieht ſich, nach ſeinem Syſteme,
dieſe Erklärung auf alle Vollkommenheit überhaupt, alſo nicht nur auf die des Gegenſtandes, ſondern eben ſowohl auf die des Zuſtandes **).   Denn der Zuſtand befindet ſich ja in

*) Pſychol. Empir. §. 511.

**) Ich kann deßhalb meinem verehrungs-
    würdigen Lehrer, dem Hrn. D. Platner,
    nicht beyſtimmen, wenn er im 2. Th. ſei-
    ner Aphorismen im §. 54. ſagt: Wenn
    die in der Wolfiſchen und Baumgarten-
    ſchen Erklärung des Vergnügens nahm-
    haft gemachte, undeutlich oder ſinnlich
    erkannte Vollkommenheit ſeyn ſoll eine
    Vollkommenheit nicht des Zuſtandes, ſon-
    dern der Sache, ſo iſt dieſe Erklärung
    nicht ganz richtig. — Sie iſt, meines
    Bedünkens, immer richtiger, als iene,
    nach welcher alles Vergnügen ſich auf Be-
    wußtſeyn einer gegenwärtigen Vollkom-

dem Gegenstande, Seele, der durch den
innern Sinn erkannt wird. Allein daraus
folgt nun gar nicht, daß man bey der speciel-

menheit seiner eigenen Natur gründet.
Denn diese paßt im Grunde auf das Vergnügen nicht, welches durch gewisse an
den äußern Dingen befindliche Eigenschaften erregt wird, sondern bloß auf das,
welches sich aus unsrer eigenen Natur entwickelt. Die Wolfische Meynung hingegen bezieht sich auf beyde Arten, und befaßt also gewissermaßen die Platnerische
schon unter sich. Wollte man aber einwenden, daß beyde Arten des Vergnügens
zusammenflössen, indem ia iede erkannte
Vollkommenheit einer Sache, als Aktus
eines erkennenden Wesens mit Bewußtseyn gegenwärtiger Vollkommenheit des
eigenen Zustandes verbunden seyn müsse;
so möchte dieses schwerlich befriedigen, und
mit dem Ausspruche des allgemeinen Bewußtseyns zu vereinbaren seyn. Freylich
kann man iede Gewahrnehmung der Vollkommenheit eines äußern Gegenstandes
auch als einen Zustand der Vollkommenheit des gewahrnehmenden Wesens betrachten; allein wenn es darauf ankommt,
die Ursachen des Vergnügens genau zu bestimmen, so muß man allezeit in solchen

len Behandlung der äußern und innern Ursa=
chen des Vergnügens beydes zusammenschmel=
zen müsse. Vielmehr muß man bey ieder Art

Fällen unterscheiden, was der äußre Ge=
genstand auf die Seele wirkte, und was
die Seele aus sich wirkte, was ihr gege=
ben ward, und was sie aus ihren Mit=
teln gab. Mit Recht wundert sich übri=
gens der Herr Doktor darüber, daß Wolf
sich bey seiner Erklärung des Vergnügens
auf den Cartes berufen konnte. (Moral=
phil. §. 54.) Notionem hanc voluptatis,
sagt nämlich Wolf, nachdem er seinen
Begrif vom Vergnügen aufgestellt hat,
Psychol. Empir. §. 511. distinctam de=
bemus Cartesio, quemadmodum iam
monuimus in Hor. subseciv. a. 1729.
Trim. Aest. n. 1. 2. Diserte enim in
epistola ad Elisabetham Principem Pala
tinam: Tota nostra voluptas, inquit,
posita est tantum in perfectionis alicu=
ius nostrae conscientia, ac praeterea mo=
net in aestimanda perfectione homines
saepius confundere quod apparet cum
eo, quod est. Indessen scheint mir das
wirklich Räthselhafte dieser Berufung auf
Cartes dadurch gelößt werden zu können,
daß Wolf die intuitive, bewußte Er=
kenntniß der Vollkommenheit als Ursache

des Vergnügens sorgfältig untersuchen, ob der
Stoff zum Begriff der Vollkommenheit von
außen gegeben ward, oder, ob die Seele ihn

alles Vergnügens annahm, nach ihm also
der Grund desselben, nämlich das Urtheil über die Vollkommenheit, eines
äußern Gegenstandes, oder unsrer selbst,
allezeit in uns, als Aktus unsers Geistes ist. Folgende Stellen haben mich darauf aufmerksam gemacht. Gleich nach
denen eben angeführten Worten fährt er
fort: Quoniam quid *intuitiue* cognosci-
mus, quatenus *ideae* eius, quam habe-
mus nobis *conscii* sumus; apparet Carte-
sium voluptatem deducere a cognitione
intuitiua perfectionis. Nimirum, qui
voluptatem ex re percipit, perfectionem
eius sibi *repraesentat*, quodque hoc fa-
ciat, sibi *conscius est*. Dum vero idem
monet, homines in aestimanda perfectione saepius confundere, quod apparet, cum eo, quod est; haud obscure
innuit, voluptatem non minus percipi
ex perfectione apparente, quam ex vera,
seu hic perinde esse, siue *iudicium* eius,
qui rem perfectam esse iudicat, verum
sit, siue falsum. Noch einleuchtender
scheint mir folgende Stelle: §. 516. p. 395.
Cartesius diserte profitetur, quamlibet

aus sich selbst nahm, und wenn von beyden
Seiten ein Beytrag zu dem Ganzen des Ver=
gnügens geschah, genau unterscheide, was dem
Objekte, und was dem Subiekte zugehört.
2) Ist Vollkommenheit allezeit nothwendige Ur=
sache des Vergnügens? d. h. bewirkt Vollkom=
menheit an den Dingen, bey denen, welche
sich diese vorstellen, Vergnügen, auch wenn sie
sich die Vollkommenheit derselben nicht vorstel=
len? Und ist es derselbe Fall bey unsern innern
Zuständen, liegt hier iedem Vergnügen eigene

voluptatem ex magnitudine perfectionis
eam producentis metiendam esse; homines tamen saepius confundere quod
apparet cum eo, quod est. Voluptas enim
non oritur, quod rei, quam percipi-
mus, insit perfectio, et quod hanc quoque percipiamus, sed quod eius tanquam inexistentis nobis conscii simus,
adeoque eam inesse iudicemus, sit ita,
quod actus iudicandi non distincte ap-
pareat, perceptionibus animae euolutis
demum detegendus. Quoniam igitur
voluptas ab actu iudicantis pendet; actus
res diiudicandi veritatem non semper
attingit; illi quoque locus esse debet,
siue verum sit iudicium, siue falsum.

Vollkommenheit zum Grunde, auch wenn sie
nicht erkannt wird? Unmöglich wäre es nicht,
das gestehe ich; allein daß es sich wirklich so
verhalte, davon belehret mich weder Vernunft
noch Erfahrung. Im Begriffe Vollkommenheit an sich liegt nichts von Vergnügen,
wenn ich ihn nämlich ohne Beziehung auf Erkenntniß eines vernünftigen Wesens betrachte.
Die Erfahrung sagt mir eben so wenig, daß
alle Dinge, in wie fern sie Vollkommenheit besitzen, Vergnügen verursachen, vielmehr bestätigt sie oft genug das Gegentheil. Gesetzt
nun aber auch, Vollkommenheit bewirkte nothwendig, auch ohne als solche erkannt zu werden, unmittelbar Vergnügen, so wäre damit
doch kein allgemeines Vernunftprincip aufgefunden. Denn alles Vergnügen, welches sich
nicht auf Einsicht von Vollkommenheit gründete, wäre doch nur Folge von Mechanismus,
und seine Ursache läge außer der Vernunft.
3) Ist Einsicht von Vollkommenheit einem
vernünftigen Wesen nothwendig angenehm?
Unstreitig. Denn die Vernunft müßte sich
selbst entgegenwirken, wenn sie nicht außer sich Einheit zu finden, und in sich Einheit zu bilden bestrebt wäre, und so bald sie

da ist, so muß ihr iede Vollkommenheit noth=
wendig Vergnügen verursachen.   Hier wäre
also nun wirklich eine Klasse des Vergnügens
aus einem Vernunftprincip entwickelt.   Nun
fragt es sich: 4) Sollte der Weltweise nicht be=
rechtigt seyn, bey allem Vergnügen, welches
von keiner bewußten Erkenntniß von Vollkom=
menheit erregt ward,   wenigstens bewußtlose
Vorstellung derselben, als Grund, anzuneh=
men? Daß eine nicht ganz verdeutlichte Vor=
stellung,   daß Ahndung von Vollkommenheit
Vergnügen bewirken könne, lehrt die Erfah=
rung.   Allein Vernunfteinsicht, ohne alles
Bewußtseyn, ist mir gar nicht gedenk=
bar; noch weniger also ein Vergnügen, wel=
ches durch eine solche verursacht wäre. Man
überlege nur, was Einsicht von Vollkommen=
heit für eine Operation der Vernunft ist,
überlege, daß sie sich, ihrem Begriffe nach, al=
lezeit auf einen Schluß gründet, dessen einzelne
Theile wenigstens klar vorgestellt werden müs=
sen, daß die Vernunft hierbey schlechterdings
nicht anders als selbstthätig gedacht werden
kann; und ich sehe nicht ein, was man sich
dann noch für einen Begriff von geschlossener,
und doch ganz bewußtloser Einsicht der Voll=

Aesthetik.   J

kommenheit machen kann. Wenn wir aber
auch setzten, was der Unmöglichkeit wegen gar
nicht zu setzen ist, daß es nämlich bewußtlose
Einsicht von Vollkommenheit gäbe, so wäre
doch das dadurch bewirkte Vergnügen ganz
leidentlich, mechanisch, nicht selbstge-
wirkt.

Doch es ist Zeit, zu der von diesem Begriffe
der Vollkommenheit abgeleiteten Erklärung der
Schönheit überzugehen. Ihr zufolge nämlich,
soll Schönheit, sinnliche Gewahrnehmung
der Vollkommenheit, der Einheit im Mannigfaltigen seyn. Wir haben hierbey folgende
Fragen zu beantworten: 1) Kann Vollkommenheit sinnlich erkannt werden? 2) Findet
sich bey allem Schönen Gewahrnehmung von
Vollkommenheit? 3) Kann man alle Gefühle,
die das Schöne erregt, aus Gewahrnehmung
von Vollkommenheit ableiten?

Was die erste Frage betrift, ob nämlich
Vollkommenheit sinnlich erkannt werden könne,
so müssen wir, um dieselbe mit Sicherheit zu
beantworten, den in dem Begriff Vollkommenheit liegenden Begriff der Einheit, und den Be-

griff: sinnlich, in ihre mehrern möglichen
Bedeutungen zerlegen. Die Einheit kann sich
beziehen entweder bloß auf das Ganze, wel=
ches ein vorgestellter Gegenstand ausmacht, oder
auf den Begriff, unter welchem er gedacht
wird, oder auf den Zweck, wegen welches er
da ist, und die Vollkommenheit kann diesem=
nach theils darin bestehn, daß alle Theile des
Gegenstandes harmonisch bewirken, ihn als
ein Ganzes darzustellen, theils darin, daß er
dem Begriffe völlig entspricht, unter welchem
er gedacht wird, theils endlich, daß er durch
die Zusammenstimmung seiner Theile den Zweck
erreicht, wegen welches er da ist. Der Begriff:
sinnlich kann entweder anzeigen: durch die
Sinnen, oder an einem durch die Sin=
nen gegebenen Gegenstande, oder,
verworren, undeutlich. Kann nun
Vollkommenheit, in welchem besondern Sinne
wir sie auch nehmen, durch die Sinnen er=
kannt werden? Ich glaube nicht; dieß ist alle=
zeit Sache des Verstandes und der Vernunft.
Soll es aber heißen: an einem durch die
Sinne gegebenen Gegenstande Voll=
kommenheit erkennen; so hat die Sache ihre
Richtigkeit, der Gegenstand wird dann aller=

dings durch Sinne vorgestellt, aber die Vollkommenheit desselben durch Verstand und Vernunft.   Was die dritte Bedeutung des Begriffes: sinnlich betrifft, so ist nicht sowohl
die Frage, ob Vollkommenheit undeutlich erkannt werden könne; dieß lehrt die Erfahrung;
als vielmehr, ob die Undeutlichkeit der Erkenntniß nothwendig sey, um Schönheit fühlen zu
lassen. Mendelssohn sagt: es vertrage sich mit
dem Gefühle der Schönheit weder ein völlig
deutlicher noch ein völlig dunkler Begriff *).

---

*) Die Bemerkungen des scharfsinnigen Mo-
   ses in seinen Briefen über die Empfindungen, im 1. Th. der philos. Schr. scheinen mir einer großen Einschränkung zu
   bedürfen.   1) Alles, was er sagt, bezieht
   sich allein auf den ersten, augenblicklichen
   Genuß einer Schönheit.   2) Dann unterscheidet er nicht genug α) diejenigen
   Schönheiten, die keiner Verdeutlichung
   fähig sind, und die β) welche sogar Verdeutlichung erfordern, um vollkommen genossen zu werden.   Was den ersten Punkt
   betrift, so ist beym ersten Eindrucke freylich
   die Vorstellung des Schönen undeutlich.
   Allein dieß ist bey jedem andern Gegenstande
   derselbe Fall.   Nun fragt es sich nur: ob

Das letzte gebe ich bey meinen Grundsätzen
über Bewußtheit und Bewußtlosigkeit sehr gern
zu; aber das erste bedarf, dünkt mir, einiger

J 3

das Gefühl erstickt wird, sobald man bey
längerer Betrachtung die Züge des schönen
Gegenstandes sich deutlich vorzustellen versucht? und diese Frage führt auf eine andre:
ob nämlich iede Schönheit der Verdeutlichung fähig ist? Nach der von mir aufgestellten genauen Bestimmung der verschiedenen Arten des Schönen ist es, glaube ich,
einleuchtend genug, daß verschiedene Schönheiten der Verdeutlichung gar nicht fähig
sind, nämlich alle die, deren Reitz sich auf
unmittelbare Einwirkung auf unsre Organen, oder auf zufällige Associationen
gründet. Die der letztern Art erscheinen
durch Zergliederung in ihrer ganzen Nichtigkeit, und man kann gar nicht sagen, daß
Schönheit an ihnen zergliedert worden, weil
im Grunde keine wahre bey ihnen Statt
findet. Bey unmittelbaren Schönheiten
aber besteht eben der Grund ihrer Wirksamkeit im Unmittelbaren. Gesetzt nun
auch, man könnte wirklich ihre Ursachen
in einer deutlichen Zergliederung darlegen,
so wäre doch das eigentliche Schöne an
ihnen dann zerstöret. Allein insgemein

Einschränkung. Wenn nämlich auch in den
meisten Fällen bey gewissen schönen Gegenständen die Erkenntniß der Vollkommenheit undeut-

betrügt man sich bey vermeynter Zergliederung solcher Schönheiten. So nennt beym
Moses, Euphranor (Philos. Schr. 1. Th.
S. 4.) die Schönheit eines Gesichts entwickeln, sich anstatt feuriger
Augen die Beschaffenheit der Säfte im Auge, anstatt reizender Mienen die leichte
Bewegung der Gesichtsmuskeln gedenken.
Allein dieß heißt die Schönheit des Ge-
sichtes zerstören, nicht entwickeln. Wer
da weiß, daß die Schönheit des menschlichen Angesichtes zwar zum Theil wegen
bewußter Ursachen, zum Theil aber
auch bloß unmittelbar reizt, daß viele Züge
derselben eben durch Einfachheit und Tota-
lität des Eindrucks von der Oberfläche
Wohlgefallen erregen, der wird es nicht
unternehmen, die ganze Schönheit desselben verdeutlichen zu wollen, am allerwenigsten wird er aber anatomische Zerflei-
schung eines Gesichts für Entwickelung
der Schönheit halten. Dieß wäre nicht
viel anders, als wenn ich einer bilderrei-
chen Ode ihre Bilder nähme, und nun
vorgäbe, ich habe die Schönheit davon
entwickelt. Allein viele Schönheiten sind

lich ist; so kann ich doch auch bey der deutlich=
sten Erkenntniß Schönheit empfinden.

Die zweyte Frage war: ob sinnlich erkannte
Vollkommenheit sich überhaupt bey ieder Schön=
heit finde? Hier kann nichts entscheiden, als
Erfahrung, und diese sagt uns, daß viele Ge=
genstände allgemein für schön gehalten wer=
den, ohne daß wir uns bewußt sind, Vollkom=
menheit an ihnen erkannt zu haben. Was für
Vollkommenheit mögen wir wohl an einzelnen
Farben auch nur verworren entdecken? An

J 4

der Verdeutlichung fähig; und sollte wohl
hier durch Verdeutlichung das Gefühl un=
dordrückt werden? Ich glaube nicht.
Mag es seyn, daß es aufhört so stark und
überwältigend zu seyn, wie bey der Ueber=
raschung der ersten, allezeit nothwendig
undeutlichen Vorstellung; so ist es doch
darum eben so wenig ganz aufgehoben,
als es an Werthe verlohren hat. Glaubt
man, daß Hogarth nichts gefühlt hat,
wenn er gewisse sichtbare Schönheiten deut=
lich dachte? Oder daß der Dramaturg,
Lessing, bey einem vollkommenen Schau=
spiele nichts empfand?

wie vielen Landschaften mögen wir wohl iene
Einheit erkennen, welche in der Mannigfaltig=
keit die Vollkommenheit bestimmen soll? Be=
wußtlose Erkenntniß der Vollkommenheit ist gar
kein Gedanke.

Die dritte Frage war iene, ob bey denen
schönen Gegenständen, wo wir wirklich Voll=
kommenheit entdecken, man alle Gefühle, wel=
che die Schönheit erregt, aus dem Begriffe der
Vollkommenheit erklären könne? Auch diese
Frage müssen wir mit Nein beantworten.

Einsicht von Vollkommenheit erschöpft nim=
mermehr alle Wirkungen von Schönheit, weder
der Natur noch der Kunst. Man versuche es
doch zu zeigen, wie alles Vergnügen, das man
bey einer schönen Gestalt empfindet, aus Ein=
sicht von Vollkommenheit entstehe? Man ver=
suche eben dasselbe bey Gedichten, von welcher
Art sie auch seyen! Gesetzt auch, man fände
die Hauptursache in der Einsicht von Vollkom=
menheit des Ganzen, so erregen doch auch au=
ßer Verbindung mit diesen betrachtet, gewisse
einzelne Züge für sich Vergnügen, und werden
mit Recht selbst dann noch, wenn sie aus dem
Zusammenhange gerissen sind, schön genannt.

So kann man also wohl nicht sagen, daß alle Empfindungen des Schönen sich auf das Vernunftprincip der Einheit in der Mannigfaltigkeit gründen.

Hr. Prof. Moritz hat versucht, einen neuen gemeinschaftlichen Begriff für alles Schöne zu geben, dessen Prüfung hier um so weniger am unrechten Orte steht, da in keinem neuen Werke, so viel ich weiß, genauere Rücksicht darauf genommen worden. Es ist der Begriff des in sich Vollendeten. *)

„Bey dem bloß Nützlichen, sagt Herr M. „finde ich nicht sowohl an dem Gegenstande „selbst, als vielmehr an der Vorstellung von der „Bequemlichkeit, oder Behaglichkeit, die mir, „oder einem andern durch den Gebrauch dessel-

J 5

*) Ich beziehe mich auf einen Aufsatz dessel-
ben, in der Berlinischen Monatsschrift,
vom J. 1785. Monat März. Mit diesem
hängt zusammen seine kleine Schrift: Ueber bildende Nachahmung des
Schönen. Braunschweig 1788.

„ben zuwachsen wird, Vergnügen. Ich mache
„mich gleichsam zum Mittelpunkte, worauf ich
„alle Theile des Gegenstandes beziehe, d. h.
„ich betrachte denselben bloß als Mittel, wo=
„von ich selbst, in so fern meine Vollkommen=
„heit dadurch befördert wird, der Zweck bin.
„Der vollkommene Gegenstand ist also nichts
„Ganzes oder Vollendetes, sondern wird es
„erst, indem er in mir seinen Zweck erreicht,
„oder in mir vollendet wird. Bey der Be=
„trachtung des Schönen aber wälze ich den
„Zweck aus mir in den Gegenstand selbst zu=
„rück, ich betrachte ihn, als etwas, nicht in
„mir, sondern in sich selbst Vollendetes, das
„also in sich ein Ganzes ausmacht, und mir
„um seiner selbst willen Vergnügen gewährt;
„indem ich dem Gegenstande nicht sowohl eine
„Beziehung auf mich; als mir vielmehr eine
„Beziehung auf ihn gebe. — Das Nützliche
„hat seinen Zweck nicht in sich, sondern außer
„sich in etwas anderm, dessen Vollkommenheit
„dadurch vermehrt werden soll. Wer also et=
„was Nützliches hervorbringen will, muß die=
„sen äußern Zweck beständig vor Augen haben.
„Wenn das Werk nur seinen äußern Zweck er=
„reicht, so mag es übrigens in sich beschaffen

„seyn, wie es wolle, dieß kommt, wiefern es
„bloß nützlich ist, gar nicht in Betracht. Das
„Schöne hingegen hat seinen Zweck nicht außer
„sich, und ist nicht wegen der Vollkommenheit
„von etwas andern, sondern wegen seiner eig-
„nen innern Vollkommenheit da. Man be-
„trachtet es nicht, wiefern man es brauchen
„kann, sondern man braucht es nur, in sofern
„man es betrachten kann. Wir können sehr
„gut ohne die Betrachtung schöner Kunstwerke
„bestehen, diese aber können, als solche, nicht
„wohl ohne unsere Betrachtung bestehen. Je
„mehr wir sie also entbehren können, desto
„mehr betrachten wir sie um ihrer selbst willen,
„um ihnen durch unsre Betrachtung gleichsam
„erst ihr wahres volles Daseyn zu geben.“

Vorlängst hat man das physischnützliche mit dem Schönen zusammengestellt, um
durch Vergleichung den letzten Begriff schärfer
zu fassen, und daraus auch eine Gränzbestimmung der mechanischen und schönen Künste hergeleitet, welche ohnehin selbst dem stumpfesten
Beobachter in die Augen springen muß. Herr
Moritz läßt uns ungewiß, ob er unter dem
Nützlichen bloß das Physischnützliche,

oder überhaupt alles verstehe, wodurch irgend
ein Trieb, er beziehe sich auf animalische, oder
intellektuelle oder moralische Vollkommenheit,
befriedigt werden kann. Nimmt er es im ersten Sinne, so hat er etwas sehr altes, und
sehr flaches gesagt. Allein es scheint nicht so;
denn er sagt ia: ich betrachte den nützlichen
Gegenstand bloß als Mittel, wovon ich selbst,
in so fern meine Vollkommenheit dadurch
befördert wird, der Zweck bin; er nimmt also
das Nützliche für Vortheil im Allgemeinen.
Nun ist der nützliche Gegenstand, an und für
sich, in wie fern er nicht in Beziehung auf den,
welchem er nützen soll, und den Zweck, welchen
er für diesen erreichen helfen soll, betrachtet
wird, nichts Ganzes, nichts Vollendetes, oder
vielmehr, der Begriff des Nützlichen verschwindet ganz, er wird nicht als das vorgestellt, was
er seiner Bestimmung nach ist. Geschieht aber
dieses, wird der Gegenstand in Beziehung auf
den Zweck, welchen er erreichen oder vermitteln
soll, gedacht, so ist er allerdings ein Ganzes,
etwas Vollendetes. Denn ob gerade ietzt, indem ich mir ihn vorstelle, Gebrauch von ihm
gemacht wird, oder nicht, das ist gleichgültig;
wenn nur alles auf das vollkommenste in ihm

enthalten ist, wodurch er das Seinige leisten
kann, wenn ich, oder andre, uns seiner zweck=
mäßig bedienen. Nun aber ist es bey dem Schö=
nen ganz derselbe Fall. An den Dingen selbst,
ohne Beziehung auf vorstellende und empfin=
dende Wesen, ist nichts schön. In diesem
Worte liegt schon ursprünglich Einfluß eines
Gegenstandes auf Vergnügen, ich kann also
keinen Gegenstand als schön denken, ohne
mir zugleich ein Wesen vorzustellen, welches
ihn empfinde, und wenn ich von Schönheit der
Dinge an sich rede, so täusche ich mich in iedem
Falle selbst, und leite eine ganze Reihe cirkel=
förmiger Erklärungen ein. Dieß gilt von den
Schönheiten der Natur, und, noch weit ein=
leuchtender, von denen der Kunst. Wir nen=
nen ein Gesicht schön, wenn wir vollkommene
Harmonie der einzelnen Theile gegen einander,
durchschimmernde sittliche Güte, verbunden mit
Feinheit des Geistes, und eine lachende Frische
der Farbe finden. Stellet nun dieses Gesicht
vor Wesen, die sich der Harmonie gar nicht er=
freuen, keinen Sinn für Moralität haben, und,
gleichgültig für Seyn und Nichtseyn, Vergäng=
lichkeit und Unsterblichkeit, in der blühenden
Oberfläche eines lebenden Wesens nicht Fülle

des Daseyns und Unsterblichkeit ahnden; was
für ein Ganzes, in sich Vollendetes
wird dann wohl die Schönheit dieses Gesichts
seyn? Es wird in sich zureichenden Grund
enthalten, Empfindung und Liebe in Wesen zu
erregen, welche die Fähigkeit besitzen, seine
Züge zu fassen und zu verstehen, wenn aber
kein solches Wesen da ist, so ist es mit ihm derselbe Fall, wie mit einem nützlichen Gegenstande, dessen sich niemand zweckmäßig bedienet.
Es wirkt außer sich nicht, was es wirken soll.
— Oder, ein noch passenderes Beyspiel, leget
die schönste Sonate eines Haydn oder Mozart
vor euch, und betrachtet sie, wenn es möglich
ist, ohne Beziehung auf eure oder Anderer Empfindsamkeit, ohne Rücksicht auf irgend ein
Wesen, welches die Nachahmung der Gefühle,
Harmonie und Rythmus in den Tonreihen in-
teressirt, was für eine Schönheit bleibt euch
daran zu denken übrig? Was für eine Vollkommenheit, da kein Zweck mehr da ist? —
Mit einem Worte, so wie ich einen Gegenstand
nicht als nützlich erkennen kann, ohne ihn auf
mich, oder ein andres Subiekt zu beziehn, dessen Vollkommenheit er befördern könnte; so
kann ich auch keinen als schön denken, ohne

ihn auf mich, oder irgend ein Wesen zu beziehn,
dessen Empfindsamkeit er angenehm rühre.
Wie schief ist es also gesagt: „das Schöne
hat seinen Zweck nicht außer sich,
und ist nicht wegen der Vollkommen=
heit von etwas andern, sondern we=
gen seiner eignen innern Vollkom=
menheit da." Was der Urheber der Welt bey
Bildung der Naturschönheiten für einen
Zweck hatte, das wird Herr Moritz als Me=
taphysiker sich nicht anmaßen, zu wissen;
aber als Mensch, sollte ich denken, könnte er
eben so wenig als ein andrer, dem Glauben
widerstehen, daß die wirksame Beziehung ge=
wisser Gestalten und Tonreihen auf unser Em=
pfindungsvermögen nicht ohne zureichenden
Grund, nicht ohne Absicht, veranstaltet sey.
Was aber die Schönheiten der Kunst betrifft,
so hat iedes Kunstwerk offenbar seinen Zweck
außer sich, in einem Wesen, auf welches da=
durch gewirkt werden soll; es sey nun dieses der
Künstler selbst, (in wie fern er bloß für sich
darstellt;) oder andre Menschen außer ihm.
Sehr richtig sagt daher eben dieser Weltweise:
wir können sehr gut, ohne die Be=
trachtung schöner Kunstwerke, beste=

hen, diese aber können, als solche, nicht wohl ohne unsre Betrachtung bestehn; d. h. ihre Schönheit ist gar kein gedenkbarer Begriff, wenn wir sie nicht auf unsre Empfindsamkeit beziehn.

Gesetzt nun aber, die ganze Opposition der Begriffe nützlich und schön bey Herrn Moritz wäre richtig, was wüßten wir denn nun von dem eigentlichen Wesen des Schönen? Nichts, als: 1) was uns Vergnügen macht, ohne zu nützen, ist schön. So drückt er sich selbst aus. Allein iederman sieht, daß dieß äußerst vag ist. Wie viel Gegenstände machen uns, ohne nützlich zu seyn, Vergnügen, und können dennoch nichts weniger als schön genannt werden! 2) Ein schöner Gegenstand, als etwas in sich Vollendetes, und Vollkommenes, muß ein Ganzes ausmachen. Dieser Satz braucht nun, um als wahr erkannt zu werden, neue Beweise; denn die Gründe, aus denen ihn Herr Moritz ableitet, sind, wie ich hinlänglich gezeigt zu haben glaube, nicht die bewährtesten.

Ueber die Anwendung, welche Hr. M. von diesem Begriffe auf das Wesen der schönen

Künste macht, werde ich, besonders in Rücksicht auf seine bereits angeführte neueste
Schrift, über bildende Nachahmung
des Schönen, mich ausführlich zu erklären,
in der Folge Veranlassung finden.

———————

Fünfte Betrachtung.

Die Frage über das Wesen der schönen
Künste ist sehr verschieden beantwortet worden.
Einige haben Erregung von Vergnü-
gen, andre Verschönerung der Wirklichkeit, andre Nachahmung der schönen Natur, andre Nachahmung überhaupt, andre Erfindung und Dichtung, andre vollkommene sinnliche
Erkenntniß, andre Vollendung in
sich selbst, und andre wieder etwas andres
dafür ausgegeben. Die Bestimmung würde
nicht so mannigfaltig ausgefallen seyn, hätte
man vor allen Dingen gefragt, was es
heiße: das Wesen der schönen Künste
bestimmen.

Der Ausdruck schöne Künste bezeichnet einen allgemeinen Geschlechtsbegrif für
gewisse Gattungen und Arten menschlicher
Werke, von denen angenommen wird, daß
sie etwas Gemeinschaftliches an sich haben.

Alle menschliche Werke setzen einen Zweck
voraus, dieser gründet sich auf ein (noth=
wendiges oder zufälliges, natürliches oder
erkünsteltes) Bedürfniß, und bestimmt ein
Mittel, wodurch dieses gehoben, er also er=
reicht werde. Das Wesen der schönen
Künste bestimmen, kann demnach nichts
anders heißen, als: angeben, welches
der letzte höchste Zweck ieder Kunst=
barstellung sey, auf welches Be=
dürfniß er sich gründe, und von
was für Art die Mittel seyn müs=
sen, durch welche derselbe realisirt
werden könne. Inwiefern nun der Aus=
druck: schöne Künste, alle besondre Ar=
ten und Unterarten ihrer Werke in sich be=
faßt, so muß natürlich der Begrif des We=
sens der schönen Künste im Allgemeinen, sich
keinesweges bloß auf eine einzelne Kunst,
oder eine zufällige Funktion mehrerer, oder
auf einen speciellen nicht allezeit anzutreffen=
den Zweck beziehen, sondern auf alle in Rück=
sicht auf ihren höchsten Zweck gleich anwend=
bar seyn. So wollen wir versuchen, das We=
sen der schönen Künste a priori zu bestimmen.
Vorher noch eine Bemerkung, welche nöthig

ist, um meinen Begrif nicht zu allgemein, zu flach zu finden!

Wenn ich das Wesen der schönen Künste bestimme, so will ich damit noch nicht ihre höchste Vollkommenheit angeben. Diese darf in den ersten Begrif nicht hineingelegt werden. Dann erst, wenn es ausgemacht ist, was die Werke derselben ihrer wesentlichen Bestimmung nach sind, kann ich die Frage aufwerfen, wie sie am vollkommensten gebildet werden, welches die höchste Schönheit in ihnen sey. Deßhalb führt eben der Ausdruck: schöne Künste, bey der Bestimmung vom Begriffe ihres Wesens so leicht irre, weil in ihm schon die höchste Vollendung mit enthalten ist, von welcher doch bey der Frage vom Wesen der Künste noch gar nicht die Rede seyn kann *). Hier kommt

*) So, wenn ich fragte, worinn das Wesen der Kunst, optische Maschinen zu verfertigen, bestehe, würde ich gar noch nicht durch diesen Begrif erfahren wollen, ob Herschelische Teleskope möglich seyen, oder, was der letzte Vollendungspunkt der Kunst sey, sondern über-

es bloß darauf an, einen festen Grund ihres
Daseyn zu bestimmen, und einen von diesem
aus gebildeten Begrif ihrer Bestimmung auf=
zustellen. Folgende Sätze sind hinreichend,
darauf hinzuleiten.

Alle menschliche Werke müssen,
wenn sie, als solche, ein bestimmtes
Wesen haben sollen, auf einen
Zweck zielen.

Der bestimmte Zweck jedes sol=
chen menschlichen Werkes setzt ein
daseyendes Bedürfniß voraus, sey
es nun ein nothwendiges oder zu=
fälliges, ein allgemeines bey allen
Menschen eintretendes, oder ein
besonderes, nur einzelnen Indivi=
duen eignes. Bedürfniß und Zweck
allein bestimmen das Mittel, wel=
ches zur Ausführung gewählt
werden soll.

K 3

haupt, was der Zweck derselben sey, auf
welches Bedürfniß er sich gründe, und
durch welche Mittel, auf welche Art, im
Allgemeinen, dieser befriediget werden
könne.

Der Mensch hat im Allgemeinen
Bedürfnisse und Zwecke doppelter
Art; die der einen beziehn sich auf
seinen Körper, die Erhaltung möglichster Vollkommenheit und Dauer
desselben, die der andern auf seinen Geist, freye Aeusserung, Ausbildung seiner Kräfte, Befriedigung seiner wesentlichen Triebe.

Diejenigen Zwecke und Bedürfnisse, die sich auf den Körper beziehn, erzeugen die mechanischen
Künste, so daß durch die Werke von
diesen, jene befriedigt werden.

Die Zwecke und Bedürfnisse für
den Geist beziehn sich entweder
auf die Erkenntnißkräfte, oder auf
das Empfindungsvermögen. Als
erkennendes Wesen besitzt der
Mensch den nothwendigen Trieb
seine Kenntnisse zu erweitern, und
unter seinen Nebenmenschen zu
verbreiten, als empfindendes, den
Trieb, seine Empfindungen dar-

zuſtellen und mitzutheilen. Jener
erzeugt die Werke der Wiſſenſchaft,
dieſer die Werke der Künſte. Jedes Werk der ſchönen Kunſt iſt alſo
die Darſtellung eines beſtimmten
Zuſtandes der Empfindſamkeit.

Dieſe Beſtimmung, wird man einwerfen, ſey äuſſerſt vag; es möge wohl wahr
ſeyn, daß iedes Werk der ſchönen Künſte
Darſtellung eines beſtimmten Zuſtandes der
Empfindſamkeit ſey, allein dieſer allgemeine
Satz befriedige ſo wenig, daß man vielmehr,
wenn man bey ihm ſtehen bliebe, zahlloſe
Werke und Produkte des menſchlichen Geiſtes, die nichts weniger als Kunſtwerke ſind,
unter die Klaſſe derſelben aufnehmen müſſe;
ſo könne man, ihm zufolge, nicht umhin,
z. B. iedes Geſchrey des Gefühls durch Wörter oder Töne, für ein Werk der ſchönen
Kunſt zu halten. — Hierauf antworte ich:
durch obige Sätze ſollte weiter nichts ge-
ſchehn, als ein beſtimmtes Geſchlecht ange-
geben werden, unter welches die Werke der
ſchönen Künſte gehören. Die richtige Angabe deſſelben iſt aber keine Kleinigkeit, viel-

mehr die einzige mögliche Grundlage zu ei=
nem wahren Begriffe des Wesens, und der
höchsten Vollendung desselben. Man schiebe
nur des Versuchs wegen einen andern Begrif
unter, setze zum Beyspiel, Erregung von
Vergnügen, oder Verschönerung der Wirk=
lichkeit, oder Nachahmung der Natur, als
allgemeinen höchsten Zweck aller Kunstdar=
stellung, und man wird augenblicklich sehen,
was für eine schiefe Richtung die ganze Un=
tersuchung bekommt, wie schwer es wird,
Grundsätze zur Bestimmung der Vollkommen=
heit von Werken der schönen Künste anzule=
gen, wie fast unmöglich, alle wahre
Werke derselben unter einen Gesichtspunkt
zu fassen, und manche scheinbar dazu gehö=
rige, in der That aber bloß auf physisches
Bedürfniß, oder Luxus gegründete, davon
auszuschließen. Nach dem Geschlechtsbe=
griffe, unter welchen ich die sogenannten
schönen Künste gefaßt habe, sind sie hin=
länglich, eben sowohl von den Wissenschaf=
ten, als von den mechanischen Künsten, und
denen des Luxus oder der zufälligen Ergö=
tzung, unterschieden. Der Trieb, seine Em=
pfindungen darzustellen, der gewissermaaßen

in allen Menschenseelen liegt, ist die gemeinschaftliche Wurzel, aus welcher alle ihre
Werke entsprießen; Befriedigung eines edlen
Bedürfnisses des Geistes, ihr höchster gemeinschaftlicher Zweck.

Darstellung einer Empfindung setzt allezeit
Unterhaltung derselben voraus, und kann
bey einem natürlichen Menschen nicht ohne
Einfluß auf den Mittheilungstrieb gedacht
werden. Angenehme Empfindungen unterhalten wir entweder, um den Reiz des Angenehmen desto länger zu genießen, oder
wegen der Vollkommenheit, die unser Geist
an dem Gegenstande der Empfindung bemerkt. Unangenehme Empfindungen
nähren wir freylich des Unangenehmen
wegen nie, aber sehr oft, besonders in Fällen der Moralität, wegen der Wahrheit
und Verbindlichkeit des Gegenstandes derselben. Allezeit aber suchen wir sie doch gegen angenehme zu vertauschen, oder wenigstens mit dergleichen zu vermischen. Die
Darstellung der Empfindung ist entweder un-
willführlicher Ausbruch, mechanische Folge
des innern Dranges, oder absichtliches Pro-

dukt eines gewissen geistigen Zeugungstriebes,
und der Begier, der Empfindung in einem
Denkmale Dauer zu geben. Mittheilung
gründet sich auf den gewiß iedem natürlichen
Menschen wesentlichen Trieb, andre sich, wie
in Erkenntniß und Wahrheit, also auch im
Empfinden ähnlich zu machen.

Ich will nun versuchen, aus diesem rohen Grundbegriffe die verschiedenen Künste
abzuleiten.

Man kann sich im Allgemeinen die Darstellung eines bestimmten Zustandes der Empfindsamkeit auf eine dreyfache Art denken:

1) Kann ich bloß mein Gefühl
oder Leidenschaft, ihre Natur,
Gang, Mischungen, Abwechselun-
gen und Gradazionen kopieren *)

*) Kopieren und Mahlen brauche ich
hier als Synonimen, und verbinde damit
den Begrif: einen Gegenstand nicht durch
bloß willkührlich verabredete Zeichen oder
empirische Merkmale für den Verstand
andeuten, sondern ihn durch Zeichen
vor die sinnliche Empfindung bringen,

wollen, ohne zugleich die Gegenstände, die sie etwa mögen erregt

welche eine reelle, in ihrem Wesen gegründete Gleichheit oder Aehnlichkeit mit
ihm haben. Diesen Begrif befolgt auch
Hr. Engel allezeit in seinen meisterhaften
Werken: über die musikalische
Mahlerey, und: über die Mimik. Vom Kopieren oder Mah-
len der Gefühle unterscheide ich genau:
1) den Ausdruck durch Gebehrden, besonders durch Mienen, welcher, ohne
dem Gefühle oder der Leidenschaft selbst in
irgend etwas ähnlich zu seyn, seinen
Grund allein in dem durch die Natur bestimmten Zusammenhange gewisser Empfindungen und Leidenschaften mit gewissen sichtbaren Theilen des Körpers hat,
ich nenne ihn den empirischen. 2) die
Andeutung davon durch Wörter, Beschreibung durch Bilder, Gleichnisse in den
Werken der Dichter. 3) denjenigen Ausdruck durch Gebehrden, wodurch man
bloß sein Verhältniß zu einem Gegenstande des Gefühls oder der Leidenschaft sinnlich ausdrückt. Beyspiele für alle drey
Arten: 1) das Erblassen des Entsetzens.
2) Vergleichung der Schwermuth mit
Nacht. 3) das körperliche Emporheben

haben, anzugeben, oder zu beschreiben.

2) kann ich bloß den Gegenstand,
welcher auf meine Empfindsamkeit
gewirkt hat, schildern wollen, ohne das Gefühl oder die Leidenschaft zu mahlen, welche dadurch
erregt worden.

3) ich kann beyde Zwecke in einem Werke vereinigen wollen, so
daß ich zugleich den Gegenstand
schildre, und zugleich das Gefühl
oder die Leidenschaft, entweder
beschreibe, oder mahle, oder auch
diese zugleich beschreibe und mahle. Und zwar

   a) kann ich entweder vorzüglich
     auf Schilderung des Gegen-
     standes,

   bey einem erhabnen Gedanken, das Weg-
   wenden des Gesichts von einem gräßlichen
   Bilde.

b) oder vorzüglich auf Beschreibung und Mahlerey des Gefühles oder der Leidenschaft ausgehn.

Dieß wäre die allgemeinste Eintheilung, die sich für Darstellungen bestimmter Zustände der Empfindsamkeit denken läßt, eine Eintheilung, die nicht nur alle bis jetzt vorhandene Werke dieser Art, sondern überhaupt alle mögliche unter sich befaßt.

1) Das Angenehme und Unangenehme, Schmerz und Vergnügen, Bestreben und Verabscheuen, sind Zustände unsers Gemüths, welche an sich mit Vorstellungen, Urtheilen und Schlüssen nichts gemein haben. Es giebt Gefühle und Begierden, die schlechterdings von keiner Thätigkeit des Erkenntnißvermögens vermittelt werden, und wenn ein Gefühl des Angenehmen oder Unangenehmen, oder eine Leidenschaft durch eine solche bewirkt worden, so bleiben doch immer das Gefühl, oder die Leidenschaft, und die verursachenden Vorstellungen, zwey verschiedene Dinge, so daß ich die Vorstellungen weg-

denken kann, und nichtsdestoweniger das
Gefühl, oder die Regungen der Begier noch
übrig bleiben. Von diesem eigentlichen Gefühle, und leidenschaftlichem Zustande, rede
ich nun, indem ich (n. 1.) Kopierungen des
bloßen Gefühls der bloßen Leidenschaft er-
wähne.

Um das Gefühl oder eine Leidenschaft zu
mahlen, muß ich ein Zeichen haben. Ehe
wir aber bestimmen, wie ein solches Zeichen
beschaffen seyn müsse, ist es vor allen Dingen nöthig, einige Bemerkungen über die
Natur der Gefühle und Leidenschaften selbst
voraus zu schicken:

1) Jedes Gefühl, iede Leidenschaft beginnt,
dauert fort, und vollendet in der Zeit. Zeit
ist also nothwendige Form aller Empfindungen des Schmerzes und des Vergnügens, aller Regungen der Begier und des Abscheues,
und diese können in iener nach allen möglichen Graden der Geschwindigkeit und Langsamkeit vor sich gehen.

2) Empfindungen und Leidenschaften sind
zahlloser Grade von Stärke und Schwäche;

Lieblichkeit und Rauheit, Sanftheit und
Wildheit fähig; welche Grade theils durch
den Inhalt des Gefühls (die Art des Ange=
nehmen oder Unangenehmen) und den inten=
siven Charakter der Schläge der Leidenschaft,
theils durch die Art des Zusammenhangs der
einzelnen Theile, theils durch ihr Zeitmaas
bestimmt werden.

3) Jede natürliche, nicht von gewaltsa=
men Einwirkungen abhängende Empfindung,
oder Leidenschaft beharrt eine zeitlang in ih=
rer allgemeinen Beschaffenheit, und geht stu=
fenweise in entgegengesetzte Zustände über.
Man kann dieß füglich die Beharrlich=
keit und Stetigkeit der Gefühle und Lei=
denschaften nennen; eine Gesetzmäßigkeit, die
selbst bey ihren scheinbaren Sprüngen noch
sichtbar bleibt.

4) Eine Empfindung oder Leidenschaft
kann, ohne ihren allgemeinen Charakter zu
verlieren, in verschiedene Arten und Grade
des Angenehmen und Unangenehmen, des
Bestrebens, oder Verabscheuens, übergehen,
kann durch verschiedene Tempo's wechseln,
und auf diese Art, unbeschadet ihrer Einheit,

einen hohen Grad von Mannichfaltigkeit
haben.

Diesem allen zufolge, ergeben sich nun
folgende Forderungen an ein Zeichen, wo=
durch Gefühl und Leidenschaft kopiert wer=
den können soll:

1) Es muß an die Form der Zeit gebun=
den seyn, und sich allen ihren Gesetzen und
Verhältnissen unterwerfen. Seine Modifi=
kationen und möglichen Anwendungen müssen
d e r Grade von Langsamkeit und Geschwin=
digkeit fähig seyn, die wir an dem Gange
der zu unserm deutlichen Bewußtseyn gelan=
genden Empfindungen und Leidenschaften be=
merken.

2) Es muß alle Grade von Stärke und
Schwäche, Lieblichkeit und Rauheit, Sanft=
heit und Wildheit, annehmen können, deren
Empfindungen und Leidenschaften fähig sind.

3) Es muß eben der Beharrlichkeit und
Stetigkeit fähig seyn, welche sich an natürli=
chen Empfindungen und Leidenschaften findet.

4) Es muß, unbeschadet der Einheit, wel=
cher es in seinen Werken durch Beharrlichkeit

und Stetigkeit fähig ift, mannigfaltig feyn können, wie die Empfindungen und Leiden: fchaften felbft.

Ein Zeichen, welches allen diefen Forde: rungen Genüge leiftet, muß nothwendig Ge: fühle und Leidenfchaften kopieren können, und feine Nachahmungen werden unfehlbar wirken, wenn fie durch den Sinn, für wel: chen fie beftimmt find, in allen ihren Thei: len, und nach allen Graden ihrer Dauer un: terfcheidend gefaßt werden können, welches eine Grundforderung ift. Diefe Wirkung wird aber bloß kalte Bewunderung der Wahr: heit der Nachahmung feyn; wenn nicht un: fer Geift urfprünglich fo eingerichtet ift, daß auf das bewußte Vernehmen der Nachah: mung durch den Sinn, unausbleiblich Ver: fetzung in denfelben Gefühl: oder Leidenfchaft: Zuftand folgt, welchen die Nachahmung darftellt.

Diefes alles trift nun von Tönen ganz vorzüglich ein; und zwar folgendermaafen:

1) Töne find nothwendig an die Form der Zeit gebunden, und müffen fich allen ihren

Geſetzen und Verhältniſſen unterwerfen; der
Gang ihrer ſucceſſiven Reihen kann eben die
Grade der Langſamkeit und Geſchwindigkeit
annehmen, die wir an dem Gange unſerer
bewußten Empfindungen und Leidenſchaften
bemerken. Wenn alſo die Schwermuth ei=
nen langſam hinſchleichenden Gang, Em=
pfindungen des Erhabenen einen feierlich ge=
meſſenen, Empfindungen der Hofnung und
Freude einen leichten, hüpfenden hat, ſo
können Töne ihren Charakter hierinn voll=
kommen nachahmen.

2) Töne ſind aller derer Grade von Stärke
und Schwäche, Lieblichkeit und Rauheit,
Sanftheit und Wildheit fähig, welche wir
bey Empfindungen und Leidenſchaften finden.
Wenn alſo z. B. in einem Gefühle der Zärt=
lichkeit ſich Theil an Theil ſchmiegt, und einer
gleichſam in den andern ſchmilzt, ſo können
Töne dieſes kopiren. Wenn in einer ſtürmi=
ſchen Leidenſchaft hingegen die Seele gleich=
ſam ruckweiſe affizirt wird, einzelne, geſon=
derte, gleichſam von einander geriſſene
Schläge ſie durchkreuzen; ſo können Töne
dieß ebenfalls treffend nachahmen. Und

zwar bewirkt alles dieses nicht bloß die Melodie und und ihre Ausführung, sondern auch
die Harmonie. Gilt es die Darstellung eines vorzüglich starken Gefühls, was vermag
da nicht Reichthum und Fülle der Harmonie? Soll das wilde blinde Ungestüm einer
in sich selbst uneinigen Leidenschaft, oder
eine sanfte in allen ihren Theilen friedlich
und einstimmig hinwallende Empfindung ko-
pirt werden, welche Kraft haben nicht im
erste Fulle Disharmonien, (welche freylich
aufgelößt werden:) im letztern eine unge-
störte Harmonie der Töne?

3) Töne sind der Beharrlichkeit und Stetigkeit fähig, welche sich bey natürlichen Empfindungen und Leidenschaften findet. Der
Beharrlichkeit sind Töne fähig: 1) durch
Einheit der Melodie, 2) durch Einheit der
Tonleiter, in welcher ein Stück gesetzt ist,
3) durch Einheit im Takte und Rythmus,
4) durch Einheit im Zeitmaase, 5) auch unstreitig durch Einheit in der Manier des Vor-
trags; der Stetigkeit, 1) durch die Verwandschaft jedes melodischen Satzes mit
andern, 2) durch die Verwandschaften der

Tonleitern, 3) die der Zeit selbst eigene Stetigkeit.

4) Töne können, unbeschadet der Einheit, welcher sie durch Beharrlichkeit und Stetigkeit fähig sind, mannigfaltig seyn, wie die Empfindungen und Leidenschaften selbst. Sie bewirken in ihren Kompositionen diese Mannigfaltigkeit, theils durch die Ausführung der Melodie, theils durch Harmonie, und man kann in dieser Rücksicht die Mannigfaltigkeit in einem Tonwerke in 1) die successive und 2) die simultanee, theilen.

Töne können auf uns nur durch den Gehörsinn wirken, und die charakteristische Beschaffenheit von diesem gründet eigentlich den künftigen Einfluß derer aus ihnen gebildeten Werke. Nämlich der Gehörsinn besitzt 1) hinlängliche Empfänglichkeit für simultanee Tonreihen. 2) die deutlichste Fassungskraft selbst für die schnellsten Aufeinanderfolgen von Tönen. Allein die unausbleibliche innige Rührung der Tonwerke beruht vorzüglich auf dem nahen Zusammenhange des Gehörsinns mit unserm Gedächtniß und

Dichtungsvermögen für Gefühle und Leidenschaften.

1) Reihen von Tönen erwecken im Gedächtniß die Spuren vormaliger Gefühle und leidenschaftlicher Zustände. Wie sie dieses zu thun vermögend sind, kann nach denen eben vorgetragenen Grundsätzen von der Uebereinstimmung der Töne mit Gefühlen und Leidenschaften gar keine Frage mehr seyn; vielmehr ergiebt sich, glaube ich, aus denselben, daß nach den gemeinsten Gesetzen der Wiedererweckung gehabter Ideen und vormaliger Gefühle, dieses nothwendig also erfolgen müsse. 2) Wir besitzen, der Erfahrung zufolge, ein Dichtungsvermögen für Gefühle und Leidenschaften, d. h. wir können einen uns durch äußere Zeichen sich offenbarenden Gefühls= oder Leidenschaftszustand in uns nachbilden; nicht bloß durch Hervorziehung und passende Anwendung derer von vormaligen Zuständen zurückgebliebenen Spuren und Fertigkeiten, sondern auch durch neue selbstbewirkte Affizirung des Empfindungs= und Begehrungsvermögens. Daß dieses wirklich bey den Werken der Tonkunst

L 3

der Fall iſt, wird niemand leugnen. So ſind
alſo Töne Zeichen, welche Gefühl und Lei=
denſchaft mit allgemein verſtändlicher Wahr=
heit kopiren, und mit unaufhaltſamer Wir=
kung in Menſchenherzen erregen. Kein an=
deres Zeichen darf ihnen hierin an die Seite
geſtellt werden, und Muſik iſt alſo die ein=
zige Kunſt, welche Gefühle und Leidenſchaf=
ten im vollen Sinne des Wortes kopieren
kann. Und wer ſollte nicht die Weißheit der
Natur bewundern, welche unſern Gefühlen
und Leidenſchaften dieſes Zeichen ſo nahe ge=
legt hat, daß jedes Gefühl und jede Leiden=
ſchaft, ſobald ſie ſich entwickelt, auch in Ton
übergeht, und ſich zu äußern beſtrebt iſt.
Dieſen innigen Zuſammenhang aber des
Tonvermögens mit dem Empfindungs= und
Begehrungsvermögen können wir nicht wei=
ter erklären. Die Erfahrung ſagt uns nur,
daß er wirklich da iſt, und daß alle Menſchen
ſich darinn gleichen.

In weit geringerm Grade, als Töne,
aber doch auch ungemein wirkſam ahmen
ſichtbare Bewegungen Gefühl und
Leidenſchaft nach.

1) Bewegungen sind nothwendig an die Form der Zeit gebunden, und müssen sich allen ihren Gesetzen und Verhältnissen unterwerfen. Der Gang ihrer successiven Reihen kann eben die Grade der Geschwindigkeit und Langsamkeit annehmen, die wir an dem Gange unserer bewußten Empfindungen und Leidenschaften bemerken,

2) Bewegungen sind aller derer Grade von Sanftheit und Wildheit, Stärke und Schwäche, Lieblichkeit und Rauheit fähig, welche wir bey Empfindungen und Leidenschaften finden; sie sind es durch ihre Figur sowohl, als durch das Zeitmaas, nach welchem sie vor sich gehen.

3) Bewegungen sind der Beharrlichkeit und Stetigkeit fähig, welche sich bey natürlichen Empfindungen und Leidenschaften finden; und zwar ebenfalls sowohl durch Figur, als durch Zeitmaas.

4) Bewegungen können, unbeschadet der Einheit, welcher sie durch Beharrlichkeit und Stetigkeit fähig sind, mannigfaltig seyn, wie die Empfindungen und Leidenschaften

L 4

selbst, können es wegen der Verwandschaft
der Figuren sowohl, als wegen der mannigfaltigen verwandten Grade von Geschwindigkeit und Langsamkeit.

Der Gesichtssinn hat in seiner Art von
Gegenständen mehr Empfänglichkeit für simul-
tane Reihen, weit weniger deutliche Fassungskraft für Successionen, als der Gehörsinn. Es giebt einen Grad von Schnelligkeit, mit und über welchem der Gesichtssinn
Successionen entweder nur verworren oder
gar nicht mehr fassen kann, wo Succession
ihm als Simultanität erscheint. — Was
in Beziehung auf Gedächtniß und Dichtungsvermögen für Gefühle und Leidenschaften von
den Tönen gesagt worden, gilt, wiewohl
nicht in dem Grade, doch auch von Bewegungen. Sie erwecken mechanisch in den
Herzen derer, die sie sehen, die von vormaligen Gefühls- und Leidenschaftszuständen
zurückgebliebenen Spuren und Fertigkeiten,
oder, bey ihrer (der sichtbaren Bewegungen)
Einwirkung auf den Sinn bildet sich das Gefühl, die Leidenschaft nach, welche sie kopieren. Wir brauchen also die Uebereinstimmung

der Nachahmung mit dem Originale bey Be=
wegungen eben so wenig, als bey Tönen,
deutlich einzusehen, ihre Wirkung muß der
Natur der Sache nach unmittelbar und un=
willkührlich erfolgen; und dieß lehrt auch die
Erfahrung. Sichtbare Bewegungen lebloser
Körper erregen schon, denen oben angeführ=
ten Grundsätzen zufolge, angenehme oder
unangenehme Gefühle; weit bestimmter thun
es natürliche Bewegungen organischer Glie=
der belebter Wesen, und, wie uns überhaupt
nichts näher und wichtiger ist, als der
Mensch, so müssen nothwendig sichtbare Be=
wegungen der Menschen den stärksten Ein=
fluß auf unsere Empfindungen und Leiden=
schaften haben. Allein nicht alle Glieder
sind der Bewegungen fähig, welche Gefühle
und Leidenschaften kopieren können; aus=
drücken, andeuten können sie mehrere,
als z. B. Auge, Wange, Mund, allein ko=
pieren nur Hände und Füße. Warum
interessiren uns aber Bewegungen der Füße
so außerordentlich, warum erregen diese,
dem Anscheine nach so weit entfernt vom
Sensorium, jene so lebhafte Rührung?
1) Die Füße besitzen die meiste Geschmeidig=

keit und Agilität, haben also das meiste Vermögen, durch Bewegung Gefühl und Leidenschaft zu mahlen, so wohl den möglichen Figuren, als den mannigfaltigen Tempo's derselben nach. 2) An den Bewegungen der Füße muß der ganze Mensch Antheil nehmen. Mahle ich durch Bewegung der Hände eine Gemüthsbewegung, so wird gerade dadurch nicht der ganze übrige Körper in Bewegung gesetzt, allein die Fußbewegung hat auf den ganzen sichtbaren Menschen Einfluß.

Auch dieses Zeichen des Ausdrucks hat die Natur unserm Geiste so nahe gelegt, daß wir unsre Empfindungen und Gemüthsbewegungen unwillkührlich in ihnen entsprechenden Gliederbewegungen äußern, und alle Menschen sind sich im Ganzen hierinn gleich.

Nächst der Tonkunst kann also die Tanzkunst Gefühle und Leidenschaften kopieren *).

*) Es sey mir erlaubt, denjenigen Tanz, dessen alleiniger Zweck es ist, dieses zu thun, den lyrischen zu nennen. Er allein gehört nach der Tonkunst zu denen Künsten, welche Gefühl und Leidenschaft selbst kopieren, ohne zugleich die Gegenstände derselben anzugeben oder zu beschreiben.

Allein wiewohl dieses **eigentliche Kopieren der** Gefühle und Leidenschaften
selbst, das **Wesentliche** und der höchste
Zweck bey dieser Gattung der Tanzkunst ist;
so gewinnt sie doch unstreitig an Wirksamkeit ungemein, durch die mit ihr **natürlich
verbundenen empirisch ausdrücken-
den** Gebehrden. Unter diesen verstehe ich
solche, die an sich weder mit dem Gefühle
selbst noch mit dessen Gegenstande eine reelle
Aehnlichkeit haben, aber der Erfahrung nach
auf gewisse Gemüthszustände immer zu folgen pflegen, oder mit ihnen zugleich sind *).

Wörter, ihrem Inhalte nach, können Gefühl und Leidenschaft zwar ankündi-

---

*) Der vortrefliche Verfasser der **Mimik**
nennt diese die **physiologischen** (1. Th.
S. 98. 99.) Sie haben ihren Grund in
einem uns unerklärbaren Zusammenhange
gewisser Empfindungen und Leidenschaften
mit dem Körper, und sind 1) zum Theil
ganz unabhängig von unsrer Willkühr,
z. B. Schaamröthe, Blässe des Entse-
zens, 2) zum Theil ihr gewissermaasen
überlassen, als: das Lächeln der Freude,
das Naseaufblasen der Wuth.

gen, oder (durch Bilder und Gleichnisse) beschreiben, aber im wahren Sinne des Wortes nicht mahlen. Allein Reihen von Wörtern können allerdings der Form nach
dieses gewissermaasen leisten. Diese Form
ist nämlich die Zeit. Sie sind also, wie fern
sie sich in der Zeit fortbewegen,

1) den Gesetzen und Verhältnissen der
Zeit unterworfen, können mannigfaltige
Grade von Geschwindigkeit und Langsamkeit
annehmen; ich sage bloß: mannigfaltige, denn die Wörterbewegung ist hierinn
weit eingeschränkter, als Töne und Gliederbewegungen, besonders in Rücksicht auf die
Geschwindigkeit, welche nur soweit erlaubt
ist, als sie der bequemen Faßlichkeit keinen
Eintrag thut.

2) Sind sie des Ausdrucks von Stärke
und Schwäche, Lieblichkeit und Rauheit,
Sanftheit und Wildheit fähig, und dieses
zwar auch durch den Klang der Wörter
selbst *).

*) Indessen ist Mahlerey durch den Klang
der Wörter etwas bloß Zufälliges; denn
mahlende Wörter gehören gar nicht wesentlich zu einer Sprache.

3) sind sie ebenfalls der Beharrlichkeit und Stetigkeit fähig.

4) unbeschadet der Einheit, welcher ihre Bewegungen durch Beharrlichkeit und Stetigkeit fähig sind, können sie auch einen hohen Grad von Mannigfaltigkeit hineinlegen.

Wenn es nun also eine Kunst giebt, welche Empfindungen durch Wörter darstellt, so kann und muß diese zugleich Mahlerey von Empfindung und Leidenschaft an sich seyn. Wir werden die Dichtkunst als eine solche kennen lernen, und ihr das Sylbenmaas, als ein ihr wesentliches nachbildendes Zeichen, zueignen müssen.

Die zweyte von den angeführten drey möglichen Darstellungsarten bestimmter Zustände der Empfindsamkeit bestand darinn, daß der Gegenstand, welcher auf die Empfindsamkeit gewirkt hat, geschildert werde, ohne das Gefühl und die Leidenschaft zu beschreiben oder zu mahlen, welche dadurch erregt werden.

Gegenstände dieser Art können seyn:

1) Phantasieanschauungen von Gestalten der Körperwelt, und zwar entweder von wirklichen, oder von selbst gedichteten.

2) Reihen bestimmter Verstandesideen, oder sinnlicher, aber nach den Gesetzen des Verstandes verbundener Vorstellungen.

3) Phantasieanschauungen von dem sichtbaren Ausdrucke von Gesinnungen, Empfindungen, Leidenschaften, Handlungen und Schicksalen gewisser Menschen, in Mienen, Bewegungen und Stellungen.

Jeder dieser besondern Gegenstände fordert ein besonderes Zeichen.

1) Phantasieanschauungen von Gestalten der Körperwelt erfordern nachbildende Zeichen, und zwar solche, welche ihre Modifikationen im Raume neben einander entwickeln.

2) Reihen von Verstandesideen, oder sinnlichen nach Gesetzen des Verstandes verbundenen Vorstellungen können kein Zeichen haben, welches reelle Aehnlichkeit mit den auszudrückenden Gegenständen besäße, also kein **objektiv mahlendes**, sondern ein

konventionell bedeutendes; ein folches ist nur die Sprache.

3) Phantasieanschauungen des sichtbaren Ausdrucks von Gesinnungen, Empfindungen, Leidenschaften, Handlungen und Schicksalen der Menschen in Mienen, Bewegungen und Stellungen können nur wieder dargestellt werden durch Mienen, Bewegungen und Stellungen.

Hieraus ergäbe sich denn der allgemeine Begrif folgender Künste:

1) Der bildenden Künste, und zwar dieser in allen ihren Gattungen und Arten. Sie stellen allezeit nur den Gegenstand der Empfindung oder Leidenschaft dar.

Mit den bildenden Künsten ist nahe verwandt die schöne Gartenkunst *), nur

---

*) d. h. diejenige Gartenkunst, deren Endzweck es ist, Empfindung zu erregen. Baum= und Küchengärten sind mancherley Verschönerungen, wodurch sie Empfindung erregen können, fähig, aber diese sind hier nur Nebensache. Das

mit dem Unterschiede, daß hier die Schönheiten der landschaftlichen Natur durch sich
selbst nachgeahmt werden.   Ein schöner
Kunstgarten setzt einen Plan voraus; dieser
muß eine Phantasieanschauung einer entweder irgendwo wirklich gesehenen, oder nur

Wesen jener Kunst zeichnet Marnesia in
seinem Gedicht über dieselbe mit folgenden Zügen:

— ,— — Aux stériles campagnes,
Aux plaines sans, fraicheur, aux arides mon-
tagnes,
Aux bocages flétris, aux vaporeux marais,
L'heureuse invention donnera des attraits.
Aigle fiere, elle plane au-dessus de la nue,
Et saisit d'un coup-d'oeil une immense
étendue.

Un instant lui suffit. Dans son rapide élan,
Elle voit, elle embrasse, elle trace son plan:
Sagement elle unit, doucement elle oppose,
Elle émeut, elle calme, elle agite et repose;
Imitant pour créer, par un promt souvenir,
Elle joint les objets qu'elle doit assortir.
Sur les pays divers un instant la promène:
Elle juge et choisit: le monde est son domaine;
Et l'artiste, enflammé par son souffle divin,
De même que Berghem, Vernet et le Lorrain,
Sur des sites heureux rassemble ses images,
Et de leur union forme ses paysages.

gedichteten Vereinigung mannigfaltiger Schön=
heiten der landschaftlichen Natur zu einem Gan=
zen, seyn. Der bildende Künstler würde diese
durch nachbildende Zeichen darstellen, der Gar=
tenkünstler thut es durch wirkliche Theile der
landschaftlichen Natur, die sich nach einem
bestimmten Zwecke versetzen, anbauen und
modificiren lassen.

2) Gewisse Theile der Dichtkunst. Der
Charakter der Dichtkunst im Allgemeinen be=
steht darinn, daß sie diejenigen Zustände der
Empfindsamkeit darstellt, welche verursacht
werden durch Reihen bestimmter Ver=
standesideen, oder Reihen sinnlicher,
aber nach Verstandesgesetzen verbun=
dener Vorstellungen. Nun ist freylich die
Darstellung der Ideenreihen selbst, allezeit das
Hauptgeschäft des Dichters, allein nicht sel=
ten will er doch zugleich auch den eigentlichen
Gefühls= oder Leidenschaftszustand angeben,
in welchen er durch jene Ideen versetzt wor=
den. Wir unterscheiden also Werke der
Dichtkunst, die sich bloß mit Schilderung des
Gegenstandes der Empfindung oder Leiden=
schaft beschäftigen, und solche, worinn der

Aesthetik. M

Dichter zugleich sein Gefühl, seine Leiden=
schaft ausdrückt. Nur die erstern gehören
hieher *); wir werden bey genauerer Ent=
wickelung des Begrifs der Dichtkunst und ih=
rer Theile sehen, welche es sind.

3) Die Schauspielkunst, und die drama=
tischen Tanzkunst.

Die dritte von den angeführten möglichen
Darstellungsarten bestimmter Zustände der
Empfindsamkeit bestand darinn, daß man zu=
gleich den Gegenstand schildre, und zugleich
das Gefühl oder die Leidenschaft, entweder
beschreibe, oder mahle, oder auch diese zu=
gleich beschreibe und mahle, und zwar α) ent=
weder vorzüglich auf Schilderung des Gegen=
standes, oder β) vorzüglich auf Beschreibung
des Gefühls oder der Leidenschaft ausgehe.

Nicht jede Kunst kann beyde Zwecke zu=
gleich erfüllen. Die bildenden Künste, und

*) Freylich führen auch diese natürlicher
Weise in dem Sylbenmaaße eine gewisse
Gefühlsmahlerey mit sich; allein diese ist
hier, wie in allen übrigen Werken der
Dichtkunst, nur Nebensache.

die Gartenkunst können nie das Gefühl und
die Leidenschaft selbst mahlen, die Tonkunst
allein, kann nie den Gegenstand des Gefüh=
les oder der Leidenschaft darstellen.

1) Die Dichtkunst kann vermittelst der
Wörter die Gegenstände der Empfindung
oder Leidenschaft schildern, das Gefühl und
die Leidenschaft beschreiben, und gewis=
sermaasen auch durch Klang, aber noch weit
mehr durch Zeitmaas der Wörter, mahlen.

2) Die Schauspielkunst kann zugleich Ge=
fühls= und Leidenschaftszustände beschreiben,
auch mahlen, und den verursachenden Ge=
genstand derselben durch kopierende, hindeu=
tende Bewegungen, und Richtungen der Glie=
der angeben.

3) Die Tanzkunst ist desselben doppelten
Ausdrucks fähig.

Die wirksamste Verbindung beyder Zwecke
geschieht durch Verbindung einer Kunst,
deren wesentliches Geschäft es ist, Empfin=
dung und Leidenschaft zu mahlen, mit einer
andern, welcher ein Mittel, die Gegenstände

derselben bestimmt auszudrücken, eigen ist;
und natürlich ist die Verbindung von Tonkunst und Dichtkunst die kraftvollste,
welche man sich nur denken kann.

So haben wir also aus einem und demselben Princip

> Tonkunst,
>
> Tanzkunst,
>
> Bildende Künste,
>
> Gartenkunst,
>
> Dichtkunst, und
>
> Schauspielkunst

hergeleitet, und zugleich auch in ebendemsel-
ben einen allgemeinen Eintheilungsgrund für
sie gefunden.

Erster Exkurs.

Ich habe alle Werke der sogenannten schönen Künste unter den allgemeinen Begrif von Darstellungen bestimmter Zustände der Empfindsamkeit gebracht, und glaube, daß dieser Begrif mehr befriediget, als die bis jetzt aufgestellten, ja, daß er vielleicht der einzige ist, welcher genugthun kann.

Für menschliche Werke können bestimmte Regeln und daraus hergeleitete Urtheile über ihre Vollkommenheit oder Unvollkommenheit nur in so fern gedenkbar seyn, als sie selbst (die Werke) eines gewissen Zweckes wegen gebildet werden. Sobald man diesen entdeckt hat, so biethen sich auf eine ganz natürliche Weise jedem kritischen Beobachter derselben gewisse Fragen dar, von deren Beantwortung die Schätzung des ganzen Geschlechts der Werke, und der einzelnen Arten und Individuen abhängt. Die höchsten derselben sind unstreitig die: Was ist der Zweck selbst werth? Welche Mittel sind die angemessensten, um

M 3

ihn zu erreichen? Welches ist die richtigste
Methode, die Mittel zu diesem Behufe zu
behandeln? So wie dieses von allen mensch=
lichen Werken gilt, die eines Zweckes wegen
gebildet sind, so muß es auch von den Wer=
ken der sogenannten schönen Künste gelten.
Die Sprache hat sie mit einem und demselben
Nahmen benennet, der Theoret sucht, nicht
selten bloß durch die gemeinschaftliche Bezeich=
nung gereizt, Regeln, die sich auf alle mit
gleicher Gültigkeit anwenden lassen, und
seine erste Frage darf keine andre seyn, als:
Machen diese Werke, welche die Sprache
unter e i n e r Benennung gefaßt hat, wirk=
lich eine besondere Gattung aus? und ha=
ben sie also — denn Mannigfaltigkeit der
Zwecke ist das einzige allgemeine principium
dividendi der menschlichen Werke — alle ei=
nen und denselben letzten Zweck? Kann kein
solcher aufgefunden werden, so gehören sie,
unerachtet der gemeinschaftlichen Benennung
der Sprache, nicht unter ein und eben das=
selbe Geschlecht, machen nicht zusammen ein
von den übrigen Klassen menschlicher Werke
verschiedenes Ganzes aus. Hieraus ergiebt
sich nun der wahre Sinn des Ausdrucks: Bé=

grif vom Wesen einer Kunst, oder
vom gemeinschaftlichen Wesen
mehrerer Künste. Und wenn ich behaupte, daß weder Erregung des Vergnügens, noch Verschönerung der
Wirklichkeit, noch Einprägung einer größern sinnlichen Kraft in
die Gegenstände unsrer Vorstellungen, noch das Bedürfniß, welches unter gewissen Umständen jeder Mensch fühlt, seine Seelenkräfte zu beschäftigen, und seinen Empfindungen Thätigkeit zu
geben, noch angenehme Vertreibung der Langenweile in den Perioden der Muse, und Befreytheit
von dringenden Geschäften, noch
Nachahmung der schönen Natur,
noch vollkommene sinnliche Erkenntniß, noch Vollendung in sich selbst,
als allgemeinen Grundbegrif für die schönen
Künste annehmen kann, so hängt dieses so
bündig mit jenen Bestimmungen zusammen,
daß ich mir nur wenig Worte zur Prüfung
aller dieser seynsollenden Principien erlauben darf.

M 4

1) Um den Unterschied der mechanischen und schönen Künste anzugeben, haben mehrere Weltweise jene durch den Zweck der Befriedigung physischer Bedürfnisse, diese durch den Zweck der Ergötzung, Erregung von Vergnügen, hinlänglich auszuzeichnen geglaubt. Allein wenn auch die mechanischen Künste hierbey nichts verlieren, so verlieren doch in jedem Falle die schönen dabey. Sie werden auf den Rang bloßer Belustigerinnen herabgesetzt, müssen alle Künste in ihren Kreis aufnehmen, welche denselben Zweck der Ergötzung haben, und weder höhere Geistesvollkommenheit zu ihrer Ausübung brauchen, noch durch die Mittheilung ihrer Werke wahre Bildung befördern, viele der edelsten Werke hingegen von ihrer Sphäre ausschließen, weil sie auf nichts weniger denn Erregung von Vergnügen abzielen. Der Begrif der Erregung von Vergnügen ist also auf der einen Seite zu weit, auf der andern zu eng.

2) Verschönerung der Wirklichkeit kann eben so wenig gemeinschaftlicher Grundsatz für alle schöne Künste seyn. Denn

α) werden sie dadurch nicht genug von den mechanischen Künsten, und den Künsten der bloßen Ergötzung unterschieden. Jene sowohl als diese arbeiten oft wenigstens zum Theil auf Verschönerung der Wirklichkeit. β) Verschönerung der Wirklichkeit findet sich nicht einmahl bey allen Werken der schönen Künste, nicht bey den lyrischen Gedichten, nicht bey allen epischen und dramatischen, nicht bey der Landschaftsmahlerey und andern Gattungen. γ) Selbst bey denen Werken, wo der Künstler sie beabsichtigt, ist sie nie Haupt=, allezeit Nebenzweck.

3) Das Princip der Einprägung einer größern sinnlichen Kraft in die Gegenstände unsrer Vorstellungen paßt allerdings auf alle schöne Künste, und jedes ihrer Werke, denn sie zeichnen sich dadurch aus, daß sie lebhafte sinnliche Eindrücke hervorbringen. Allein 1) ist dieß auch der Fall bey den meisten Künsten der Ergötzung und des Luxus. 2) Einprägung einer ungemeinen sinnlichen Kraft in die Gegenstände der Vorstellungen mag sich immer bey jedem Werke der schönen Kunst finden;

M 5

ſie iſt doch nicht letzter Zweck deſſelben, ſondern nur Mittel zu dieſem.

4) Bedürfniß, ſeine Seelenkräfte zu beſchäftigen, und ſeinen Empfindungen Thätigkeit zu geben, iſt gewiß bey jedem Werke der ſchönen Künſte rege, allein ſo ganz unbeſtimmt kann es kein gemeinſchaftliches Grundprincip für alle ſchöne Künſte abgeben, vorzüglich deßhalb nicht, weil man mit Annahme deſſelben viele Künſte und Beſchäftigungen in den Kreiß ziehen müßte, die, ihren Hauptzwecken und weſentlichen Beſchaffenheiten nach ſchlechterdings nicht hinein paſſen.

5) Angenehme Vertreibung der Langenweile in den Perioden der Muſe, und Befreytheit von dringenden Geſchäften ſcheint mir das entehrendeſte Grundprincip zu ſeyn, welches man für die ſchönen Künſte aufſtellen kann, und nur der leider ſehr gemeine Irrthum, daß die Geſchichte der Künſte die ächte Erkenntnißquelle ihres Weſens ſey, konnte denkende Köpfe zur Annahme deſſelben verleiten. Allein wenn auch bey noch ſo vielen

Nationen die schönen Künste erst dann ent=
standen, wenn die Befriedigung der noth=
wendigen Lebensbedürfnisse vermittelt war,
und erst bey sorgenloser Muse Werke dersel=
ben erfunden wurden, so folgt doch daraus
nichts weniger, als daß Muse, Befreytheit
von dringenden Geschäften, oder wohl gar
Langeweile die wirkenden Ursachen derselben
waren, dieses waren nur die Veranlassungen
der Entwickelung der Empfindsamkeit selbst.

6) **Nachahmung der schönen Na=
tur** ist ein Begrif, der von jeher viel Glück
gemacht hat, und auch jetzt noch von scharf=
sinnigen Aesthetikern vertheidigt wird. Al=
lein auch er befriedigt nicht, ist vielmehr im
Ganzen völlig **unbestimmt**, und auf der
einen Seite **zu weit**, auf der andern **zu
eng**. Der Ausdruck **schöne Natur** ist so
beschaffen, daß man ihn nach Belieben deu=
ten, bald erweitern, bald einschränken kann;
es ist fast unmöglich, ihm eine bestimmte ei=
gene Sphäre anzuweisen. Wendet man ihn
allein auf die physische Natur an, wer will
die Gränzen scharf genug ziehn, wo das
Schöne darinn sich vom bloß **Interes=**

santen scheidet? Dehnt man ihn auch
auf die geistige Natur aus, wie man es doch
wirklich muß, wenn man nicht viele der in-
teressantesten Werke wahrer schöner Kunst ihres Ranges entsetzen will, so weiß ich ebenfalls
nicht, ob irgend jemand bestimmt entscheiden
wird, wo das wahre geistig Schöne anfängt,
und wo es aufhört. — Allein gesetzt auch,
man könnte die Gränzen des Schönen in der
physischen und geistigen Natur mit entscheidender Schärfe ziehen, so könnte doch der
Begrif der Nachahmung der schönen Natur
nur dazu dienen, die mechanischen Künste
durch ein festes Merkmahl von den schönen
zu trennen; denn jene haben nie Nachahmung der schönen Natur zum Hauptzwecke. Allein die Künste des Vergnügens,
des Luxus sind nach jenem Begriffe in
vielen Fällen von den eigentlich schönen
nicht zu unterscheiden, indem sie oft genug
darauf ausgehn, schöne Natur nachzuahmen.
Von dieser Seite war also der Begrif zu weit.
— Nun aber giebt es auch viele Gattungen
und Werke, welche selbst die Vertheidiger
dieses Princips, selbst Batteux nicht vom
Gebiethe der schönen Künste ausschließen

wird, und welche doch a) entweder über=
haupt gar keine Nachahmungen sind, in Be=
ziehung auf ihren Hauptzweck, oder doch
b) keine Nachahmungen der schönen Natur.

7) Den Begrif der vollkommenen
sinnlichen Erkenntniß sind wir dem
Erfinder der Aesthetik, Baumgarten, schul=
dig, und es läßt sich im voraus ahnden, daß
er mit der ihm eignen Schärfe des Blickes
einen Gesichtspunkt gefaßt haben wird, un=
ter welchem wirklich die schönen Künste die
Ansicht eines geschlossenen Ganzen geben.
In der That muß jedes wahre Kunstwerk
eine vollkommene sinnliche Darstellung seyn,
Tonkunst, Dichtkunst, bildende Künste,
Tanzkunst, Schauspielkunst, Gartenkunst
unterwerfen sich in gleichem Grade diesem
Gesetze. Allein dieses Gemeinschaftliche be=
trift bloß die Mittel der Darstellung;
die Zeichen; und wenn die schönen Künste
nur dann eines Geschlechts sind, wenn sie
alle auf einen Hauptzweck hinwirken, so
hätten wir im Wesentlichen durch jenen Be=
grif nichts gewonnen; denn es wäre ja mög=
lich, daß die verschiedenen schönen Künste,

unerachtet der Aehnlichkeit ihrer Darstellungs=
mittel und des Gebrauchs derselben, doch
ganz verschiedene Zwecke hätten. Das Ge=
meinschaftliche in dem Ausdrucke durch
Zeichen hat also erst dann einiges Gewicht,
wenn gezeigt worden, daß es die Folge eines
gemeinschaftlichen Hauptzweckes ist. — Au=
ßerdem sagt er nicht viel, und ist noch dazu
nicht eng genug, um die Künste der
bloßen Ergötzung vom Gebiethe der
wahren schönen Künste auszuschließen.

8) Ich habe mich schon im Exkurse zu
der vorigen Betrachtung über den allgemei=
nen Begrif erklärt, welchen Herr Prof. Mo=
riz von dem Schönen giebt. Aus dem=
selben leitet er nun auch einen gemeinschaftli=
chen Begrif für alle schöne Künste her, den
Begrif des der Natur durch die Kunst
nachgebildeten in sich Vollendeten,
mit welchem ich mich aber eben so wenig ver=
tragen kann, als mit jenem. Der Ideengang
des eben genannten Weltweisen ist dieser *):

*) Ich bediene mich durchaus der eignen
     Worte desselben in der Schrift: über
     bildende Nachahmung des Schö=
     nen.

„Das Schöne braucht nicht nützlich zu seyn,
„es muß also ein für sich bestehendes Ganzes
„seyn, aber ein solches, welches in unsre
„Sinnen fällt, oder von unsrer Einbildungs=
„kraft gefaßt werden kann. Je mehrere
„Beziehungen eine schöne Sache von ihren
„einzelnen Theilen zu ihrem eignen Zusam=
„menhange, das ist, zu sich selbst hat, desto
„schöner ist sie. Das einzige wahre Ganze
„ist die Natur, alle übrige Ganze sind bloß
„eingebildet. Jedes schöne Ganze der bil=
„denden Kunst ist ein Abdruck des höchsten
„Schönen im großen Ganzen der Natur.
„Die Natur hat nämlich den Kunstgenien den
„Sinn für ihre Schöpfungskraft in ihr gan=
„zes Wesen, und das Maas des Schönen
„in Aug' und Seele gedruckt, hat von dem
„reellen und vollendeten Schönen, was un=
„mittelbar sich selbst entwickeln kann, mittel=
„bar den Wiederschein durch Wesen geschaf=
„fen, bey denen sich ihr Blick so lebhaft ab=
„drückte, daß er sich ihr nun in ihrer eigenen
„Schöpfung wieder entgegen wirft. Dieser
„Sinn für das höchste Schöne im harmoni=
„schen Baue des Ganzen liegt in der That=
„kraft, einem Vermögen, das weder äußere

„Sinne, noch Einbildungs- oder Denkkraft
„ist, deſſen Horizont bey dem bildenden Ge-
„nie ſo weit wie die Natur ſelbſt iſt, und
„das alles, was es faßt, der Natur ähnlich
„zu machen ſtrebt. Sobald dieſe Thatkraft
„in dunkler Ahndung das edle große Ganze
„der Natur faßt, kann Denkkraft, Einbil-
„dungskraft, äußerer Sinn ſich am Einzel-
„nen nicht mehr begnügen, ſie bildet nach
„ſich ſelber, und aus ſich ſelber ein zartes und
„doch getreues Bild des höchſten Schönen.
„Allein da dieſer Abdruck des höchſten Schö-
„nen nothwendig an etwas haften muß, ſo
„wählt die bildende Kraft einen ſichtbaren
„hörbaren oder doch der Einbildungskraft
„faßbaren Gegenſtand, und trägt auf ihn
„den Abglanz des höchſten Schönen in ver-
„jüngendem Maaßſtabe über. Die Denk-
„kraft kann alſo beym Schönen nicht mehr
„fragen, warum es ſchön ſey, es mangelt
„ihr am Vergleichungspunkte, dieſer kann
„kein andrer ſeyn, als der Inbegrif aller
„harmoniſchen Verhältniſſe des großen Gan-
„zen der Natur; das Schöne kann alſo auch
„nicht erkannt werden, nur hervorgebracht
„und empfunden." Ich habe in dem oben-

angeführtten Exkurse, wie ich glaube, ein=
leuchtend genug gezeigt, daß man nicht sa=
gen kann, das Schöne sey bloß seiner selbst
willen da, sey also in sich vollendet, ohne
auf etwas andres bezogen zu werden, wel=
ches dadurch einen Gewinn erhalte, daß viel=
mehr man nichts schön nennen kann, ohne
es auf ein empfindendes Wesen zu beziehen.
Ich hätte damals hinzusetzen sollen, daß in
dem Gegensatze, von welchem Herr Moritz
ausgeht, eine Täuschung liegt, die ihn viel=
leicht selbst unwissentlich irre geführt hat.
Er stellt nämlich Betrachtung des Nütz=
lichen, und Betrachtung des Schö=
nen gegeneinander, versteht aber, wie die
ganze Folge seiner Gedanken zeigt, unter
Betrachtung des Schönen das warme
leidenschaftliche Gefühl dessen, der im Ge=
nusse einer Schönheit versunken ist. Sollte
die Parallele richtig seyn, so mußte der Be=
trachtung des Nützlichen nichts wei=
ter als Betrachtung des Schönen
(vom Genusse unterschieden,) entgegenstehn.
Da würde sich denn ergeben haben, daß in
denen Fällen, wo man das Schöne betrach=
ten kann, ohne es zu genießen, man, wie

beym Nützlichen, es auf seine oder andrer
Wesen Empfindsamkeit bezieht. Dergleichen
Fälle sind nun freylich wenige, allein diese
wenigen auch können mir als Beyspiele hin=
länglich seyn. Bey Tonstücken und Tänzen
allein ist es der Fall, daß ich die Schönheit
betrachten kann, ohne sie zu genießen, indem
ich die Noten und die Figuren vor mich neh=
me. Indem ich nun solche Werke b e t r a c h=
t e, und aussage, sie seyen schön, was habe
ich anders gethan, als sie auf meine Em=
pfindsamkeit bezogen, und nach vorgestellter
Beziehung geurtheilt, sie werden, wirklich
dargestellt, Vergnügen und Interesse verur=
sachen? Und ist es hier, in Rücksicht auf
die Thätigkeit meines Verstandes, nicht der=
selbe Fall, als wenn ich z. B. eine Feuer=
sprütze untersuche, und nach angestellter Un=
tersuchung und Beziehung auf ihren Zweck
aussage, sie sey nützlich? Ganz anders ist
es nun aber freylich, wenn ich das S c h ö n e
g e n i e ß e, da gebe ich mich ihm so ganz
hin, daß ich mir kaum noch selbst anzugehö=
ren scheine, und denke an nichts weniger,
als daran, die Ursachen seines Eindrucks in
deutlich gedachten Beziehungen aufzufinden.

Diesen Zustand schildert Herr Moritz, und
vergleicht ihn mit der Betrachtung des Nützlichen; und da ergeben sich denn seine Sätze
vom Schönen ganz natürlich, allein freylich
mußten sie, scheint mir, ganz anders ausgedrückt werden. Wenn es heißt: bey Betrachtung des Schönen wälze ich
den Zweck aus mir in den Gegenstand selbst zurück, ich betrachte
ihn als etwas, nicht in mir, sondern in sich selbst Vollendetes,
das also in sich ein Ganzes ausmacht, und mir um sein selbst Willen Vergnügen gewährt, indem ich
dem Gegenstande nicht sowohl eine Beziehung auf mich, als mir
vielmehr eine Beziehung auf ihn
gebe; so wird der ganze Gesichtspunkt verrückt, ich kann mir nach den Worten hier
nur Betrachtung des Schönen, vom wirklichen Genusse noch entfernt, denken, und
wenn ich dieß thue, so treffen doch die angegebenen Symptome nicht zu; denn wenn ich
das Schöne bloß betrachte, dann muß ich,
um es zu beurtheilen, es auf Empfindsamkeit beziehn. Allein Herr Moritz meint

wirklichen vollen Empfindungsge=
nuß des Schönen, und da sollte es
denn wohl heißen: Beym Genusse, bey
der warmen innigen Liebesem=
pfindung des Schönen verliere ich
mich aus mir selbst, hange, von
süßer Gewalt gefesselt, am Ge=
genstande, und habe in der Fülle
des Gefühls nicht deutliches Be=
wußtseyn meiner selbst, noch Vor=
stellungen der Beziehungen des
Gegenstandes auf mein Wesen,
durch welche derselbe mein Ge=
fühl erregt hat. Beym Genusse des
Schönen, denke ich weder mich in Bezie=
hung gegen das Schöne, noch dieses in
Beziehung gegen mich, wenn zum wahren
Denken Deutlichkeit in den gefaßten Ver=
hältnissen gehört, so kann ich nicht sagen,
daß ich beym Genusse des Schönen dáchte.
Ist aber der eigentliche Genuß vorüber, for=
dre ich von meinem Verstande über das, was
in mir vorgegangen, Rechenschaft, will ich
erfahren, auf welche Art der schöne Gegen=
stand mich in jenen süßen Traum zu ver=
setzen vermochte, dann muß ich deutlich den=

ken, muß die wirksamen Beziehungen des
Gegenstandes und seine Eigenschaften auf
meine Empfindsamkeit deutlich fassen. —
Alles denn gehörig erwogen, hat Herr Mo=
ritz nichts weiter gesagt, als: daß man sich
beym Genusse des Schönen gleichsam in
dessen Wesen hinüberempfinde, daß man das
Nützliche hingegen nicht also genießen könne;
weder durch bloße Betrachtung, noch durch
Anwendung zu seinem Zwecke; eine Bemer=
kung, die mir gerade des Aufwandes von
Worten nicht werth zu seyn scheint. Doch
dieß möchte seyn, wenn nur dadurch der
Begrif des Schönen wirklich begränzt würde.
Allein eben dieß finde ich nicht, der Genuß
des Schönen ist freylich dadurch von der
Betrachtung und dem Gebrauche des Nütz=
lichen scharf genug gesondert, aber nicht von
der Betrachtung der Wahrheit und des
Sittlichguten, und den Empfindungen,
welche dadurch erregt werden. Verschiedene
Stellen in Kants Kritik der reinen und prak=
tischen Vernunft haben mich zur wärmsten
Empfindung begeistert, und eben deßhalb,
weil ich die Wahrheit und sittliche Güte in
ihnen schlechterdings an sich, ohne Bezie=

hung auf einen Gewinn, betrachtete, und
doch würde ich keine dieser Stellen schön nennen.   Doch nun genug von der Parallele
zwischen den Begriffen nützlich und schön.

Hatte Herr Moritz einmahl das in sich
Vollendete als Wesen des Schönen angenommen, so mußte er nun freylich auch
zeigen, wie es möglich sey, daß Künstler
solche in sich vollendete Ganze aus
sich herausbilden können, hatte er gesagt,
das Schöne könne nicht gedacht, sondern
bloß hervorgebracht und empfunden werden,
so mußte er nun auch eine Entstehungsart
davon angeben, aus welcher sich diese sonder-
bare Eigenheit natürlich erklären ließ. Es
ist wahr, man muß die Kühnheit des Rie-
sensprunges bewundern, mit dem sich dieser
Weltweise auf einmahl in die rationale Kos-
mologie zu dem Begriffe eines absoluten
Weltganzen hinüberspielt, noch weit mehr
muß man über die feine Künstlichkeit erstaunen, mit welcher er von ihm den Grund des
Schönen der Kunst ableitet, und die Möglichkeit der Darstellung desselben erklärt; allein überzeugen könnte, dächte ich, sein Rai-

fonnement niemand. 1) Der Begrif des Weltganzen selbst ist eben so unbegreiflich, als jeder Begrif des Unbedingten in seiner Art, und ist im Grunde nichts mehr, als ein B e g r i f von der schließenden Vernunft aus sich selbst gebildet. Dieß schadet freylich seiner Gültigkeit für uns nichts, aber es zeigt seine Unbrauchbarkeit, um durch ihn den Aufschluß für gewisse wirkliche Fakta zu bekommen. Denn wie mag eine aus der Vernunft selbst nur herausgesponnene Idee, von der ich nicht weiß, ob ihr irgend ein Gegenstand wirklich entspreche, mir die Möglichkeit eines wirklichen Gegenstandes, wirklich befriedigend erklären? 2) Der Begrif des Weltganzen ist freylich der Begrif eines Ganzen, welches kein Theil eines größern Ganzen ist, allein vom: i n s i c h v o l l e n - d e t s e y n, s e i n e r s e l b s t w e g e n, n i c h t w e g e n e t w a s a n d e r s d a s e y n, u. s. w. liegt in demselben nichts. 3) Woher weiß denn Herr Moritz, daß die Natur den Kunst- genieen den Sinn für ihre Schöpfungskraft in ihr ganzes Wesen, und von dem reellen und vollendeten Schönen, was unmittelbar sich selbst entwickeln kann, unmittelbar den

Wiederschein durch Wesen geschaffen hat,
bey denen sich ihr Blick so lebhaft abdruckte,
daß er sich ihr nun in ihrer eigenen Schöpfung
wieder entgegenwirft? In der That begreife
ich nicht, auf welchem Wege man zu einer
solchen Einsicht gelangen könne, wenn sich
auch wirklich die Sache also verhielte. Das
einzige wahre Ganze, die Natur, können
wir nicht in ihrer Einheit und Vollendung
begreifen, wie wollen wir wissen, was Ko-
pie, was Wiederschein davon ist? Und da
wir die Natur selbst in ihrer innern Zeugung
und Schöpfung nicht beobachten können,
woraus können wir schließen, daß sie einen
Sinn für ihre Schöpfungskraft, das Maas
ihrer, der einzigen wahren originalen
Schönheit in die Kunstgenieen gelegt hat?
Und besonders Herr Moritz, welcher selbst
gesteht, die Denkkraft könne bey
dem Schönen gar nicht mehr fragen, warum es schön sey, weil
es ihr am Vergleichungspunkte
fehle, durch welche Eingebung mag dieser
wohl diesen Vergleichungspunkt, und mit
ihm den Grund des Kunstschönen gefunden
haben? Denkkraft konnte ihn nicht darauf

leiten; sollte es vielleicht gar Schwärmerey
gethan haben? — 4) Allein gesetzt nun
auch, Herr Moritz könnte, was nicht möglich ist, seine Metaphysik des Schönen, erweisen, so wissen wir ja auch dann vom
wahren Wesen der Künste und des Kunstschönen sehr wenig; der Begrif des der Natur durch Kunst nachgebildeten in sich Vollendeten reicht bey weitem nicht hin, um die
volle Schönheitsempfindung bey einem vollkommenen Kunstwerke zu erklären.

Von allen Mängeln dieser eben geprüf-
ten Begriffe vom Wesen der schönen Künste,
ist nun, dünkt mich, derjenige frey, welchen
ich angenommen habe: daß nämlich jedes
Werk der schönen Kunst die Darstellung
eines bestimmten Zustandes der
Empfindsamkeit ist, und wenn man
von diesem Begriffe nichts mehr fordert, als
ein allgemeiner Geschlechtsbegrif sagen kann,
so reicht er auf allen Seiten zu, ist weder zu
weit noch zu eng, und schließt einen Kreis
um die Werke der schönen Künste, welcher
keine andere Sphäre menschlicher Wissenschaften und Künste durchschneidet.

Zweyter Exkurs.

Ich glaube nicht, daß ich mir zu viel schmeichle, wenn ich glaube, der Begrif, den ich von der Musik gegeben habe, halte jede Prüfung aus, sey der einzige mögliche, auf welchen man bestimmte philosophische Grundsätze über den Zweck, die Gränzen und Wirkungen dieser Kunst bauen könne *). Sie

*) So viel mir bekannt ist, findet sich eine ganze Entwickelung des Wesens der Tonkunst, wie ich sie geliefert habe, nirgends. Es würde ungerecht seyn, mir dieses Eigenthumsrecht wegen einzelner Winke abstreiten zu wollen, die sich über diesen Gegenstand in mehrern Schriftstellern finden. Ich weiß sehr wohl, daß einige neuere Weltweise die Bemerkung gemacht haben: jede Empfindung sey schon in der Seele Melodie, das Gefühl töne in der Seele; allein dieß haben auch schon mehrere Alte gesagt; wer kennt nicht Quintilians Ausspruch: *natura ducimur ad modos*, und Cicero's: *omnis motus animi suum habet sonum*

ist mir im eigentlichen Sinne des Wortes
Mahlerey von Gefühl und Leiden=
schaft selbst. Nach denen Ideen, welche
ich hierüber vorgetragen habe, beantworten
sich nun folgende Fragen von selbst: 1) Wie
sind die Menschen auf Ausdruck durch Töne,
auf Melodie und Gesang gerathen? Nichts
kann lächerlicher seyn, als hierbey an Nach=
ahmung der Natur, Nachtrallern des Vo=
gelgesanges zu denken, eine Erklärungsart,
die sonst viel Beyfall fand, jetzt aber nur
noch wenige Anhänger hat, und die man am
kürzesten durch jedes gute Tonstück selbst,
und seine Wirkungen widerlegen kann. *).

et omnes eius voces, vt nerui in fidibus
ita sonant vt a motu animi sunt pulsae?
Allein diese Bemerkung zu machen, ist
jedem achtsamen Menschen möglich; die
Schwierigkeit war, das Phänomen zu
erklären, und die Ursachen davon bis an
die Gränzen der menschlichen Erkenntniß
abzuleiten.

*) Eine treffende Kritik davon findet man
in dem Werke des Herrn von Chabanon:
de la Musique considérée en elle - même
et dans ses rapports avec la parole, les
langues, la Poesie, et le théâtre, Chap. II.

Die Menſchen geriethen eben ſo natürlich auf
Tonausdruck, Geſang und Melodie, als ſich
jeder von der Natur gelegte Keim entwickelt.
2) Warum wirkt Tonkunſt ſo allgewaltig,
warum ſo allgemein? 3) Warum verlangen wir in Werken der Tonkunſt Einheit,
Rythmus, Harmonie? Weil dieß Bedingungen ſind, unter denen allein eine Gefühl,
oder Leidenſchaftmahlerey vollendete Wahrheit haben kann. Nur auf eine faſt kindiſche
Art können die Vertheidiger der Naturnach-
ahmung dieſe Frage beantworten; man höre
z. B. den Abt Morelet, de l'expreſſion
muſicale, S. 4. Tous les arts font une
eſpèce de pacte avec l'ame, et les ſens, qu'ils
affectent; ce pacte conſiſte a demander des
licences et a promettre des plaiſirs, qu'ils

la Muſique eſt-elle eſſentiellement un
Art d'imitation? Son objet primitif
eſt-il d'imiter? Chap. III. Chap. IV.
La Muſique plaît indépendamment de
toute imitation. Chap. V. de quelle
manière la Muſique produit ſes imita-
tions? — Chap. XIII. De la Muſique
conſidérée commune langue naturelle
en même-tems et univerſelle.

ne donneraient pas fans ces licences heureu-
ſes. La Muſique prend des licences pareil-
les: elle demande a cadencer ſa marche a
arrondir ſes periodes, a ſoutenir a fortifier
la voix par l'accompagnement, qui n'eſt cer-
tainement pas dans la nature. Cela ſans
doute altere la verité de l'imitation, mais
augmente en même tems ſa beauté et donne
a la copie un charme que la natnre a refuſé
a l'original. C'eſt que les arts ſont quelque choſe de plus, que l'imitation exacte
de la nature. 4) Wie iſt Tonausdruck vom
Sprachausdrucke verſchieden? 5) Wie verhält ſich Tonkunſt gegen Dichtkunſt? wie
gegen Tanzkunſt, Schauſpielkunſt, die bildenden Künſte und die Gartenkunſt? Mit
welchen von dieſen kann ſie verbunden werden, und mit welchen kann ſie es nicht?
Doch von beyden letzten Fragen wird bey
Gelegenheit der Feſtſetzung der Gränzen der
Künſte, und Beſtimmung ihrer möglichen
und nicht möglichen Verbindungen noch um-
ſtändlich geredet werden müſſen.

Der Muſik habe ich als Gefühl- und Lei-
denſchaftmahlende Kunſt die Tanzkunſt an

die Seite gesetzt, wiefern sie sich, als Darstellungsmittel solcher Gliederbewegungen bedient, die eine wirkliche Aehnlichkeit mit Gefühlen und Leidenschaften haben. Man würde mich ganz misverstehn, wenn man daraus
schlösse, ich glaubte, die Tanzkunst könne
sich des empirischen Ausdrucks entschlagen,
ohne dadurch etwas zu verlieren. Ich theile
allen Tanz in lyrischen und dramatischen. Der Hauptzweck des lyrischen Tanzes ist Mahlerey eines eigenen Gefühls, einer
eigenen Leidenschaft durch Gliederbewegung,
ohne Andeutung der Gegenstände davon durch
objektivmahlende Mienen, Stellungen, und
Gesten, ohne Bezeichnung der Stimmung, in
die das ganze Gemüth durch die Vorstellung der
Gegenstände versetzt wird, oder der Richtung
und Operation des vorstellenden, urtheilenden, und schließenden Geistes, durch bildliche
Gebehrden, und ohne alle äusserlich wirklich handelnde Bewegungen. Der Hauptzweck des dramatischen ist Darstellung einer
Handlung durch Gliederbewegung, und, wiefern durch die Handlung in denen dabey in-
teressirten Personen Gefühle und Leidenschaft
erregt werden, Mahlerey dieser Gefühle und

Leidenschaften in nachahmenden Gliederbewe=
gungen. Bey beyden Gattungen sind die
Fußbewegungen die Hauptsache; sie sind das
eigenthümliche Geschäft des Tanzkünstlers,
und beym dramatischen Tänzer mahlen alle=
zeit auch die Partien des Tanzes, welche
die Handlung fortführen, zugleich auch Ge=
fühl oder Leidenschaft. Der Unterschied zwi=
schen der Gefühl= und Leidenschaftmahlerey
des lyrischen Tänzers, und der des Drama=
tischen, besteht lediglich darinn, daß jener
allein darauf ausgeht, sein Gefühl, seine
Leidenschaft zu mahlen, und also, durch keine
Einschränkung gehindert, dieser Mahlerey
die größte Ausführlichkeit geben kann, die=
ser hingegen von einer Handlung abhängt,
seine Phantasie erst in die Charaktere der
daran theilnehmenden Personen, ihre Lagen,
und die dadurch erzeugten Empfindungen und
Leidenschaften versetzen muß, und diese nur
im rechten Verhältnisse gegen die ganze Hand=
lung mahlen darf. Allein beyde würden sich
ein kräftiges Mittel entziehn, wenn sie nicht
pantomimischen Ausdruck mit ihren Darstel=
lungen verbänden.

Wenn man Pantomime ganz gesondert
von Tanz betrachtet, so besteht sie aus 1) empirisch ausdrückenden 2) objektiv mahlenden
Mienen, Stellungen, Hände=Bewegungen
nnd Richtungen. Die erstern brauchen der
lyrische Tänzer sowohl als der dramatische,
die zweyten nur der dramatische. Diese hat
noch nie ein Vorurtheil vom eigentlichen Tanze
getrennt gehabt, allein das empirisch aus=
drückende Mienenspiel hat man gegen Masken
vertauscht, welche dem Charakter des handelnden Tänzers angemessen waren. Allein
mit Recht eifert Noverre gegen diese Sitte,
und zeigt, daß nichts unnatürlicher ist, nichts
die Wirkung eines schönen Tanzes so sehr
schwächen kann, als die Versteckung des Ge=
sichts hinter eine Maske, die ganz ohne le-
bendiges Spiel, höchstens von einförmigem
und eben deßhalb eckelhaftem Ausdrucke ist.

Le Public, sagt er unter andern *):
s'appercevra-t-il plus facilement de l'idée,
et du dessein d'un Danseur, si sans cesse il
lui cache sa physiognomie sous un corps
etranger; s'il enfouit l'esprit dans la ma-

---

*) Lettres sur la Danse, Lett. IXme. 179-241.

tière', et s'il ſubſtitue aux traits variés de la
nature ceux d'un plâtre mal deſſiné et enlu-
miné de la manière la plus désagréable?
Les paſſions pourront-elles ſe montrer et
percer le voile que l'arti e met entre le ſpe-
ctateur et lui   Parviendra-t-il à répandre
ſur un ſeul de ces viſages artificiels les cara-
cteres innombrables des paſſions ? lui ſera-
t-il poſſible de changer la forme que le
moule aura imprimé à ſon masque? car un
masque de quelque genre, qu'il ſoit eſt froid
ou plaiſant, ſérieux ou comique, triſte ou
grotesque. Le modeleur ne lui prête qu'un
caractere permanent et invariable ; s'il réuſſit
aiſément à bien rendre les Figures hideuſes
et contrefaites, et toutes celles qui ſont pu-
rement d'imagination, il n'a pas le même
ſuccès lorsqu'il abandonne la charge et qu'il
cherche a imiter la belle nature ; ceſſe-t-il
de la faire grimacer? il devient froid, ſes
moules ſont de glace, ſes masques ſont ſans
caractere et ſans vie ; il ne peut ſaiſir les
fineſſes des traits et toutes les nuances im-
perceptibles, qui *grouppant*, pour ainſi dire,
la phyſiognomie lui prêtent mille formes dif-
férentes. Quel eſt le *Modeleur* qui puiſſe

entreprendre de rendre les paſſions dans toutes leurs degradations? Cette variété im-
menſe qui échappe quelque fois à la peinture
et qui eſt la pierre de touche du grand Pein-
tre, peut-elle être rendue avec fidelité par
un faiſeur des masques?

Nach meiner Entwickelung des Weſens
der Tanzkunſt bedürfen nun folgende Fragen
kaum noch einer weitläuftigen Beantwortung:
1) ob überhaupt die Tanzkunſt wirklich zu
den ſchönen Künſten gerechnet werden dürfe,
ob ſie nicht bloß eine ſtudierte Ziererey in Bewegungen ſey, ob der Reiz und das Intereſ-
ſante ihrer Darſtellungen nicht etwa bloß der
Gewohnheit, einer ſtillſchweigenden Konvention, oder bloß der Mitwirkung der Muſik
zugeſchrieben werden müſſe? — Dieß alles
habe ich, dünkt mich, hinlänglich widerlegt.
2) Ob im Grunde die Haupturſache alles
Tanzes Geſchlechtsluſt ſey? Dieſe Meynung
fällt von ſelbſt, ſobald man erwieſen hat,
daß ſich in Fußbewegungen auch Gefühle und
Leidenſchaften äußern, die auf Geſchlechtsluſt
gar keinen Bezug haben. 3) Welche Künſte
zur Vereinigung mit der Tanzkunſt paſſen,

und warum vorzüglich die Tonkunst so wirk=
sam mit ihr verbunden wird? 4) Ob wohl
das, was wir auf unsern Bällen gemeiniglich
Tanzen nennen, diesen Nahmen verdiene?

Der Dichtkunst habe ich das Vermögen,
durch den Inhalt der Wörter Gefühl und
Leidenschaft zu mahlen, geradehin abge=
sprochen, ihr aber dagegen die Fähigkeit
zugeeignet, es durch das Zeitmaas der Auf=
einanderfolge derselben zu thun. Wenn ich
also auch annehme, daß Mahlerey von Ge=
fühl und Leidenschaft nimmermehr Haupt=
zweck des Dichters seyn könne, so behaupte
ich dennoch, daß zu jedem wahren Gedichte
nothwendig Sylbenmaas gehört, daß ein
Dichter der Natur ganz untreu wird, wenn
er eine Reihe von Empfindungen nicht in
solchen Aufeinanderfolgen von Wörtern dar=
stellt, welche dem Gange der Empfindungen
selbst gleichen. Bey dieser gewiß der Natur
der Seele ganz gemäßen Entwickelung des
Wesens des Sylbenmaases, ergiebt es sich
von selbst: 1) Wie die Menschen auf das
Sylbenmaaß gekommen sind; nicht durch Zu=
fall, absichtliches Ergrübeln, oder etwa gar

eine Art von Konvention, sondern durch die Natur selbst. 2) Woher es komme, daß alle Menschen den Reiz des Sylbenmaaßes empfinden, wenn sie seine Ursachen auch nicht erklären können. 3) Ob in jedem Metrum Einheit seyn müsse? ob Strophen unnatürlich seyen?

Außer diesen drey Mitteln, Gefühl und Leidenschaft zu mahlen, ist schlechterdings keins mehr gedenkbar, und alle Künste, welche andre Mittel zu ihrer Darstellung haben, können Gefühl und Leidenschaft nicht mahlen.

Dritter Exkurs.

Nach dem Begriffe, welchen ich für die schönen Künste festsetze, ist nun offenbar:

1) Daß keine Kunst, deren Hauptzweck Befriedigung eines physischen Bedürfnisses ist, welches auf Erhaltung bequemer und sicherer Fortsetzung des Lebens abzielt, zu den schönen Künsten gerechnet werden kann. Es giebt Künste dieser Art, welche wirklich ihren Werken einen hohen Grad von Schönheit geben können; allein dieß ist bey ihnen allezeit untergeordneter Zweck, und nie können sie also mit Tonkunst, Dichtkunst, bildender Kunst, Gartenkunst, Schauspiel- und Tanzkunst, in eine und dieselbe Klasse gesetzt werden. Niemanden würde dieß zweifelhaft seyn, wenn nicht der vage Ausdruck: schöne Künste verführte, alle Werke darunter zu rechnen, welche einer gewissen Schönheit fähig sind. Nennte man die genannten Künste, Künste der Empfindsamkeit, oder der Empfindung und Phantasie, so würde niemand darauf fallen, irgend eine Kunst in

O 3

ihre Reihe zu drängen, die sich auf physi=
sches Bedürfniß bezieht. Ich leugne hiermit
gar nicht, daß verschiedene Künste des phy=
sischen Bedürfnisses durch die Schönheit ih=
rer Werke sehr feine angenehme Empfindun=
gen erregen können, selbst Empfindungen des
Feyerlichen, des Erhabenen und ähnl., allein
hier nehmen sie im Grunde allezeit bildende
Künste zu Hülfe. Dieß finde ich auch gar
nicht unnatürlich, vielmehr scheint es mir
der Würde des Menschen sehr angemessen,
auch die Werke physischer Bedürfnisse so rei=
zend als nur möglich, einzukleiden, und es
kann gar nicht fehlen, daß die Künste der
Empfindsamkeit, wenn sie unter einer Na=
tion zur Vollkommenheit gediehen sind, nicht
einen Schimmer ihrer Schönheit auf die
Werke der mechanischen Kunst werfen sollten.
Allein deßhalb darf man die Klassen nicht
verwirren. Ganz fälschlich, dünkt mir, hat
man also, die Fruchtgartenkunst, die Bau=
kunst, die Bekleidungskunst, die Meublir=
kunst in eine Klasse mit Tonkunst, Dicht=
kunst, bildender Kunst, Schauspielkunst,
Tanzkunst, und schöne Gartenkunst gesetzt,
wiewohl ich nicht leugne, daß es zweckmäßig

sey, in der Aesthetik auch beyläufig von denen für jene möglichen Verschönerungen
zu reden. Was von den Künsten des physischen Bedürfnisses gilt, muß ebenfalls von
denen der bloßen Ergötzung angenommen
werden. Diese sind nun der Schönheit nicht
nur jezuweilen fähig, sondern Schönheit ist
auch jezuweilen ihr Hauptzweck, und doch ist
es nach denen von mir aufgestellten Grundsätzen einleuchtend, daß zum Beyspiel die
Feuerwerkerkunst nimmermehr zu den Künsten der Empfindsamkeit gerechnet werden
kann. —

2) Daß der so gewöhnliche Unterschied der
schönen Künste, und schönen Wissenschaften, nach welchem man Tonkunst,
bildende Kunst, Schauspiel- Tanz- und Gartenkunst zu jenen, Poesie und Beredtsamkeit
zu diesen zählt, ohne allen Grund ist. Kunst
ist doch wohl nichts anders, denn der Inbegrif der Ausübungssätze, welche zur Erreichung einer Absicht erfordert werden, und zu
ihrer Anwendung eine Fertigkeit erfordern;
bezieht sich also allezeit auf Hervorbringung
von etwas außer sich, es sey nun dieß ein

Werk, oder eine andre Erscheinung.
Wissenschaft, im strengsten Sinne des
Wortes, ist der Inbegrif incinander gegrün-
deter allgemeiner Wahrheiten, *) und bezieht
sich nie unmittelbar auf Ausübung. Wiefern
nun Dicht- und Redekunst ebenfalls
Werke hervorbringen, müssen auch sie Künste
genannt werden; allein wiefern alle Künste
voraussetzen, eine Reihe allgemeiner Wahrheiten, auf welche sich die Möglichkeit ihrer
Ausübungssätze gründet, so muß jede Kunst,
also auch Tonkunst, bildende Kunst, Schau-
spiel- Tanz- und Gartenkunst ihre Wissenschaft haben. Nun hat zwar die Dichtkunst alles Eigene einer Kunst der Empfindsamkeit an sich, und muß also zu den schönen
Künsten gerechnet werden, die Redekunst
hingegen hat nie den Hauptzweck, einen Zustand der Empfindsamkeit darzustellen, darf
also nicht in diese Klasse hineingezogen werden **).

*) So bestimmt diese Wörter auch Herr
   Adelung im Wörterb. unter: Kunst und
   Wissenschaft.
**) Nimmt man vollends das Wort Kunst
   für das Kollektivum gewisser Werke, die

Dieß leitet uns auf eine ganz natürliche Bestimmung der Gränze. Dicht= und Redekunst. Daß man von jeher so viele Schwierigkeiten gefunden hat, diese zu ziehn, ist mehr falschen Grundbegriffen von der Dichtkunst, als von der Redekunst zuzuschreiben. Denkt man sich bey einem Gedichte nichts bestimmteres, als eine Reihe von Ideen in vollkommen= sinnlicher Rede vorgetragen, so ist man in Gefahr, viele Werke der Rede= kunst, welche diese Beschaffenheit unverkenn= bar an sich haben, für Werke der Poesie zu halten, hingegen manches Gedicht, in welchem sich nicht vollkommen sinnliche Rede findet, für ein Werk der Redekunst. Der höchste Zweck allein kann hier den Unter= schied und die Gleichheit bestimmen, und da

O 5

wesentlich ähnlich sind, auf einen und denselben Zweck abzielen, so findet man, daß der deutsche Ausdruck: Redekunst, völlig richtig ist, aber zugleich auch, daß man diese Kunst nicht in die Reihe ande= rer setzen darf, welche sich auf Werke be= ziehn, die, ihrem Zwecke nach, von der= selben verschieden sind.

wir bereits den höchsten Zweck des Dichters
kennen, so ist es uns um desto leichter, den
des Redners aufzufinden. Die Werke des
Dichters sind Darstellungen bestimmter Zustände der Empfindsamkeit, und zwar solcher,
wo er durch Ideen des Verstandes und der
Vernunft, oder durch sinnliche, aber nach
Gesetzen des Verstandes und der Vernunft
verbundene Vorstellungen lebhaft gerührt ist.
Sein höchster Zweck ist allezeit Rührung,
er dichte nun bloß für sich, oder für andre.
Alle Werke also, bey denen dieß Hauptent-
zweck war, wo also alle andre Zwecke diesem
bis auf den Grad nachgesetzt werden mußten,
wo dieses Nachsetzen ihm nicht nachtheilig
ward, gehören nicht zu der Redekunst. Eben
so wenig können wir aber nun Werke eines
dringenden augenblicklichen Bedürfnisses des
täglichen Lebens, es seyen mündliche oder
schriftliche, hierher rechnen, eben so wenig
Werke, welche ganz allein für das Gedächtniß, oder Verstand und Vernunft bestimmt
sind. Allein zwischen den Werken des Dichters und denen des bloßen Prosaisten liegt
eine Gattung von Werken gleichsam in der
Mitte, welche den Zweck hat, zugleich Ver-

stand und Herz zu interessiren, doch so, daß
der Verstand durchaus herrschende Seelenkraft bleibt, nie der Zweck zu rühren, dem
Zwecke der deutlichen vollständigen und bün-
digen Erkenntniß vorgezogen wird.   Diese
nun sind die Werke der Redekunst, und so
sind sie, glaube ich, von denen der Poesie,
und der bloß referirenden oder didaktischen
Prosa hinlänglich unterschieden.   Auch bin
ich überzeugt, daß aus diesem Begriffe die
ganze Wissenschaft der Redekunst, die ganze
Rhetorik abgeleitet werden kann, aus ihm
alle Regeln für Werke dieser Art, alle Mittel
der Wirksamkeit des Redners,   alle seine
Freyheiten, und das Maas und die Gränzen
derselben sich ergeben. *)

*) Ich überlasse es dem Leser, diese Bestim-
    mungen mit den Begriffen Sulzers zu
    vergleichen und zu entscheiden, welche be-
    friedigender sind.   Dieser Weltweise un-
    terscheidet, gemeine Rede, Wohl-
    redenheit, Beredsamkeit, und
    Poesie.   Die gemeine Rede drückt
    ohne alle Nebenabsichten die Gedanken, so
    wie die Gelegenheit sie in der Vorstel-
    lungskraft hervorbringt, geradezu, und

3) Daß die Benennung: schöne Künste äußerst vag und nichtssagend ist. Am vor-

bloß in der Absicht, verständlich zu seyn, aus. Die Wohlredenheit sucht ihren Gedanken und dem Ausdruck derselben eine angenehme und gefällige Wendung zu geben. Die Beredsamkeit hat das Charakterische, daß sie nur bey wichtigen Gelegenheiten in der Absicht, die Gedanken oder Empfindungen andrer Menschen nach einem genau bestimmten Zweck zu lenken, eine ganze Reihe von Gedanken, diesem Zwecke gemäß erfindet, anordnet, und ausdrückt. Die Poesie zeichnet sich dadurch aus, daß sie Gedanken und Ausdruck, in der Absicht, ihnen den höchsten Grad der sinnlichen Vollkommenheit und Lebhaftigkeit zu geben, bearbeitet. — Sulzer fühlte selbst das Unbestimmte in diesen Gränzlinien, schiebt aber die Schuld davon wirklich ohne Grund auf die Natur der Sache, und es ist nicht philosophisch, wenn er sagt: man muß sich mit konfusen und zum Theil unbestimmten Begriffen behelfen, oder den Vorsatz, die viererley Arten der Reden von einander zu unterscheiden, völlig fahren lassen. S. s. Theorie. 4. Theil, Redekunst.

theilhaftesten erklärt, bedeutet sie Künste,
deren höchster letzter Zweck bey ihren Darstellungen Schönheit ist. Allein dadurch
bin ich um nichts klüger. Denn Schönheit
in der Kunst heißt im allgemeinen nichts anders, als höchste Vollendung, Vollkommenheit. Weiß ich nun aber noch gar nicht,
worinn das eigentliche Wesen, der eigentliche
Zweck der Kunstwerke besteht, so hat der Begrif Schönheit der Kunst gar keinen Sinn
für mich. Man dürfte mir leicht einwenden,
von einer bloßen Benennung sey keine Erweiterung des Erkenntnisses zu erwarten. Allein
man ist doch wenigstens berechtigt, zu verlangen, daß das Prädikat, womit man in
der Benennung etwas bezeichnet, gerade ein
so charakterisches Merkmal des Gegenstandes
enthalte, wodurch er von andern hinlänglich
unterschieden werden könne, daß es am allerwenigsten ein solches sey, welches zu einseiti-
gen oder wohl gar schiefen Begriffen verleite.
Das Prädikat schön ist für die Künste
schlechterdings nicht charakterisch, denn man
nennt ja nicht nur Darstellungen bestimmter
Zustände der Empfindsamkeit, wenn sie in
Stoff, und Komposition und Bezeichnung,

vollkommen ſind, ſchön, ſondern auch viele
andre Werke und Gegenſtände; es verleitet ſo=
gar zu ſchiefen einſeitigen Begriffen vom Weſen
der Künſte; denn es giebt nichts beſtimmtes zu
denken, und läßt es alſo der Willkühr an=
heimgeſtellt, was ſich ein jeder darunter den=
ken wolle.

Um eine Gattung von Werken durch die
Sprache zu bezeichnen, kann man doch un=
ſtreitig nicht zweckmäßiger handeln, als wenn
man die Benennung von der Quelle derſelben,
oder ihrem letzten Ziele hernimmt.   Sollte
ich alſo für die ſogenannten ſchönen Künſte
eine neue Wortbezeichnung vorſchlagen, ſo
würde ich rathen, ſie K ü n ſ t e d e r E m=
p f i n d ſ a m k e i t .*), oder K ü n ſ t e d e r

*) Es macht den deutſchen Köpfen keine
Ehre, wenn ſie das Wort E m p f i n d=
ſ a m k e i t ſpottweiſe brauchen. Wie ſelbſt=
gefällig auch viele ſich bey einem ſolchen
Spiele ihrer Laune nehmen können, ſo
dürfen ſie doch dem Denker nicht wehren,
über die grobe Ignoranz höhniſch oder
mitleidig zu lächeln, die allein der Grund
der Herabwürdigung eines ſo edlen, un=

Empfindung und Phantasie zu
nennen.

erſetzbaren Ausdruckes iſt. Iſt wahre
Empfindſamkeit nicht die ſchönſte Mitgabe
der Natur? Und haben wir nicht, um
die falſche auszudrücken, das paſſende
Wort Empfindeley? Aber freylich,
um wahre und falſche Empfindſamkeit zu
unterſcheiden, dazu gehört Entwickelung
der Begriffe, die ſchwerer iſt, als ſans
rime et ſans raiſon zu ſpotten. — Auch
von dieſer Seite muß ſich der Deutſche
vor dem Franzoſen ſchämen. Wie heilig
iſt dieſem ſein Wort ſenſibilité! Und wie
bedächtig ſetzt er, wenn er ſpottet, das
Wörtlein fauſſe hinzu! —

Sechste Betrachtung.

Der Kreis von Künsten, welchen wir in der vorigen Betrachtung entdeckten, ist durch die Natur selbst so fest geschlossen, daß keine menschliche Erfindung eine neue aufstellen kann, die mit Recht hineingezogen werden könnte. Gesicht, Gehör, und dieses zwar als Ton- und Wortsinn, können allein Darstellungen bestimmter Zustände der Empfindsamkeit aufnehmen; Gefühl, Geschmack und Geruch vermögen es nicht. Allein vielleicht kann es für das Gesicht außer den bildenden Künsten, außer der Tanz- Schauspiel- und Gartenkunst noch eine besondere Kunst geben? eine Kunst, welche, wie die Musik, durch Melodie und Harmonie der Töne, also durch eine ähnliche Zusammensetzung von Farben auf das Herz wirkt? — So viel ich weiß, ist der Pater Castel der erste gewesen, der den Gedanken gefaßt hat, harmonische Zusammensetzungen von Farben mit Ton-

ſtucken wetteifern zu laſſen *), und Krüger
hat ſeine Erfindung eines clavecin coloré ver‐
beſſert **). „Il y a ſept couleurs primiti-
„ves, ſagt Caſtel, comme ſept tons dans la
„muſique. Ces tons et ces couleurs ſont
„ſuſceptibles de nuances et de degradations.
„L'alliance ſimple et naturelle de certaines
„couleurs eſt plus ſenſible à l'oeil, peut-être,
„que la ſympathie des ſons ne l'eſt à l'oreil-
„le; la vue reconnoit dont ainſi que l'ouie,
„des conſonnances et des diſſonnances. Avec

---

*) S. le claveçin oculaire par le *Pere Ca-
ſtel.* Der Verf. des dictionnaire de phy-
ſique, Herr *Paulian,* ſagt davon: (T. I.
S. 421.) Le clavecin oculaire eſt re-
gardé avec raiſon comme le chef-d'oeuvre
du P. Caſtel. Ce genie inventeur ne
prétendoit rien moins, que de cauſer
aux ſpectateurs par le moyen des couleurs combinées, le même plaiſir, que
leur cauſe la combinaiſon des ſons dans
le clavecin acouſtique. Il n'etoit pas
aſſez riche, pour réaliſer un ſi beau ſy-
ſteme. Bien des témoins oculaires
m'ont aſſuré que l'exécution n'avoit pas
répondu à la théorie.

**) Miſcell. Berol. T. VII. p. 345.

Aeſthetik. P

„tant de rapports entre le son et la couleur,
„qui peut s'opposer à la construction d'un
„instrument, qui parlera en même-tems
„aux yeux et aux oreilles?"

Die Idee des Paters ist mannigfaltig kritisirt worden, allein mir dünkt, man hat den Hauptpunkt ganz übersehn, worauf es ankommt. Herr Prof. Eberhard entscheidet blos nach dem mathematischen Verhältnisse der Licht= und Luftmaterie, und der verschiedenen Geschwindigkeit ihrer Schwingungen *). Moses Mendelssohn **) nahm allein darauf Rücksicht, daß wir in einerley Zeit weit mehr Töne als Farben unterscheiden können, daß eine Farbe sich noch eine zeitlang im Auge erhält, wenn wir die Augen gleich verschlossen haben, daß sich also in einer Farbenmelodie der Eindruck, den die vorhergegangenen Farben hinter sich gelassen, mit den gegenwärtigen vermischen, und eine ganz andre Wirkung hervorbringen muß, als man ver=

---

*) Theorie der schönen Wissenschaften S. 29. (alte Ausgabe.)
**) Philosophische Schriften I. Th. 160. 161.

langt *). Chabanon drückt sich über das Räsonnement des P. Castel eben so seicht als nachdrücklich aus: Pour raisonner de même, sagt er**): il faut que le Père Castel n'ait eu nul sentiment de la Musique. Le plus foible instinct pour cet art luj eut fait reconnoitre que l'oreille saisit un rapport entre les sons qui se succèdent, que ce rapport constitue seul le sens et le charme de la melodie, que la vûe n'eprouve rien de semblable; que la melodie des sons exista dans tous les tems, et que celle des couleurs n' existera jamais: Il est donc comme évident, que le Père Castel jugeoit de la Musique par le seul raisonnement, à-peuprès comme en jugeroit un sourd de naissance a qui l'on tâcheroit de donner quelqu'idée de cet art. Il est encore évident qu'avec moins de mathématiques et de raisonnement dans la tête, que n'en avoit l'auteur du clavecin coloré, mais avec des sensations plus justes et plus musi-

P 2

*) Siehe auch Herrn Herz über den Schwindel. S. 16.
**) De la Musique. S. 350. 351.

cales que les ſiennes, il n'eut pas été la dupe
d'une invention ridicule et d'une abſurde
chimère.   Allein faſt ſcheint es, als ob dieſer ſonſt ſo ſchätzbare Theoret, hier den Mangel beſtimmter Principien durch das blenden-
de Feuer leerer Deklamation habe verbergen
wollen.   Nicht zu gedenken, daß er von dem
offenbar falſchen Satze ausgeht, daß der Ge-
ſichtsſinn keine Verhältniſſe unter den Farben
bemerke, ſo iſt ſeine Berufung auf den In-
ſtinkt eben ſo unphiloſophiſch, als der Einwurf, daß Melodie der Töne da geweſen,
ſo lange die Welt ſteht, Farbenmelodie nie
Statt finden werde *)   Allein darinn gebe

*) Herr Chabanon iſt unſtreitig einer der
 beſten philoſophiſchen Theoretiker der Muſik, und vorzüglich deshalb ſchätzbar, weil
 er von den muſikaliſchen Vorurtheilen ſeiner Nation nur wenig eingenommen iſt.
 Allein bey der Entwickelung der pſycholo-
 giſchen Urſachen der Wirkungen der Tonkunſt bleibt er immer nur auf der Oberfläche, und begnügt ſich ſogar oft mit poe-
 tiſchen Tiraden.   Nicht mehr als eine ſolche iſt z. B. folgender Satz, wenn er nicht
 auf deutliche Grundſätze zurück geführet
 wird: l'homme, croyés moi, n'eſt

ich ihm völlig Recht, daß der Mann, wel=
cher sich, bey tiefer Kenntniß der Natur,
Verhältnisse und Wirkungen der Farben träu=
men ließ, durch sie die Wirkungen der Mu=
sik hervorzubringen, weder ein tiefes Ge=
fühl für ihre Werke, noch eine richtige Be=
urtheilungskraft für die wahren Ursachen ih=
res so außerordentlichen Einflusses auf das
Herz besitzen konnte.

Ich habe mich in der vorigen Betrach=
tung ausdrücklich gegen den Grundbegrif
für die Künste erklärt, nach welchem man
ihr Wesen blos durch den Zweck der Erre=
gung des Vergnügens bestimmt, und be=
merkt, daß diese Idee der allgemeinen Theo=
rie der Künste sowohl, als der besondern ein=
zelner davon, eine falsche Richtung gebe.
Sollte nicht auch der Pater Castel durch
diese Theorie irre geführt worden seyn?
Sollte er sich nicht die Wirkungen der Musik
von Farbenverbindungen nur deshalb ver=

P 3

qu'un instrument; ses fibres repondent
aux fils des instrumens lyriques qui les
attaquent et les interrogent.

sprochen haben, weil er die Musik selbst, ih=
rem Wesen nach, verkannte, weil er ihr die
vage unbestimmte Wirkung des bloßen Ver=
gnügens zuschrieb? oder dieses Vergnügen
doch blos auf die intellektuelle Empfindung
von Harmonie einschränkte? Ich darf, um
seine Idee in ihrer ganzen Nichtigkeit zu zei=
gen, nur das anwenden, was ich in der vor=
hergehenden Betrachtung vom Wesen der
Tonkunst gesagt habe. Ich gab der Tonkunst
nicht die vage Rolle einer Verursacherin von
Vergnügen, ich betrachtete sie als Darstelle=
rin des Gefühles, der Leidenschaft selbst,
durch möglichst wahre Mahlerey davon in
successiven und simultaneen Tonreihen.

Ich habe gezeigt, warum gerade die
Tonkunst dieses so vollkommen sey, und die
Ursachen davon aus der Natur der Töne, der
Beschaffenheit des Gehörsinns, und dem
wahren Zusammenhange desselben mit un=
serm Gedächtnisse, und Dichtungsvermögen
für Gefühle und Leidenschaften, hergeleitet.
Sollen nun Kombinationen von Farben es
den Tönen gleichthun, so müssen sie 1) eben
so viel Fähigkeit besitzen, Empfindung und

Leidenschaft zu mahlen, als Töne; 2) der
Gesichtssinn muß eben so fähig seyn, die
Reihen von jenen schnell und unterscheidend
zu fassen, als der Gehörsinn die Reihen von diesen, 3) er muß in eben dem nahen Zusammenhange mit unserm Gedächtnisse und Dichtungsvermögen für Gefühle und Leidenschaften stehen, als dieser. Was den ersten Punkt betrifft, so ist es unleugbar, daß Farben mannigfaltiger Grade von Stärke und Schwäche,
Lieblichkeit und Rauheit, Sanftheit und
Wildheit fähig sind, daß ganze Reihen derselben Beharrlichkeit, Stetigkeit, Verwandt-
schaft, Einheit und Mannigfaltigkeit ausdrücken können. Allein darum wird doch
nie durch eine Zusammensetzung derselben
Melodie und Harmonie entstehen, welche auf
das Herz wirkte. Zu einer wahren Melodie
gehört unstreitig eine bestimmte Tonleiter,
ein herrschender Hauptton, eine bestimmte
Abmessung der Theile, und ein bestimmtes,
der Natur der auszudrückenden Empfindung
entsprechendes Tempo; dieß sind gleichsam
die nothwendigen Materialien der Melodie.
Allein sollen durch sie gebildete Komposizio-
nen wirken, so muß man sich bey jedem In-

tervall sein wesentliches Verhältniß zu der
ganzen Leiter und zu seinen Zwischentönen bestimmt vorstellen können. Keine von diesen
Bedingungen findet sich nun bey den Farben
auf die Weise, daß eine wirkende melodische
Zusammensetzung derselben möglich wäre. Ich
will nicht umständlich zeigen, daß Farben
keine so bestimmten Leitern geben, als Töne,
daß es unmöglich ist, die Intervallen derselben in ihrem wahren Verhältnisse augenblicklich bestimmt zu fassen; man kann sich durch
den ersten den besten Versuch davon überzeugen. *) Wichtiger und entscheidender für
das Ganze ist die Bemerkung, daß die Form
der Farben der Raum, und keinesweges die
Zeit ist. Wenn nun Gefühle und Leidenschaften nur durch solche Zeichen kopieret werden
können, welche mit ihnen dieselbe Form,
die Zeit, haben, so sind Zusammensetzungen von Farben den Gefühl = und Leiden-
schaftzuständen des Menschen nicht nur nicht
angemessen, sondern sie sind im Ganzen ge-

*) Man wird sich hiebey des Farbenlexi-
kon von Hrn. M. Prange zweckmäßig
bedienen können.

gen sie völlig heterogen. — „Allein, könnte
man einwerfen, diesem Mangel ist abzuhel-
fen, indem man durch Kunst die Farben in
Bewegung setzt, und zwar in eine schöne Bewegung. *)" Dieß dürfte wohl nur ein
Blendwerk seyn, womit man sich selbst täuschte,
und eine solche künstlich bewerkstelligte Farben-
bewegung würde nimmermehr die Wirksamkeit
der Tonbewegung erreichen. Die Farbe, als
Farbe, bewegt sich nicht; der Ton, als Ton,
kann ohne Bewegung nicht daseyn. So wie
durch das Ruhen in einem Theile
des Raums die Farbe ihre wahre, wirksame Existenz hat, so hat sie der Ton durch
sein Hinwallen in der Zeit, und wie
man auch Farbenreihen in Bewegung zu setzen versuche, so bewegen sich doch im Grunde
die Farben selbst nie, immer nur das, woran
sie sich befinden. Diese Bemerkung verdient
vorzüglich Einschärfung, weil mehrere Weltweise die Idee des Farbenklaviers dadurch
allein hinlänglich widerlegt glaubten, daß sie

P 5

*) Moses Mendelssohns philosoph. Schrif-
ten. I. Th. S. 90.

zeigten, der Gesichtssinn könne eine Reihe
Farben, die auch nur mit mäßiger Geschwin=
digkeit dem Auge vorübergeführt würde,
nicht distinkt fassen. Allein dieses zugegeben,
wie es denn zugegeben werden muß, so könn=
ten nach dieser Bemerkung doch Kompositio=
nen von Farben, in sehr langsamen Tempo
vorgetragen, gleichsam Farbenadagio's, die
Wirkungen ähnlicher Tonstücke hervorbrin=
gen. Doch auch dieses ist nicht der Fall,
kann es nicht seyn, den Grundsätzen, von
welchen ich ausgegangen bin, zufolge.

Was den zweyten Punkt betrift: ob und
wiefern nämlich der Gesichtssinn seine Reihen
von Farben unterscheidend fassen könne, so
muß einen jeden seine Erfahrung lehren, daß
eine auch nur mit der mäßigsten Geschwindigkeit
dem Auge vorübergeführte Farbenreihe, in eine
verworrene Vorstellung zusammenfällt, und
daß nur in der langsamsten Aufeinanderfolge
eine Mannigfaltigkeit von Farben distinkt ge=
faßt werden kann. Wenn sich nun daraus
auch gerade nicht die Unmöglichkeit aller
Farbenmelodie ergiebt, so ist doch die Un=
möglichkeit jeder Melodie, die sich von der

äußerſten Langſamkeit entfernt, dadurch ent=
ſchieden.

Was den dritten Punkt betrift, nämlich
den Zuſammenhang des Geſichtsſinnes, wie=
fern derſelbe Farben gewahrnimmt, mit un=
ſerm Gedächtniſſe und Dichtungsvermögen
für Zuſtände des Gefühls und der Leiden=
ſchaft; ſo iſt es allerdings unleugbar, daß
der Anblick von Farben Wiedererwachung
von im Gedächtniſſe ruhenden Spuren vor=
maliger Gefühls = und Leidenſchaftszuſtände
verurſachet. Allein unendlich weit bleiben in
dieſem Stücke die Farben hinter den Tönen
zurück: 1) Wenn ſie auch Spuren vorma=
liger Gefühle oder Leidenſchaften aufwecken,
ſo iſt doch die Wiederempfindung äußerſt matt.
2) Selbſt dieſe Wirkung iſt nicht nothwendig
und unausbleiblich. 3) Da Farbenreihen
ſich in der Vorſtellung nie ſo zu harmoniſcher
Einheit verbinden, wie in melodiſchen Sätzen
Töne, ſo kann auch durch dieſelben in der
Phantaſie keine Nachbildung ganzer Gefühls=
und Leidenſchaftszuſtände veranlaſſet werden,
wie ſie bey Anhörung von Tonſtücken wirk=
lich ſtatt findet.

Noch ein Umstand endlich, welcher die
Wirkung melodischer Tonsätze bestimmt, fehlt
bey den Farbenkompositionen ganz.   Höre
ich eine melodische Reihe von Tönen, so bin
ich mir natürlich zugleich meiner eignen ur=
sprünglichen Anlage bewußt, Gefühl und
Leidenschaft in Tönen darzustellen, ich höre
in der Sprache des Tonkünstlers die eigene
Sprache meines Herzens, mein Gefühl er=
kennt sich gleichsam im Spiegel des seini=
nigen wieder; kein Wunder also, daß sich
augenblicklich sympathetische Rührung durch
mein ganzes Wesen verbreitet.   Die voll=
kommenste Farbenmelodie würde doch nie
diese Wirkung hervorbringen, weil unser
Gefühl in den Farben keinesweges ein noth=
wendiges, allen Menschen gemeinschaftliches
Organ der Gefühlsdarstellung erkennt, wie
es bey den Tönen der Fall ist.

Alle diese Gründe zusammen genommen,
muß sich nun nothwendig ergeben, daß Far=
ben, wie künstlich man sie auch kombinire,
und in Bewegung setze, doch nimmermehr
das wirken können, was Töne wirken.

Siebente Betrachtung.

Bisher war es mir hauptsächlich darum zu thun, das wesentliche Gemeinschaftliche aller schönen Künste anzufassen, und sie, demselben zufolge, auf einen Hauptbegrif zurückzuführen. Jetzt will ich eine jede in ihrer Eigenthümlichkeit betrachten, die Hauptarten ihrer Werke abtheilen, ihre Gränzen, und die möglichen Arten sie zu verbinden, bestimmen.

Die Ordnung, in welcher man die schönen Künste aufeinander folgen läßt, ist ganz indifferent. Da sich indessen schon bey einer flüchtigen Uebersicht zeigt, daß einige davon und zwar die mehresten aufeinander folgende, einige aber bloß zugleichseyende Gegenstände im Raume darstellen, so will ich erstlich von jenen, dann von diesen handeln. Durch diese Zusammenstellung schon wird ihre nähere oder entferntere Verwandschaft mit einander, und ihre möglichen oder nicht

möglichen Verbindungen gewissermaaßen angedeutet.

Von keiner Kunst hat man wohl in den
mannigfaltigen Theorien so verschiedene Begriffe aufgestellt, als von der Dichtkunst, und
auch jetzt noch sind die Weltweisen bey weitem nicht darüber einig, was eigentlich das
Wesen derselben sey. Die Ursache davon
liegt theils in der Natur und den Wirkungen der Poesie selbst; theils in der Unkunde
des wahren Sinnes der Aufgabe, theils endlich in der Unzweckmäßigkeit der Methoden, welche man einschlägt, um sie zu lösen. Je mehrere Aehnlichkeit die verschiedenen Arten von
Werken einer Kunst besitzen, um desto leichter
ist es dem Beobachter, dieselben auf einen
Grundbegrif zurück zu führen, da es im Gegentheile in dem Maase schwerer ist, als die
mancherley Klassen durch wesentliche Verschiedenheiten gegen einander abstechen. Wie
mannigfaltig sind nun die Gegenstände, welche die Dichtkunst in den verschiedenen Arten
ihrer Werke bearbeitet! So mannigfaltig,
daß man in der That verführt werden könnte,
zu glauben, das ganze unendliche Reich der

Möglichkeit stehe ihr zur Behandlung offen!
Jezt schildert sie Ausbrüche der stärksten lei=
denschaftlichen Empfindung, jezt die leisen
Wallungen eines sanften Gefühls; jezt be=
schreibt sie Gegenstände der sichtbaren Natur,
und zaubert sie, ohne Farben und Pinsel, vor
das Auge der Phantasie; jezt trägt sie im an=
genehmen Gewande Reihen wissenschaftlicher
Ideen, wohl ganze Systeme vor, jezt erzählt
sie Handlungen und Schicksale interessanter
Personen aus vergangenen Zeiträumen, jezt
läßt sie sich solche mit lebendiger Vergegen=
wärtigung durch alle Momente ihres Gesche=
hens vor unsern Augen entwickeln; jezt stellt
sie erhabene Lehren der Moral in gedichteten
Scenen der Thierwelt, jezt allgemeine Be=
griffe unter der reizenden Hülle interessanter
Gestalten dar; kurz, sie unternimmt so viel
und mancherley, daß es gerade keinen Stumpf=
sinn verräth, ihr alles zuzutrauen, und der
Theorist, zerstreut durch die große Verschieden=
heit der Dichtungsarten, das Gemeinsame al=
ler übersieht. Doch, man würde gewiß durch
die abstechende Mannigfaltigkeit dichterischer
Werke weniger irre geführt worden seyn, hätte
man nur den Sinn der Aufgabe, das Wesen der

Poesie zu bestimmen, vor jedem Versuche sie zu lösen, richtig gefaßt. Nach der Umständlichkeit, mit welcher ich in der fünften Betrachtung von der wahren Bedeutung des Begriffs einer Kunst im allgemeinen gehandelt habe, brauche ich hoffentlich im jetzigen Falle nicht erst zu beweisen, daß: **einen Begrif vom Wesen der Poesie geben, nichts anders heißen könne, als: aussagen, welches der höchste, wesentliche Zweck des Dichters bey seinen Kompositionen sey, und welche Mittel er, demselben zufolge, um ihn zu erreichen, ergreifen müsse.** Es muß also aus einem richtigen Begriffe vom Wesen der Poesie nicht allein erhellen, was im allgemeinen die wirkende Ursache davon ist, daß er darstellet, sondern es muß auch aus der Beschaffenheit dieser wirkenden Ursache selbst einleuchten, warum er gerade durch das Zeichen des Wortausdrucks, und nicht durch irgend ein anderes darstellt. Allein da man diesen Sinn der Frage, von welcher die Rede ist, nicht gehörig entwickelte, so konnte es nicht fehlen, daß man nicht die zwecklosesten Methoden eingeschlagen wäre, um sie zu lösen.

Einige bildeten ihren Begrif nach der Dich=
tungsart, welche ihnen die vorzüglichste
schien; Andre, nach der, welche den größ=
ten Umfang hat; Dieser richtete zwar seine
Beobachtung auf den Zweck der Poesie,
allein er verfehlte den höchsten wesentli=
chen Zweck, stellte einen zu allgemeinen,
oder zu besondern auf; jener sah vorzüg=
lich auf den Seelenzustand, in welchem
der Dichter zur Darstellung übergeht, über=
sah aber dabey das Eigenthümliche, wo=
durch sich der Seelenzustand des darstellen=
den Dichters von dem Seelenzustande der
übrigen Künstler im Zeitpunkte des Darstel=
lens unterscheidet; jener endlich heftete sei=
nen Blick blos auf das Mittel, dessen sich
der Dichter bedient, und stellte entweder
das ganze Mittel oder nur einen Bestand=
theil des Mittels, als Wesen der Kunst auf.
So entstanden mannigfaltige Begriffe vom
Wesen der Kunst, deren jeder etwas wah=
res enthält, keiner aber seiner Bestimmung
Genüge thut; so der Begriff der Dich=
tung, der Nachahmung der schö=
nen Natur, der Kunst, den Vorstel=
lungen, die unter den Ausdruck

der Rede fallen, nach Beschaf=
fenheit der Absicht den höchsten
Grad der sinnlichen Kraft zu ge=
ben, der Begriff der Begeisterung,
der sinnlich vollkommenen Rede,
des Sylbenmaaßes und Reims
und andre.

Der Dichter stellt im allgemeinen aus
eben der Ursache dar, die jeden andern
Künstler zur Bildung seiner Werke be=
stimmt. Interesse an dem Zustande der
Empfindsamkeit, in welchem er sich befin=
det, dadurch erzeugter Trieb, ihn zu un=
terhalten, ein Denkmahl davon zu schaf=
fen, ihn andern gleichempfindenden Wesen
mitzutheilen, das sind die allgemeinsten
Gründe, weswegen er dichtet. — Worin
liegt nun aber das Eigenthümliche,
wodurch er sich von den übrigen unter=
scheidet? — Insgemein glaubt man diese
Frage hinreichend zu beantworten, wenn
man sagt, es bestehe darin, daß der Dich=
ter sich willkührlicher Zeichen, die
andern Künstler natürlicher bedienen.
Allein dieß ist blos das äußere Factum,

nichts weniger aber, als ein philosophi=
scher Aufschluß darüber. Setzt man den
ganzen Unterschied des Dichters von den
übrigen Künstlern blos in die Verschieden=
heit des Zeichens, so sagt man nichts mehr,
als, daß ein Gedicht kein Tonstück, kein
Tanz, keine Pantomime, kein Gemählde
und kein Garten ist, was wohl einem jeden
ohnehin der Augenschein lehrt. Der eigent=
liche Sinn der Frage ist der: wie ist der
Zustand der Empfindsamkeit,
durch welchen der Dichter zur Darstellung
bestimmt wird, von den Zuständen der
Empfindsamkeit unterschieden, auf welche
sich die Werke der andern Künste grün=
den? Was ist an ihm Eigenthümliches,
weshalb er durch Reihen von Wörtern
dargestellt wird? Warum ist das will=
führliche Zeichen der Sprache für den
Dichter ein nothwendiges Zeichen?—
Ich habe in der fünften Betrachtung alle
mögliche Arten bestimmte Zustände der Em=
pfindsamkeit darzustellen aufgezählt; ist
nun die Dichtkunst wirklich eine schöne
Kunst im wahren Sinne des Wortes, so
muß sie unter eine von jenen möglichen Ar=

cen gehören, oder allein eine davon aus=
machen. Gefühl und Leidenschaft zu m a h=
len, ist nie Hauptzweck des Dichters, so
wie es nie die Hauptfähigkeit seines Dar=
stellungsmittels, der Sprache seyn kann.
Poesie ist also von Tonkunst und lyrischer
Tanzkunst wesentlich verschieden.   Allein,
kann auch der Dichter die Mahlerey des
Gefühls und der Leidenschaft nie zum höch=
sten Ziele seiner Wirksamkeit machen, so
kann er doch 1) durch Wörter, Gefühl
und Leidenschaft im Allgemeinen aus=
drücken; 2) den Gegenstand seines Ge=
fühls, seiner Leidenschaft darstellen. Soll
aber jedes Werk des Dichters ein in sich
vollendetes Ganzes seyn, so darf er nie al=
lein darauf ausgehn, sein Gefühl, seine
Leidenschaft auszudrücken, muß allezeit zu=
gleich den Gegenstand darstellen, welcher
sie erregte.   Im Allgemeinen also theilen
sich die Werke des Dichters in s o l c h e,
worinn er zugleich sein Gefühl
a u s d r ü c k t, und den Gegenstand
desselben darstellt, und solche, wo
er, ohne im mindesten sein Ge=
fühl auszudrücken, blos den Ge=

genstand desselben darstellt. Ge=
genstand der Dichterbegeisterung ist allezeit
eine Mannigfaltigkeit von blos geistigen,
oder sinnlichen und geistigen Ideen, durch
Verstand und Vernunft zu einem innerlich
zusammenhängenden Ganzen verbunden,
und der Dichter will in seinem Werke die=
ses Ideenganze in seiner völligen Bestimmt=
heit, und mit dem Ausdrucke der Verbin=
dung seiner Theile darstellen. Dieß ist das
einzige Charakteristische der Zustände leb=
haft gerührter Dichterempfindsamkeit, im
Allgemeinen; ein Zug, 1) wodurch sie
hinlänglich von den Begeisterungen der
übrigen Künstler unterschieden sind, und
2) aus welchem allein man schon sieht,
warum Wörter ein nothwendiges, durch
kein anderes zu ersetzendes Zeichen für den
Dichter sind. 1. Das Hauptinteresse des
Tonkünstlers ruht auf dem Gefühle
selbst, und jemehr er sich in das Bewußt=
seyn desselben versenkt, desto weniger wird
er sich mit den Vorstellungen beschäftigen,
die dasselbe erregten, diese werden vielleicht
gar im Zeitpunkte seiner Begeisterung ganz
verdunkelt. Ja es ist nicht einmal nöthig.

daß sein Gefühl sich auf bestimmte Vorstel=
lungen gründe, es kann blos eine Laune
seyn, die sich aus unbewußten Ursachen in
seiner Seele zu einem hohen Grade von Leb=
haftigkeit erhöhte. Eben so bey dem lyri=
schen Tänzer. Der dramatische Tänzer
und Schauspieler werden durch Vorstellun=
gen von Handlungen, Schicksalen, Cha=
rakteren, Gesinnungen und Empfindungen
interessanter Personen begeistert, allein
das Hauptinteresse ihrer Phantasie geht
auf die äußere Erscheinung davon in Be=
wegungen, Stellungen, Gesten und Mie=
nen. Die Begeisterung des bildenden Künst=
lers bezieht sich allezeit auf eine Anschauung
sichtbarer Gestalt, und in dieser Anschauung
allein liegt der Grund der Einheit seines
Werkes, und der Zusammenstimmung sei=
ner Theile. Der Gartenkünstler wird im
Zustande seiner lebhaft gerührten Empfind=
samkeit, durch ein entweder blos von au=
ßen empfangenes, oder durch eigene Kraft
gebildetes, Phantasiegemählde mannigfal=
tiger in einem Ganzen der wirklichen sicht=
baren Natur vereinigten landschaftlichen
Schönheiten zur Darstellung bestimmt.

Wie ganz verschieden von allen diesen ist
in seiner Begeisterung der Dichter! Er
schaffe, was er wolle, Oden, Elegieen,
Lieder, Idyllen, epische Gedichte, Schau-
spiele u. s. w.; allezeit hat er ein durch
Verstand und Vernunft verbundenes Ganzes, entweder blos geistiger, oder sinnlicher und geistiger Vorstellungen, zum
Hauptgegenstande seiner Darstellung, und
will dieses Ganze in seiner logischen Verbindung darstellen. 2. Sinnliche Bilder
allein, sind nie Hauptgegenstand dichterischer Begeisterung; sie können es nur in
Beziehung auf allgemeine Wahrheiten,
Triebe, und innere Zustände der geistigen
Natur des Menschen werden. Allgemeine
Wahrheiten, lebhafte Regungen der Triebe, überhaupt Vorstellungen des innern
Sinnes, sind für sich selbst schon Stoffe
für poetische Darstellung. Schicksale und
Handlungen Anderer interessiren den Dichter nicht sowohl wegen ihrer äußern Erscheinung, als wegen der innern geistigen Zustände, welche sie als Folge nach
sich ziehen, oder als Ursachen voraussetzen:
er begnügt sich nicht, ihr bloses Ereugniß

seiner Phantasie vorzustellen, er sucht ihren Zusammenhang mit bestimmten Gründen ans Licht zu stellen. Ueberhaupt ist jeder Dichterstoff ein durch Verstand und Vernunft verbundenes Ideenganzes, verursacht als ein solches die tiefe Rührung, welche in Darstellung übergeht, und muß also auch, wenn eine ähnliche Rührung in den Herzen der Leser oder Hörer des Werks erfolgen soll, als ein solches dargestellt werden. Nun ist doch in der Welt für den bestimmten Ausdruck unsinnlicher geistiger Begriffe, mannigfaltiger Verhältnisse und logischer Verknüpfung derselben kein Zeichen zu finden, als Sprache; sie ist also nothwendiges Darstellungsmittel für den Dichter. Noch eins: Der Dichter besinge, was er will, Reihen allgemeiner Wahrheiten, Zustände seiner eigenen Natur, oder andrer Wesen, Handlungen, Ereugnisse u. s. w., allezeit muß er Zeitverhältnisse bestimmt ausdrücken, welches er auf keine Weise, als durch Wörter und gewisse Modifikationen derselben leisten kann.

Ich setze nun, diesem Allen gemäß, folgende Grundsätze über das Wesen der Dichtkunst fest: Der Dichter hat mit den übrigen Künstlern der Empfindung und Phantasie das gemein, daß seine Werke Darstellungen bestimmter Zustände lebhaft gerührter Empfindsamkeit sind. Er stellt allezeit den Gegenstand seines Gefühls dar; allein in manchen Werken drückt er, mit der Gegenstandesdarstellung, zugleich auch dessen Beziehung auf sein Begehrungsvermögen und sein Gefühl aus; in manchem trägt er blos den Gegenstand vor, ohne dessen Verhältniß gegen seine Triebe, und sein Gefühl auszudrücken. Der Dichter möge beydes, oder nur Eins von beyden thun, so ist doch allezeit der Stoff, welchen er darstellen will, ein Ganzes entweder blos geistiger oder sinnlicher und geistiger Ideen, verbunden nach den Verhältnissen seiner Theile in der Zeit, und ihren innern Beziehungen, durch Verstand und Vernunft, eine innerlich zusammenhängende Reihe von Urtheilen, und da der Dichter durch dieses verbundene Ganze, wegen seiner bestimmten Verbindung, in den Zustand lebhaft gerührter Empfindsamkeit versetzt worden war, so kann er es, um Theilnehmung an seiner Rührung bey andern zu befördern, nicht anders als mit dem Ausdrucke der den Zeitverhältnissen, und den innern logischen Beziehungen angemessenen Verbindung desselben darstellen wollen. Diejenigen Zustände lebhaft gerührter Empfindsamkeit also, welche durch solche Stoffe bewirkt worden, sind dem Dichter eigenthümlich, und, wiefern sie nur durch Reihen von Wörtern dargestellt werden können, so ist Wortausdruck, das nothwendige Zeichen des Dichters.

Durch diese Grundsätze ist, scheint mir, das eigenthümliche Feld der Dichtkunst so genau als möglich bestimmt, und natürlich müssen dadurch auch alle fremde Felder von ihrem Besitze gehörig ausgeschlossen seyn. Mit andern Worten: es erhellet aus denselben, was Zweck des Dichters seyn kann, und was er darzustellen vermag, oder nicht. Nämlich, um nur die Hauptpunkte auszuheben: *)

1) Höchster Zweck des Dichters ist nie: zu lehren, allezeit zu rühren.

2) Höchster Zweck des Dichters ist es nie, Gefühl und Leidenschaft zu mahlen.

3) Höchster Zweck des Dichters ist es nie: sichtbare Gestalten darzustellen.

Ich will nun versuchen, diesen Grundsätzen über das Wesen der Dichtkunst zu Folge, eine philosophische Eintheilung ihrer verschiedenen Werke zu entwerfen.

*) In dem folgenden Theile wird ausführlich davon gehandelt werden.

Alle Werke der Poesie sind Darstellungen bestimmter Zustände lebhaft gerührter Empfindsamkeit. Welche Stoffe dichterische Begeisterung erregen, ist eben im Allgemeinen bestimmt worden. Der Dichter stellt allezeit den Gegenstand seines Gefühls dar; allein er kann auch zugleich die Beziehung desselben auf sein Begehrungsvermögen und sein Gefühl ausdrücken. Diesem zu Folge müssen sich die Werke der Poesie theilen in 1) solche, wo der Dichter einen Gegenstand darstellt, welcher seine Empfindsamkeit lebhaft gerührt hat, zugleich aber die Beziehung desselben auf sein Begehrungsvermögen und seine Gefühle ausdrückt. 2) solche, wo der Dichter blos den Gegenstand darstellt, welcher seine Empfindsamkeit lebhaft gerührt hat, ohne die Beziehung desselben auf sein Begehrungsvermögen, und sein Gefühl auszudrücken. Der Unterschied, auf welchen sich diese Eintheilung gründet, ist richtig, und so lange man keinen höhern, alle Werke der Poesie gerader durchschneidenden aufzeigt, ist sie die einzige richtige philosophische Klassifikation im Allgemeinen. Ich will versuchen sie weiter in das Spezielle fortzuführen.

Der Dichter kann die Beziehung eines Gegenstandes auf sein Begehrungsvermögen, und das dadurch entstandene Gefühl auf gedoppelte Weise ausdrücken: 1) so daß er beydes durch Wörter ausdrücklich bestimmt angiebt. 2) daß er, ohne eben dieses zu thun, dem Gegenstande eine Darstellung giebt, woraus seine Beziehung auf das Begehrungsvermögen, und das dadurch entstandene Gefühl hervorleuchtet. Ich nenne den Ausdruck der erstern Art, den direkten, den der letztern den indirekten. Dieser ist nicht etwa blos den schwächern Gefühlen und Leidenschaften eigen, sondern die allerstärksten gehen oft, wie wir bey der Ode sehen werden, in ihn über. Beym direkten Ausdrucke sagt der Dichter in bestimmten Urtheilen, wie ein gewisser Gegenstand sich gegen sein Begehrungsvermögen, seine Triebe verhält, und was durch denselben für ein Gefühl in ihm erregt wird. Beym indirekten zeigt sich seine Leidenschaft blos in sinnlicher mahlerischer Darstellung und Sprache. Er hat drey Hauptgrade zur Bezeichnung der Leidenschaften und Gefühle, nach ihrer grö-

ßern oder geringern Stärke: 1) Versinn-
lichung überhaupt. 2) erhöhende Mahlerey, mit den Farben der Liebe, oder des
Hasses. 3) Personifizirung, Gestaltung
und Belebung blos geistiger Begriffe.

Uebersehen wir nun die ganze große
Summe von Werken, in denen sich bey der
Gegenstands-Darstellung auch di-
rekter oder indirekter Gefühls- und
Leidenschaftsausdruck zeigt; so finden wir sie freylich dem wesentlichen nach
in einem und demselben Punkte zusammentreffen, allein zugleich auch bestimmte
Gränzlinien, nach welchen man sie bis
zum Vereinigungspunkte hin zweckmäßig
abtheilen kann. Sie drücken alle die eigene
Rührung und Richtung des Begehrungsvermögens ihrer Verfasser aus, hängen
noch, so wie sie nach vollendeter Darstellung dastehn, an sichtbaren Fäden gleichsam, mit dem innern Daseyn derselben zusammen, daß man keinen Blick in sie thun
kann, ohne zugleich in das Herz des em-
pfindenden Menschen zu sehen, welcher sie
bildete. Ich weiß kein festeres Band, das

Werke dieser Art zu einer Gattung zusammenknüpfen könnte; es wird bey jeder weitern Klassifikation noch sichtbar seyn.

Es giebt drey Prinzipien der philosophischen Unterabtheilung für diese Klasse:

1) Verschiedenheit der Gegenstände.

2) Verschiedenheit der Richtung, in die das Begehrungsvermögen durch den Gegenstand versetzt wird.

3) Verschiedenheit des Gefühls.

I) Gegenstände können seyn: a) Vorstellungen gegenwärtiger Verhältnisse seines eigenen Daseyns, Wirkens, und Leidens, Vorstellungen individueller Situationen des Lebens, Vorstellungen von in einer bestimmten Zeit wirklichen Graden eigener Vollkommenheit, oder Unvollkommenheit, Glückseligkeit oder Unglückseligkeit. b) Vorstellungen allgemeiner Begriffe von Kräften, Eigenschaften, Verhältnissen, und Zuständen, welche allen Menschen gemein sind, oder gemein sein können, oder auch gemein seyn sollen; Vorstellungen also, welche den Dichter nicht wegen seiner Individualität,

sondern wegen des allgemeinen Charakters
der Menschheit interessiren. c) Vorstellungen allgemeiner Gesetze der Natur, der
physischen, und der moralischen, und
gemeinschaftlicher von beyden. d) Vorstellungen äußerer, sinnlich empfindbarer Eigenschaften, Wirkungen, Veränderungen
der Körperwelt. e) Vorstellungen äußerer
Entwickelungen von menschlichen Charakteren in Gesinnungen, Empfindungen und
Leidenschaften. f) Vorstellungen vergan-
gener Schicksale und Handlungen einzelner
und mehrerer in bestimmtem Zusammenhange gestandener Menschen.

II) Das Begehrungsvermögen des darstellenden Dichters kann der Beschaffenheit
nach betrachtet werden 1) in psychologischer
2) in moralischer Hinsicht. Blos psychologisch
betrachtet, kann der Dichter Neigung oder
Abneigung, oder wohl beydes zugleich empfinden. Allein wir müssen hier sorgfältig
unterscheiden die Richtung des Begehrungsvermögens gegen das bloße Objekt der ganzen Begeisterung, und die gegen die ganze
Begeisterung selbst. Nun kann unstreitig der

Dichter eben sowohl zur Abneigung als zur Neigung gegen das Objekt gestimmt seyn, er kann es hassen und lieben, fliehen und umarmen. Allein das Ganze seines Seelenzustandes, die Vorstellung des Objekts, die Beziehung derselben auf sein Begehrungsvermögen selbst, und das dadurch entstandene Gefühl, muß er schlechterdings, wenn Kunstdarstellung natürlicher Weise erfolgen soll, mit Neigung und Liebe befassen, welche aber nur in so fern in die Darstellung übergeht, als sie den Dichter zur vollkommensten Ausbildung seines Stoffes nöthigt. Alle dichterische Werke, worin Beziehung bestimmter Gegenstände auf das Begehrungsvermögen ausgedrückt wird, sind entweder 1) solche, welche ein Bestreben nach einem Gegenstande, oder 2) solche, welche einen Widerwillen und Abscheu gegen einen Gegenstand enthalten. Nun sind die Objekte des Begehrungsvermögens: a) entweder Objekte der Vorstellung, des Erkennens und Begreifens, b) oder Objekte der Lust, und Unlust. c) Objekte der Ausübung oder Unterlassung, Nachahmung oder Nichtnachahmung.

Mithin wird jedes Gedicht dieser Art ent=
halten, entweder: das Bestreben, einen
Gegenstand der bloßen Vorstellung zu er=
kennen, und zu begreifen, oder die Idee
davon zu vernichten, zu entfernen; oder:
das Bestreben, einen Gegenstand der Lust
zu besitzen, den Gegenstand der Unlust zu
vernichten oder zu entfernen; oder end=
lich: ein Bestreben, ein vorgestelltes Ob=
jekt der Ausübung durch sich wirklich zu
machen, oder das entgegengesetzte zu thun.
Das Objekt kann entweder erreicht wer=
den, oder nicht; erreicht werden entweder,
durch die eigene Kraft des Menschen allein,
oder durch Dazwischenkunft äußerer Mit=
tel; nicht erreicht werden wegen Einge=
schränktheit der eigenen Kraft des Men=
schen, oder äußerer Umstände.   Der
Mensch kann, es möge nun erreicht wer=
den können, oder nicht, ein nothwendiges
Bedürfniß haben, nach der Erreichung
desselben zu streben, oder nicht. Hieraus
ergeben sich mehrere Unterschiede dichteri=
scher Werke der Art, von welcher ich ge=
genwärtig rede.   Es sind: 1) Werke,
welche die leidenschaftliche Darstellung ei=

nes Objekts enthalten, welches zu erreichen
wir ein nothwendiges Bedürfniß haben,
und zwar a) entweder eines solchen, wel=
ches wir erreichen können, α) durch eigene
Kraft oder β) äußere Mittel, b) oder nicht
erreichen können, weder α) durch die eine
noch β) durch die andern.

2) Werke, welche die leidenschaftliche
Darstellung eines Objektes enthalten, auf
deffen Erzielung unser Begehrungsvermö=
gen nur zufälliger Weise gerichtet ist, und
zwar a) entweder eines solchen, welches
wir erreichen können α) durch eigene Kraft,
oder β) äußere Mittel, b) oder nicht er=
reichen können, weder α) durch die eine,
noch β) durch die andern.

Eben so ist es mit den Objekten der Ab=
neigung, und jeder kann sich die möglichen
Unterschiede dichterischer Werke in diefer
Rückficht denken. Es sind: 1) Werke,
welche die leidenschaftliche Darstellung ei=
nes Objektes enthalten, welches zu verab=
scheuen, zu entkräften, zu vernichten, wir
ein nothwendiges Bedürfniß haben, und

zwar a) entweder eines solchen, welches
wir aus unsrer Vorstellung verbannen,
entkräften, vernichten können, α) durch
eigene Kraft oder β) äußere Mittel; b) oder
eines solchen, welches wir auf keine Weise
aus der Vorstellung oder Wirklichkeit entfernen können, weder α) durch die eine,
noch β) durch die andern.

In moralischer Rücksicht muß das Begehrungsvermögen des Dichters, wie jedes
andern Menschen betrachtet werden, 1) wie
es sinnlich reizbar und bestimmbar 2) wie
es durch Vernunft verbindlich gemacht ist,
und durch dieselbe unter jedem Verhältnisse wirklich bestimmt werden kann. So
theilen sich also in dieser Rücksicht die
Werke der Dichtkunst in 1) Werke, welche eine leidenschaftliche Darstellung eines
bloßen Objekts für das thierische Begehrungsvermögen; 2) Werke, welche eine
leidenschaftliche Darstellung eines Objektes
für das moralisch bestimmte Begehrungsvermögen enthalten.

In Rücksicht auf den Grad der Stärke,
mit welchem das Begehrungsvermögen

thätig ist, kommt alles auf das Interesse
des Gegenstandes, das Bedürfniß seiner
Erreichung, das Bewußtseyn eigener Kraft,
und die Vorstellung des Verhältnisses derselben gegen die Erreichung des Zwecks an.
In allen diesen Rücksichten begehrt und
verabscheut man bald stärker, bald schwä-
cher, und der Dichter drückt demnach in
Werken der Art, wovon wir sprechen, bald
mehr oder minder starke Thätigkeit des
Begehrungsvermögens aus.

Ich gehe nun zum Gefühl über: In
Rücksicht der Qualität desselben, psychologisch betrachtet, kann ein Gedicht sich beziehn auf einen Gegenstand der Lust, oder
der Unlust, oder beyder zu einer gemischten Empfindniß vereinigt. Die Ursache der
Darstellung ist allezeit Vergnügen, Interesse an der Empfindung, und der Dichter, welcher Unlust oder Mischung von Lust
und Unlust ausdrückt, muß Lust an der Unlust oder der Mischung von Lust und Unlust
finden. Moralisch betrachtet, schränkt sich
das Angenehme oder Unangenehme entweder auf unser Selbst ein, oder es hat eine

Richtung nach auſſen gegen gleichfühlende
Weſen, iſt entweder egoiſtiſch oder ſym=
pathetiſch.

Dem Grade nach ſind Vergnügen und
Misvergnügen ſtärker oder ſchwächer, ver=
bunden mit ſtärkern oder ſchwächern Ge=
fühle der Kraft.   Auch dieſe Verſchieden=
heit hat auf die Werke Einfluß, in welchen
der Dichter Gefühl ausdrückt.

Wenn es die erſte Bedingung der Mög=
lichkeit einer richtigen Eintheilung iſt, ſich
der ganzen Sphäre verſichert zu haben,
welche getheilt werden ſoll; ſo wird mir
niemand die Weitläuftigkeit verargen, mit
welcher ich alles, was nur unter den Aus=
druck des Dichters fallen kann, zuſammen=
geſtellt habe. Es war mir darum zu thun,
gleichſam eine Karte von dieſem Theile der
Dichterwelt zu liefern, auf welcher nicht
nur alles, was die bisherigen Genien her=
vorgebracht haben, ſeinen beſtimmten Platz
fände, ſondern auch der gehörige Raum
für alles das bliebe, was je noch in Zu=
kunft von dieſer Art erſcheinen kann, und
ich ſchmeichle mir, meinen Endzweck er=

reicht zu haben. Ode, Elegie, Lied, Allegorie, Lehrgedicht, beschreibendes Gedicht, Idylle, erzählendes, episches, romantisches Gedicht, und Satyre, haben in der Sphäre, die ich gezogen habe, ihre gewissen Punkte, wo sie ursprünglich hingehören; ja es sind sogar die Stellen für die Unterarten gewisser Gattungen hinlänglich bezeichnet. Da indessen meine Methode von der bisherigen Behandlung der Dichtungsarten so ganz abweicht, und die meisten Leser zu sehr an diese gewöhnt seyn möchten, um nicht durch jene in Verlegenheit zu gerathen, so erlaube ich mir hierüber noch einige Worte.

Ich rechne Ode, Elegie, Lied, Allegorie, Lehrgedicht, beschreibendes Gedicht, erzählendes Gedicht, Idylle, episches Gedicht, Romanze, und Satyre, zu einer und derselben Klasse, weil alle diese Gattungen darin mit einander übereinkommen, daß ihre Werke zugleich den Gegenstand der Begeisterung darstellen, und die Richtung des Begehrungsvermögens, und Gefühls ausdrücken. Bey der Ode, der

Elegie und dem Liede liegt dieses am Tage,
selbst bey der Allegorie, deren ganze Ent=
stehung doch der Liebe, oder dem Hasse
eines allgemeinen Begriffs, oder Verstan=
desweesens zugeschrieben werden muß. Bey
den übrigen Gattungen dürfte es vielleicht
bezweifelt werden, wenn man sich nicht
dessen lebhaft erinnert, was ich vom in di=
rekten Leidenschaft = und Gefühl=Aus=
drucke gesagt habe. Wodurch unterschei=
den wir das Lehrgedicht von der bloßen Be=
trachtung und Abhandlung des Denkers,
die Beschreibung schöner Naturscenen des
Dichters von der Beschreibung des bloßen
Beobachters, die Sitten = und Charakter=
schilderung des Idyllisten und Satyrikers,
die Erzählungen eben derselben, sowohl
als der epischen und romantischen Dich=
ter von ähnlichen Werken der Prosa=
isten? — Durch nichts anders, denn durch
den Ausdruck von Gefühl und Leiden=
schaft, welcher in ihnen herrscht, und
diese unverkennbar als die entscheidenden
Triebfedern der Darstellung ankündigt.
Ich fordre die Leser des schweizerischen
Sängers der Ewigkeit, des französischen

Dichters der Jahreszeiten, des größten der
Idyllisten, die Leser eines Juvenal, eines
Homer und Ossian, eines Wieland und
Bürger auf; haben sie nicht in den Mei=
sterwerken dieser Dichter etwas mehr ge=
funden, als Gegenstandsdarstellung? nicht
bemerkt, daß dieselben mit dieser zugleich
einen Ausdruck der Rührung und Richtung
des Begehrungsvermögens ihrer Verfasser
geben, daß es Denkmäler gewisser Perio=
den ihres begeisterungsvollen Daseyns
sind, die in der Darstellung vereinzelt und
isolirt erscheinen, doch aber, ihrer Abgelöst=
heit und Trennung ungeachtet, an mysti=
schen Fäden mit den Herzen ihrer Urheber
zusammenhalten? Konnten sie diese Werke
lesen, ohne die Dichter vor sich zu sehen,
einen Blick in jene thun, ohne zugleich in
die Herzen von diesen zu blicken? Immer
können sie eine Clarissa lesen, ohne an
Richardson zu denken, nie einen Gesang
der Aeneis, ohne ihn auf die hohe gefühl=
volle Seele des Virgil zu beziehen, und
dieß in jeder Zeile und jedem Ausdrucke. —
Ich weiß nichts mehr hinzuzusetzen, so is

die Augen springend scheint mir diese Uebereinstimmung.

Allein, worin liegt, wird man fragen,
die specifische Verschiedenheit der Arten dieser Gattung? Mit welchem Rechte sondert
man Ode, Elegie, Lied, Allegorie, Lehrgedicht, beschreibendes Gedicht, Satyre,
Idylle, episches, romantisches Gedicht?
Und, wenn man einige von diesen Gattungen mit dem besondern Namen der lyrischen Poesie belegt, was hat man zu dieser
Auszeichnung für einen Grund? — Jede
der angegebenen Arten hat in der That etwas Eigenthümliches in ihrem Wesen; allein dieses Eigenthümliche liegt nicht bey
allen in einem und demselben Bestandtheile
des Gedichts; Werke, welche in einem
Stücke an einander gränzen, sind in andern wieder verschieden. An den Gegenständen unterscheiden wir Lehrgedicht, beschreibendes Gedicht, erzählendes, satyri-
sches Gedicht; allein wir können durch die
Gegenstände allein weder Ode, noch Elegie, noch Lied hinlänglich bestimmen, denn
sie behandeln bald eigene Lebenssituationen

der Verfaſſer, bald hiſtoriſche, bald mora=
liſche, politiſche, und andere Stoffe; eben
ſo wenig durch ſie allein die Allegorie, und
zwar aus eben derſelben Urſache. Ich
glaube durch folgende Punkte der Charak=
teriſirung dieſer Dichtungsarten näher zu
kommen. Beym Lehrgedichte, beſchrei=
benden, erzählenden und ſatyriſchen Ge=
dichte iſt zwar der Zweck des Dichters Fort=
pflanzung und Mittheilung ſeines Gefühls,
allein er iſt ſich im Zeitpunkte der Begeiſte=
rung mehr des Ideenganzen bewußt, welches
daſſelbe erregte, als des Gefühls ſelbſt, und
der Richtung ſeines Begehrungsvermögens
gegen den Gegenſtand, und zwar iſt der
Gegenſtand ihm dann nicht mehr unermeſ=
ſen, unbegriffen oder unerkannt, ſondern
ſeine Rührung, ſeine Begeiſterung grün=
det ſich auf vollſtändige Anſchauung, auf
Beobachtet = Entwickelt = Begriffen = Er=
kannthaben. Er iſt alſo gerührt durch ei=
nen Stoff, den er unter ſeine Faſſung ge=
bracht, ſich eigen und gleichſam unterwor=
fen gemacht hat; es iſt kein Kampf zwi=
ſchen dem Stoff und der Kraft, die ihn
behandeln ſoll, wenn ich ſo ſagen darf, ſie

verhalten sich nicht, wie das Unendliche
gegen das Endliche, das Große gegen das
Kleine, das Starke gegen das Schwache,
die Kraft ist dem Stoffe gewachsen, und
der Dichter ist sich mehr bewußt des Gegenstandes, den er erkennt, denn der Richtung seines Begehrungsvermögens, und
seines Gefühls. Dieses alles muß nun natürlich sowohl auf die Gegenstandsdarstellung, als auf den Leidenschaft = und Gefühlausdruck Einfluß haben. Jene wird unter dieſen Verhältnissen des dichtenden Genies keine rap-
sodische Zusammenwerfung herausgerisse-
ner Züge und Glieder seyn, sie wird sich
durch Bündigkeit, und pragmatischen Zusammenhang auszeichnen. Dieser wird
nicht aus den stärksten Farben zusammengesetzt seyn können, wird sich durch sanf-
tere Bildung und nüchternere Sinnlichkeit
unterscheiden. Man sieht von selbst ein,
daß die einzelnen Arten dieser Gattung einer weitern Eintheilung fähig sind, welche
sich auf Verschiedenheit der Stoffe, oder
des in den Werken sich ausdrückenden Gefühls, oder auch der Form der Komposi-

tion gründet. So kann man das soge=
nannte Lehrgedicht, in Rückſicht der Ver=
ſchiedenheit wiſſenſchaftlicher Stoffe, das
beſchreibende Gedicht dieſer Gattung, in
Rückſicht der Verſchiedenheit der Gegen=
ſtände, die entweder ſinnlich oder geiſtig
ſind, das erzählende Gedicht dieſer Gat=
tung, in Rückſicht des Charakters des hi=
ſtoriſchen Inhalts, die Satyre in Rückſicht
der Eigenthümlichkeit des in ihr ſich aus=
drückenden Geſühles, theilen. Davon mit
mehrerem in dem Abſchnitte vom Wer=
the der Stoffe.

Bey der Ode, der Elegie, dem Liede,
der Allegorie iſt das Bewußtſeyn des Dich=
ters mehr auf die Richtung ſeines Begeh=
rungsvermögens und ſein Gefühl, als auf
die Betrachtung des Gegenſtandes geheftet.
Ich finde hier nicht blos eine mit Leiden=
ſchaft und Gefühl gebildete Darſtellung,
ſondern ich ſehe das Treiben und Dringen
der Leidenſchaft, das lebendige Wirken des
gegenwärtigen Gefühls in der Seele des
Dichters, ſelbſt, wie es ſich in einem Gan=
zen wörtlich bezeichneter Ideen ausdrük=

ken kann. Ich nenne diese Gattung die
lyrische Poesie, ohne allen weitern
Nebenbegrif. Unter allen in dieser Rücksicht möglichen Fällen zeichnen sich vorzüglich drey aus. 1) Der Gegenstand ist zu
unendlich, um erreicht, gefaßt, besessen
zu werden, und spannt doch unablässig
durch sein unerschöpfliches Interesse die
Kräfte der Seele zur Begier, ihn zu erreichen, zu fassen, zu besitzen; oder der Gegenstand ist zu unendlich, zu stark, um
vernichtet zu werden, und fordert dennoch
durch seinen Charakter, seine Eigenschaften
und Wirkungen den Geist auf, ihn vernichten zu wollen. Der Gegenstand kann seyn ein
Gegenstand a) des Erkennens b) des Empfindens c) des Handelns, und der sich
auf ihn beziehende Zweck muß entweder
wirklich für den Menschen überhaupt, oder
doch wenigstens für den Dichter in seiner
gegenwärtigen Situation, unerreichbar
seyn, der Gegenstand des Erkennens muß
entweder vom Menschen überhaupt, oder
vom Dichter im Augenblick der Begeisterung nicht erreicht, begriffen, erschöpft,
der Gegenstand des Genusses, entweder

vom Menschen überhaupt, oder vom Dich=
ter in seiner diesmaligen Situation nicht
ausgenossen werden können, das Ideal des
Handelns muß entweder dem Menschen
überhaupt unerreichbar seyn, oder doch
dem Dichter jetzt so scheinen. Eben so mit
den Gegenständen der Abneigung, des Haf=
ses, mit dem Zwecke der Vernichtung.
Wenn nun in diesem Falle das unwider=
stehliche Interesse des Gegenstandes die
Seele des Dichters ergreift, daß sie kühn
und kraftvoll sich ihm entgegenschwingt,
seine Unendlichkeit zu erreichen und zu be=
fassen strebt, dann entsteht ein ganz eige=
nes, von allen übrigen verschiedenes Werk
der Dichtkunst, die Ode. Sie bezieht
sich allezeit auf einen Gegenstand, der ent=
weder wirklich, oder nur für den jetzigen
Blick des begeisterten Dichters erhaben
ist. Kraftvolles kühnes Bestreben, bey
welchem der Geist seiner Endlichkeit zu ver=
gessen scheint, ist die Triebfeder der Begei=
sterung, die sie erzeugt und in der Dar=
stellung die belebende Seele des Werkes,
die aus allen Gliedern desselben gleichsam
herausathmet. Die Gegenstandsdarstel=

lung in demselben kann auf keinen Fall
pragmatische Entwickelung seyn, sie ist
rapsodisch; ihr höchstes Gesetz: in dem
kleinsten Raume die stärksten Züge des Erhabenen zu konzentriren. Die höchsten
und kühnsten Grade der Bildlichkeit sind
ihr eigenthümlich.

2) Der Zweck ist der menschlichen Kraft
angemessen, der Geist ist voll sicherer Hoffnung ihn zu erreichen, oder hat ihn eben
erreicht. Frohes Streben, und Vorgenie-
ßen des künftigen, sanftes süßes Empfinden des gegenwärtigen Gutes sind die Folgen davon in der Seele des Dichters.
Durch diese Situation entsteht eine besondre Art von Werken: Lieder. Hier sind
Zweck und Kraft in Ebenmaase; Streben
ohne Hinderniß, mit Vorhersehung der
Erreichung, oder bequemer Allgenuß des
schon Erreichten, drücken sich als Hauptsache überall im Gedichte aus; die Darstellung des Gegenstandes ist nicht rapsodisch, nicht wild zusammengedrängt, sondern bündige stetige Entwickelung.

3) Der Dichter sieht ein, daß ein gewisser Zweck von ihm, entweder weil er

Menſch iſt, oder wegen der Verhältniſſe
ſeiner Individualität, nicht erreicht werden kann, oder er iſt ſich in einem gewiſ-
ſen Zeitpunkte bewußt, ihn wirklich verfehlt zu haben. Iſt nun ein ſolcher Zweck
demſelben wegen ſeines durch die Natur
unveränderlich beſtimmten Weſens nothwendig, oder immer gleich intereſſant, oder
iſt er es ihm wegen nur zufälliger Richtung ſeiner Neigungen, ſo wird die vor-
hergeſehne Unmöglichkeit ſeiner Erreichung,
oder die wirkliche Verfehlung deſſelben ihn
zwar mit Traurigkeit erfüllen, doch aber
nicht hinreichen, den Reiz des Gegenſtandes, und das Intereſſe des Zweckes zu
vernichten; er wird immer noch nach ihm
hinſtreben, oder doch wenigſtens bey der
anhaltenden Betrachtung, in der Schwermuth eine gewiſſe ſanfte Wohlluſt empfinden. Hieraus ergiebt ſich eine eigene
Klaſſe von Werken der Poeſie: Geſänge
einer ſüſſen Wehmuth, Elegien.
Hier drückt ſich ein wahrhaft wundervolles
Zuſammenſpiel des Angenehmen und Unangenehmen, gleichſam zur Harmonie in
einanderwallend, aus. Die Gegenſtands-

darstellung ist, wie beym Liede, bündige
stetige Entwickelung.

Ich nannte unter den lyrischen Gedichten noch die Allegorie, und muß den Vorwurf befürchten, daß bey Werken dieser
Art das Bewußtseyn des Dichters mehr
auf den Gegenstand der Betrachtung denn
auf die Bewegung und das Gefühl des Ge-
müthes gerichtet sey. „Haftet nicht, dürfte
man sagen: bey der Allegorie dein Blick
an der Gestalt, in die du den allgemeinen
Begriff oder das Verstandeswesen kleidest,
und bist du dir wohl etwas andern klärer
bewußt, denn dieser Anschauung?" Wenn
ich auf diesen Einwurf erwiedere: daß es
allerdings so ist, daß aber unser Geist in
der allegorischen Gestalt im Grunde nichts
anders sieht, als seine Neigung und sein
Gefühl, daß also in diesem Stücke Bewußtseyn der Betrachtung und Bewußtseyn der Neigung und des Gefühles Eins
und dasselbe sind, so muß dieses so lange
paradox scheinen, bis ich meine Ideen über
den Ursprung und das Wesen der Allegorie genauer entwickelt habe. Ich will die

ses gegenwärtig nur in soweit thun, als es zur Rechtfertigung meiner Klassifikation nöthig ist. Die ausführliche Behandlung gehört in den Theil der Aesthetik, welcher die allgemeinen philosophischen Gesetze für die Bezeichnung darstellt.

Wenn ich einem allgemeinen Begriffe oder einem geistigen Wesen sichtbare Form und Gestalt gebe, so kann ich entweder sie dem Vorstellungs-Vermögen anschaulich darstellen, oder die Richtung meiner Neigung gegen sie ausdrücken wollen. Der erste Zweck gründet sich auf ein Interesse des Erkenntnißvermögens, und reicht nicht hin, um die dichterische Allegorie völlig zu erklären. Ich will mich also sogleich an den zweyten halten. Geistige Wesen und allgemeine Begriffe erregen unsre Bewunderung oder Verachtung, unsre Liebe oder unsern Haß, jenachdem wir an ihnen Eigenschaften und Merkmale denken, welche an sich, oder durch ihre Wirkungen, Bewunderung oder Verachtung, Liebe oder Haß verdienen, Zuversicht oder Furcht erregen. Der blos denkende und erken=

nende Menſch kann ſich hier an geiſtigen
Vorſtellungen und Begriffen begnügen, ja
ſein Intereſſe erfordert es oft, alle ſinnliche Züge von ihnen ſorgfältig zu entfernen.
Nicht ſo mit dem lebhaft bewegten, ſtre-
benden fühlenden Menſchen. Er bedarf
eines anſchaulichen Objektes, ſeine Neigung oder Abneigung betreffe nun ein gei-
ſtiges Weſen, oder einen allgemeinen Begriff. Es wird nicht unzweckmäßig ſeyn,
von jedem im Beſondern zu handeln.
Götter und Göttinnen ſich in ſichtbarer
Perſönlichkeit und beſtimmter Geſtaltung
zu bilden, kann für die bloße Vernunft
kein Bedürfniß ſeyn. Bewundrung, Zu-
verſicht und Liebe haben in den Zeitpunk-
ten ihrer feurigſten Wirkſamkeit jene Formen erzeugt. Die Vernunft mag ſich immer, um den zureichenden Grund für gewiſſe Erſcheinungen in der Sinnenwelt zu
denken, mit dem Begriffe eines oder mehrerer unerkennbaren Weſen in der über-
ſinnlichen Welt befriedigen. Jene Gemüthsbewegungen bedürfen eines beſtimmten Objektes, für ihre Richtung, der
leere Umriß des reinen Begriffs reicht nicht

hin, das bloße Verstandesding muß sich in
Erscheinung des Wirklichen verwandeln,
muß Figur, Gestalt und Farbe des em-
pfindbaren Daseyns annehmen. Eben so
bey denen, welche ein Bedürfniß haben
böse, verachtungswürdige, fürchterliche,
übersinnliche Wesen anzunehmen, in de-
nen.Zeitpunkten, wo sie Kraft genug besitzen, die Vorstellung derselben mit Leidenschaft zu unterhalten. Haß und Furcht gestalten und bilden im Entgegengesetzten
aus eben dem Bedürfnisse, wegen welches
es Bewundrung, Liebe und Zuversicht
thun. 2) Die Vorstellung allgemeiner Begriffe von Kräften, Vollkommenheiten und
Unvollkommenheiten, Tugenden und La-
stern erfüllen uns mit Bewundrung, Zuversicht, Liebe oder Verachtung, Furcht
und Haß. Diese Affekte werden dann in
ganz einen andern Zustand der Wirksamkeit versetzt, als wenn sie auf Individuen
gerichtet sind, welche unter einen allgemeinen Begriff gehören, sie dehnen sich in
die ganze Sphäre des Möglichen aus.
Nun aber widerstreitet es der Natur dieser
Gemüthsbewegungen, sich im Allgemeinen

zu verlieren, sie fordern ein bestimmtes
und zwar anschauliches Objekt, auf welches
sie ihre Kraft und Wirksamkeit richten kön=
nen, ein Objekt, dessen sichtbares Wesen
und Charakter der Beziehung des allgemei=
nen Begriffs auf Moralität, und Glücksee=
ligkeit, und der deßhalb in der Seele des
Dichters entstandenen Neigung entspricht.

So ist denn die allegorische Einkleidung
allezeit Ausdruck der bestimmten Richtung
des Begehrungsvermögens des Dichters
zu einem Gegenstande. Die Allegorie ist
also keine besondere Art der lyrischen Dicht=
kunst, man sieht vielmehr von selbst, daß
Oden= Elegien= und Liederdichter sich die=
ser Form gleich natürlich bedienen können.

Die andre Hauptgattung der Werke
der Dichtkunst befaßt diejenigen, wo der
Dichter bloß den Gegenstand seiner Begei=
sterung darstellt, ohne seine Leidenschaft
und sein Gefühl darin auszudrücken. Man
könnte, wenn man diese Heterodoxie wa=
gen wollte, sagen, daß die Werke der vo=
rigen Gattung allein das eigentliche Ge=

bieth der Poesie im höhern Sinne aus=
machten, diese zwischen Poesie und Rede=
kunst in der Mitte stünden, der Uebergang
von jener zu dieser wären. Wenigstens
giebt denenselben sonst nichts Anspruch auf
einen bestimmten Platz in der Sphäre der
Dichtkunst, als daß die Triebfeder der
Darstellung derselben allezeit Interesse der
der Empfindsamkeit ist, daß das darzustel=
lende Ganze in der Vollständigkeit, den
Aussenseiten, dem innern Zusammenhange
dargestellt wird, unter welchen allein es
ein solches Interesse der Empfindsamkeit in
dem Herzen des Verfassers erregen konnte,
und in den Herzen andrer gleichempfinden=
der Wesen erregen kann, daß also auch die
vollkommenste, anziehendeste und
fesselndeste Anschaulichkeit dieses Ganzen
höchstes Gesetz der äusern Darstellung ist. Es
giebt nur drey Arten dieser Hauptgattung:

1) Schilderungen geistiger Gegenstän=
de, an sich, oder nach ihrer Erscheinung
im Aeußern, z. B. Charakter, Sittenschil=
derungen.

2) Erzählende Gedichte *).

3) Dramatische Gedichte **).

Ich begnüge mich vor der Hand an dieser Skiagraphie, und Bestimmung des Wesens der Dichtungsarten. Ich wollte bloß zeigen, was jede für sich ist; die Untersuchung über den Werth ihrer Stoffe, die Vollkommenheit in der Anordnung und Bezeichnung ihrer Werke gehört noch nicht hieher. Jetzt nur noch einige Worte über das Sylbenmaas, dessen Wesen, Wirkungsgrund und Anwendung.

---

*) Können wieder getheilt werden in Rücksicht der Verschiedenheit der historischen Stoffe, der Gefühle, die sie besonders erregen sollen, gewisser bestimmter Zwecke und Formen.

**) Werden eingetheilt, in Rücksicht auf die Verschiedenheit der Hauptempfindung und Hauptleidenschaft, welche das dramatische Ganze zu erregen bestimmt ist, in Lustspiele, Dramen und Trauerspiele. Andre Eintheilungen gründen sich auf Verschiedenheit des Standes der handelnden Personen, äußere Form u. a.

Ich habe bereits im Vorigen erinnert,
daß die Dichtkunst in Rücksicht auf die Materie und den Inhalt der Wörter, Leidenschaft und Gefühl auf keine Weise mahlen könne, daß aber die Sprache wegen
der Zeitform gewissermaaßen ein mah-
lerisches Zeichen für Leidenschaft und
Gefühl werde. Wortreihen können nämlich durch das Maas und den Wechsel ihrer
Fortbewegung in der Zeit, den Gang und
die Art der Leidenschaften kopieren, und so
gewiß der Mensch, wenn der Naturdrang
seines Genies ihn bestimmt, einen Zustand
lebhaft gerührter Empfindsamkeit darzustellen, dieses auf das Natürlichste und
Vollkommenste thun wollen muß, so gewiß ist es kein Wunder, daß der Dichter,
auch ohne es zu wissen, dichterische Zustände der Empfindsamkeit, in Wortreihen
von der Bewegung, dem Gange, vor-
tragen wird, den seine innere Rührung
in der Seele einnimmt. So ist also das
Sylbenmaas keine zufällige Einrichtung
der menschlichen Kunst, sondern mußte
sich ohne alle absichtliche Erfindung und
Gesezgebung aus den Verhältnissen der

Kräfte des Genies entwickeln. Ich bemerke über diesen Gegenstand, dessen Behandlung in den Abschnitt von der Bezeichnung gehört, nur noch, daß der Natur
der Sachen nach, das Sylbenmaas nur
in denen Werken zweckmäßig ist, wo der
Dichter mit der Gegenstandsdarstellung
zugleich direkten oder indirekten Leiden-
schafts = oder Gefühlsausdruck verbindet,
daß es hingegen bey den Werken der zweyten Hauptklasse seines wesentlichen Zweckes
ganz ermangeln würde.

Ueber das Wesen der Tonkunst habe ich
mich bereits so umständlich erklärt, daß
wenigstens meine Meynung keiner Zwey-
deutigkeit unterworfen seyn kann. Ich
habe sie als Mahlerin der Leidenschaften und Gefühle vorgestellt, und darf,
um ihr Wesen auf das Allergenaueste zu
bestimmen und zu begränzen, nur noch
eine Frage beantworten, auf welche jeder Leser durch meinen Begriff selbst geleitet werden muß, die nämlich: ob die
Tonkunst alle Leidenschaften und Gefühle, und wenn nicht alle, welche sie mah-

len könne? Daß die Tonkunst nicht alle
Leidenschaften und Gefühle zu mahlen
vermöge, erhellt bey der oberflächlichsten
Betrachtung derselben, und die Tonkünstler bestätigen es von Jahr zu Jahr mit einer Menge verunglückter Werke. Welche
sind nun diese? Die Entscheidung ist leicht,
sobald man nur über den wahren Begriff
vom Wesen der Tonkunst einig ist. Vorstellungen, Begriffe kann sie nicht bezeichnen, sie mahlt an den Leidenschafts- und
Gefühlszuständen das, was nicht Vorstellung und nicht Begriff ist. Wenn nun
also bey gewissen Leidenschaften und Gefühlen das Eigenthümliche, das charakteristische Merkmal ihres Wesens in denen
sie bestimmenden Vorstellungen und Begriffen, nicht aber in dem, was nicht Vorstellung und Begriff ist, dem bloßen Streben und Fühlen liegt, so kann die
Tonkunst auch von diesen keine wahre, unzweydeutig treffende Darstellung geben.
Wenn aber gewisse Leidenschaften und Gefühle entweder ganz Vorstellungs- und
Begrifflos sind, und also ihre Eigenthümlichkeit in sich allein haben, oder, wenn

fie durch Vorstellungen und Begriffe bestimmt werden, doch auch in dem charak-
teristisch sind, was an ihnen nicht Vorstellung und Begriff ist; so kann die Tonkunst
diese auf das vollkommenste mahlen. Man
vergleiche in dieser Rücksicht z. B. den
Neid, und die Schwermuth, Ehrsucht
und Liebe. Allein wenn auch allezeit das
Streben und Fühlen selbst musikalisch
mahlbar seyn müssen, und dieses bey jedem Werke unnachläßliche Bedingung der
Möglichkeit musikalischer Wahrheit ist, so
kann sich doch bey gewissen Leidenschaften
und Gefühlen, deren Wesen und Charakter durch Vorstellungen und Begriffe bestimmt wird, mit der das bloße Streben
und Fühlen darstellenden Mahlerey auch
eine gewisse wirkliche Beziehung auf jene
Vorstellungen und Begriffe verbinden,
wenn nämlich das Charakteristische derselben der Form nach, in Verhältnissen besteht, welche durch Verhältnisse von Tönen nachgeahmt werden können. Ohne
dieses hier weiter auszuführen, bitte ich
den Leser, sich z. B. des Erhabenen in
den Werken der Tonkunst zu erinnern.

Vokal = und Instrumental = Musik sind,
psychologisch betrachtet, ihrem wesentli=
chen Zwecke, Gebiete und Wirkungsgrun=
de nach, einander völlig gleich. Der Un=
terschied beyder ergiebt sich aus den Grund=
sätzen, welche ich in der fünften Betrach=
tung festgestellt habe. (S. 165. 166.) Kei=
ne Leidenschaft = und Gefühlmahlerey in
Tönen, kann dem Menschen interessanter
seyn, als die, welche die menschliche Stim=
me selbst bildet, der Klang der Instru=
mente ist ihm allezeit um so anziehender
und rührender, je mehr er sich der mensch=
lichen Stimme nähert, und der melodi=
rende Instrumentalist kann seine Wirkung
nicht vollkommener erreichen, als wenn
sein Spiel der Phantasie der Hörer Ge=
sang zu seyn scheint. Der einzige philo=
sophische Eintheilungsgrund für die Werke
der Musik, ist die Verschiedenheit der mu=
sikalisch = mahlbaren Leidenschaften und Ge=
fühle. Ihm sind alle andre Eintheilun=
gen, hergenommen von besondern äußern
Zwecken, der Form, Disposition und Oe=
konomie untergeordnet. Die mancherley
möglichen Verbindungen der Tonkunst mit

Dichtkunst und Tanzkunst begründen eben=
falls mehrere Theilungen derselben in Gat=
tungen, Arten und Unterarten.

Ich habe der Tonkunst, als Mahlerin
von Leidenschaften und Gefühlen, die Tanz=
kunst an die Seite gesetzt. Ihrer Natur
nach wesentlich verbunden mit Mimik, hat
diese ein weit größeres Gebieth, denn die
Tonkunst, mahlt Leidenschaften und Ge=
fühle an sich, deutet aber auch Vorstellun=
gen von Gegenständen und Verhältnissen
an, stellt Handlung und Charaktere dar.
Sie mahlt diejenigen Leidenschaften und
Gefühle, welche an sich, (in der bloßen
Art des Strebens und Fühlens) eigen=
thümliche unzweydeutige Merkmale ha=
ben, durch entsprechende Bewegungen,
indem sie zugleich empirisch ausdrückende
Gebehrden damit verbindet; sie stellt aber
auch jene dar, welche ihr Charakteristi=
sches durch die Vorstellungen bekommen,
welche sie bestimmen, durch objektiv be=
zeichnende Richtungen und Bewegungen
der Glieder, sie ahmt äußere Handlung
und Leiden nach durch die natürlichen kör=

perlichen Zeichen, stellt Charaktere dar,
durch das eigenthümliche Wesen, den
Geist, den sie dem Ganzen leidenschaft=
und gefühlmahlenden Bewegungen und
empirischen Ausdrucke einer Person er=
theilt, durch Bezeichnung der Vorstellun=
gen und Gesinnungen, durch Handlung.

Fragt man: welche Leidenschaften und
Gefühle der eigentliche Gegenstand der
Tanzkunst sind, so ergiebt sich von selbst
die Antwort: alle die, welche einen be=
stimmten darstellbaren Charakter haben,
und ihrer Natur nach die Körperkraft zur
Bewegung reizen. Welche von denensel=
ben die ästhetisch vollkommensten, und in
der Darstellung die schönsten seyen, ist eine
Frage, welche im Künftigen erst entschie=
den werden kann.

Ich habe bereits die Tanzkunst in die
lyrische und dramatische getheilt.
Gründe zur weitern Theilung dieser Gat=
tungen sind: 1) bey der Lyrischen a) die
Verschiedenheit der tänzerisch = mahlbaren
Leidenschaften und Gefühle; b) die Ein=

fachheit oder Zusammensetzung mehrerer
davon zu einem gemischten Ganzen. c) Art
und Grad der Ausführung. 2) Bey der
dramatischen a) Verschiedenheit der Haupt-
leidenschaften und Gefühle, auf deren Erregung das dargestellte historische Ganze
hinwirkt, z. B. Gefühl des Komischen,
sanfter Rührung, des Mitleides, des
Schreckens, der Furcht, des Erhabenen.
b) Verschiedenheit des Hauptinhaltes der
Darstellung, wiefern es entweder vorzüglich Handlung, oder Charakteristik, oder
Leidenschaft und Gefühlmahlerey ist. c) Verschiedenheit der Form.

Wenn es keine Handlungen gäbe, die,
ohne Worte, ästhetisch vollständig durch
Bewegung, Stellung, Gebehrde und
Miene dargestellt werden könnten, so wäre
es widersinnig, von der bloßen Schauspielkunst, unabhängig von Poesie, zu sprechen. Allein da es in der That solche
giebt, so darf man um desto weniger an-
stehn, diese Kunst für sich zu betrachten,
je größern Vortheil die besondre Behandlung derselben auch für die Betrachtung

derſelben in Vereinigung mit der Dicht=
kunſt gewährt. Eintheilungsgründe für
die Pantomime ſind: 1) Verſchiedenheit
der Hauptleidenſchaften und Gefühle, wel=
che durch die dramatiſchen Ganzen dieſer
Gattung erregt werden ſollen. 2) Ver=
ſchiedenheit der Hauptinhalte der Darſtel=
lung, wiefern ſie vorzüglich, Charak=
teriſtik, oder Handlung, oder Ausdruck
von Leidenſchaft und Gefühl enthält.

So viel von denen Künſten, deren
Darſtellungen ſucceſſiv ſind. Ich gehe zu
denen über, deren Werke ſimultanee Ganze
im Raume ſind, den bildenden Kün=
ſten, und der Gartenkunſt.

Jedes Werk der bildenden Kunſt iſt die
Darſtellung eines beſtimmten Zuſtandes
lebhaft gerührter Empfindſamkeit; der
Künſtler ſtellt aber allezeit nur den Gegen=
ſtand ſeiner Betrachtung und Begeiſterung
dar, ohne die Richtung ſeines Begehrungs=
vermögens und ſein Gefühl zugleich aus=
zudrücken. Man könnte nach dem, was
ich bey der Dichtkunſt über die Allegorie
geſagt habe, leicht verführt werden, zu

Aeſthetik.   T

glauben, als vereinigten auch die allegorischen Werke der bildenden Kunst beyde
Zwecke in sich. Allein genauer betrachtet,
verschwindet dieser Schein. Das bildende
Genie allegorisirt freylich aus derselben Ursache, welche den Dichter zu dieser Art der
Einkleidung bestimmte. Bewunderung,
oder Verachtung, Liebe oder Haß, Zuver-
versicht oder Furcht sind auch bey ihm die
Triebfedern, und begeistern ihn zur Darstellung. Allein die Richtung des Begehrungsvermögens gegen den bloßen allgemeinen Begriff verursacht noch nicht
die eigentliche Begeisterung des bildenden
Künstlers; sie kann immer entschieden
seyn, und doch braucht deßhalb, wenn
nicht andre Triebfedern mitwirken, keine
äußere Bildung zu entstehn; der bildende
Künstler ist in diesem Augenblicke noch blos
Dichter, und seine Begeisterung ist bis
auf diesen Punkt noch bloße poetische Begeisterung. Wenn nun aber diese, die ge-
staltbildende Kraft des Künstlers weckt, daß
sie dem allgemeinen Begriffe Leben, Per-
sönlichkeit, Form und sichtbaren Charakter ertheilt, und sein Interesse nunmehr

von dem bloßen allgemeinen Begriffe auf
die Gestalt übergeht, dann beginnt die ei=
gentliche bildende Kunst = Begeisterung des
allegorischen Künstlers.   So gerechnet,
verschwindet der Einwurf, als ob der bil=
dende Künstler, als bildender Künstler, in
seinem allegorischen Werke etwas mehr
gäbe, denn Gegenstandsdarstellung.   Ich
werde im Künftigen ausführlich beweisen,
daß, so wie der allegorische Dichter, dem
Genie nach, zunächst an den bildenden
Künstler, also dieser zunächst an den Dich=
ter gränzt.

Die Eintheilung der bildenden Kunst
im Allgemeinen hat keine Schwierigkeiten.
Ihre Bildung ist entweder Nachfor=
mung eines körperlichen Gegen=
standes im Ganzen, nicht blos,
wie er in bestimmter Ansicht dem
Auge erscheint, sondern wie er
an sich sinnlich da ist; (Man kann
die bildende Kunst in Beziehung auf Werke
dieser Art die plastische Kunst nen=
nen;) oder Nachahmung, ihrer Er=
scheinung für das Gesicht unter

einem bestimmten Gesichtspunk=
te, auf ebenen Flächen, (zeich=
nende Kunst).

Die plastische Kunst theilt sich in
mehrere Gattungen, jenachdem sie für ihre
Nachformung besondere Stoffe wählt, und
besondre Methoden einschlägt sie zu behan=
deln: Bildhauerkunst im eigentlichen Sin=
ne, Stuckaturkunst, Bossirkunst, Schnitz=
kunst u. a.   Die zeichnende Kunst
theilt sich in zwey Hauptgattungen: 1) die
Zeichenkunst in engerer Bedeutung, die
sich nur willführlich gewählter Farben zur
Darstellung der Objekte bedient, nur Um=
riß und Figur des Ausgedehnten nach Licht
und Schatten darstellt *). 2) Die Mah=
lerkunst, welche die Gegenstände mit
den Farben, die sie in der Natur haben,

---

*) Philosophisch betrachtet gehört hieher
die Kupferstecherkunst, d. h. die Philo=
sophie der Künste betrachtet ihre Werke
blos von dieser Seite.   Ihre besondern
Grundsätze liegen außer diesem Gebie=
the, und bedürfen eines besondern Stu=
diums.

darstellt. Andre Eintheilungen und Unter-
theilungen gründen sich auf die Verschiedenheit der Materie der Farben, und die
besondre Behandlung derselben. Einen besondern Eintheilungsgrund für die Werke
der plastischen und zeichnenden Kunst giebt
die Verschiederheit der Gegenstände. Dieser zufolge sind es entweder, 1) Darstellungen von Gegenständen der leblosen Natur; 2) oder Darstellung von Wesen der
belebten Welt, und zwar a) entweder ver-
nunftloser oder b) vernünftiger. 3) Ge-
dichtete Darstellungen von bloßen Verstandesideen und übersinnlichen Wesen. 4) Ge-
mischte Darstellungen aus mehrern dieser
Gattungen.

Die drey erstern Gattungen sind wieder
mehr als einer Eintheilung fähig: 1) in
wiefern sie in ihren Werken a) einzelne Individuen, oder wohl gar nur einzelne Theile
von solchen, oder b) Mehrheiten derselben zu einem Zwecke verbunden darstellen.
2) In wiefern sie ihre Gegenstände a) ru-
hend oder b) handelnd vorstellen. 3) In
wiefern sie gewisse bestimmte Empfindungs-
zustände erregen.

T 3

Die Gartenkunst verhält sich zur
landschaft = bildenden Kunst unge=
fähr wie sich im allgemeinen plastische
Kunst zur zeichnenden Kunst verhält.
Der landschaftbildende Künstler stellt land=
schaftliche Natur dar; der Gartenkünstler
auch, jener stellt nur die Erscheinung einer
bestimmten Ansicht für den Gesichtssinn
auf ebener Fläche dar, dieser formt ein
Ganzes landschaftlicher Naturschönheiten
ganz so, wie dieselben nach den einzelnen
Theilen, in der Natur wirklich sind, und,
in einer gewissen Verbindung, wenigstens
seyn könnten; er unterscheidet sich vom
plastischen Künstler blos dadurch, daß er
die landschaftliche Natur durch sie selbst
kopiert, durch sie selbst verschönert, durch
ihren eigenen Stoff seine gedichteten Plane
realisirt. Streng genommen dürfte man
schwerlich sagen, der Gartenkünstler besitze
ein Zeichen, um darzustellen, wie der
Tonkünstler Töne, der Dichter Wörter, der
Tänzer Bewegungen, der Mahler Farben.

Der einzige philosophische Eintheilungs=
grund für die Werke dieser Kunst ist die

Verschiedenheit der Hauptempfindung, auf deren Erregung das Ganze abzweckt, und der Arten, wie in demselben eine Mannigfaltigkeit von empfindungwirkenden Scenen und Ansichten zu jenem Zwecke angelegt und verbunden ist. Alle andre Eintheilungen der Gärten, hergenommen von der Verschiedenheit der besondern Lage, dem Charakter der Gegend, dem Unterschiede der Jahres= und Tageszeiten u. a. müssen auf jene zurückgeführt werden können.

Erster Exkurs.

Wenn ich jedes Gedicht, seinem innern Wesen nach, als ein Ideenganzes betrachte, welches durch seine logische Verknüpfung Begeisterung verursacht, und in diesen einzigen Grundzug den Charakter der Poesie setze, so schmeichle ich mir, daß man sich nicht sowohl darüber verwundern wird, daß ich diesen Begriff allen vorigen vorziehe, als vielmehr darüber, daß noch niemand diese Ansicht des Gegenstandes bestimmt genommen hat, welche doch die natürlichste und geradeste ist, die man sich denken kann. Beurtheilt man die sonst gewöhnlichen Begriffe in Beziehung auf diesen, so findet man ohne vieles Nachdenken, daß sie sich zu demselben, entweder wie einzelne Theile zu ihrem Ganzen, oder wie Folgen zu ihrem

erften Grunde verhalten. Das erfte Verhältniß trifft vorzüglich den Begriff der
Nachahmung der fchönen Natur,
der Nachahmung überhaupt, und
den der Dichtung; das zweyte befon-
ders den der vollkommen finnli-
chen Rede, und den des Sylben-
maafes.

Ich will die vielleicht zu umftändlich
ausgeführte Deduktion der Dichtungsarten, der Ueberficht wegen, jetzt zufammen-
gezogen darftellen, und hiervon Veranlaf-
fung nehmen, verfchiedene Punkte derfel-
ben durch genauere Beftimmung vor jedem
Misverftändniffe zu fichern. Jedes Gedicht ift das Refultat eines in der Seele
des Dichters vorhanden gewefenen beftimmten Zuftandes lebhaft gerührter Em-
pfindfamkeit, (eigenthümlicher: einer Begeifterung) und zwar eines folchen, welcher erzeugt worden war durch die Vorftel-
lung eines in logifcher Verbindung ftehen-
den Ideenganzen, welches wegen feiner
durch diefe Verbindung beftimmten Beziehung auf das Begehrungsvermögen rüh-

ren mußte.   Dieses Resultat kann auf
keine Weise etwas andres seyn, als eine
Darstellung in bestimmten Wortreihen.

Gedichte sind entweder:

1) Darstellungen solcher Ideenganzen,
wie ich gesagt habe, mit dem Ausdrucke
der Beziehung derselben auf Leidenschaft
und Gefühl, er sey nun direkt oder indirekt entwickelt, und zwar

entweder:

a) solche Darstellungen, bey welchen das
Bewußtseyn des Dichters vorzüglich auf
die Leidenschaft, das Gefühl gerichtet ist,
welche das vorgestellte Ideenganze erregte,
und in welchen sich also diese Richtung
auch vorzüglich ausdrückt.

Von dergleichen Darstellungen zeichnen
sich ganz besonders aus:

α) Ode.

β) Lied.

γ) Elegie.

b) solche, bey welchen das Bewußtseyn
des Dichters vorzüglich auf die Betrach-

tung des Gegenstandes gerichtet ist, in welchen also Entwickelung, Darlegung des Ideenganzen Hauptsache ist. Hieher gehören:

α) das sogenannte beschreibende Gedicht.

β) das sogenannte Lehrgedicht.

γ) diejenigen erzählenden Gedichte, welche in dem Vortrage der Begebenheiten, auch leidenschaftlichen, empfindsamen Ausdruck enthalten; besonders

א) das epische Gedicht,

ב) das romantische Gedicht,

ג) das idyllische Gedicht.

2) Darstellungen der bloßen Ideenganzen ohne irgend eine Art bestimmten Ausdruckes von eigener Leidenschaft, eigenem Gefühl.

Diese Gattung befaßt:

a) beschreibende Werke, allein blos geistiger Gegenstände.

b) erzählende Werke, besonders:

α) Fabeln.

β) Romane.

γ) **Dramatische Werke**

א) Trauerspiele.

ב) Dramen.

ג) Lustspiele, niedere, und höhere.

Wenn man die Gattungen poetischer Werke in dieser Ordnung übersieht, so geht man von dem **tiefsten Insichver-sinken der Begeisterung** aus, und gelangt endlich zu dem höchsten Grade des **Aussersichseyns**, jedoch durch verhält-nißmäßige Mittelstufen. Das tiefste In-sichversinken findet sich bey der Oden=Lie-der= und Elegien=Begeisterung; weniger ist der Dichter schon beym beschreibenden und Lehrgedichte, ingleichen dem erzäh-lenden der ersten Klasse in seinem Gefühle versenkt, noch weniger beym beschreiben-den und erzählenden der zweyten Klasse, ganz aus sich herausgehoben scheint er bey den dramatischen Werken.

So wie ich das Wesen der Ode, des Liedes und der Elegie bestimmt habe, sind sie, dünkt mir, wie es nur möglich, in ihrer Eigenthümlichkeit charakterisirt. Ueber

das Psychologische der Ode und des Liedes
hat man bis jetzt gar nicht philosophirt;
die Elegie glaubte man hinlänglich auszuzeichnen, wenn man ihr die gemischten
Empfindungen zueignete, eine Theorie,
welche durch die von mir aufgestellte allererst ihre Gültigkeit und feste Bestimmung
erhält.

Das beschreibende Gedicht der
ersten Hauptklasse ist entweder 1) Beschreibung sinnlicher Gegenstände, oder 2) Beschreibung geistiger
Gegenstände. Gemeiniglich denkt man
bey dem beschreibenden Gedichte nur Darstellung sichtbarer Schönheiten, und hütet
sich wohl, die Art und Gränzen einer solchen genau zu bestimmen. Bloße Darstellung des sichtbaren, so wie überhaupt
des sinnlichen Schönen, in Wortreihen, widerspricht dem Begriffe des
Gedichtes, und kann nie Zweck des Dichters seyn, wenn er seine eigenthümliche
Sphäre kennt. Verstand und Vernunft
müssen das sinnliche Ganze zu einem Ganzen
anderer Art verarbeiten, müssen es gleich-

sam zerlegen, und dann die einzelnen pas-
senden Theile mit geistigen Banden zu einer
neuen Organisation verknüpfen. Nur in
diesem Sinne erkenne ich ein Dichter-
werk sinnlicher Beschreibung an;
jedes Gedicht hingegen, worin ein Ganzes
für die Sinnen, als ein solches, dargestellt werden soll, halte ich für einen Eingriff in das Gebieth der bildenden Kunst.
— Wenn ich von Beschreibungen
geistiger Gegenstände rede, so meyne ich im Gegensatze der sinnlichen,
Gegenstände, deren Wesen und Charakter
durch eine gewisse Verbindung und Zusam-
menwirkung geistiger Kräfte und Vermögen bestimmt wird, als z. B. Sitten, Charaktere, Tugenden, Laster, Thorheiten.
Dergleichen Beschreibungen gehören in
sofern in meine erste Klasse, wiefern sich
ihnen mit der Gegenstandsdarstellung zugleich Leidenschaft und Gefühl ausdrückt.
So mannigfaltige Leidenschaften und Gefühle es nun giebt, welche durch dergleichen Ganze erregt werden; so verschiedene
Arten von beschreibenden Gedichten dieser
Klasse kann es geben. Vorzüglich zeichnen

sich aus: 1) beschreibende Gedichte geistiger Stoffe mit dem Ausdrucke a) der Bewundrung; b) der Liebe. 2) Beschreibende Gedichte geistiger Stoffe mit dem Ausdrucke von Hasse. 3) Mit dem Ausdrucke von a) bittrer b) oder lachender Verachtung; mit einem Worte, satyrische Beschreibungen.

Den Nahmen eines Lehrgedichtes, carminis didactici, wünschte ich ganz vernichtet; er verleitet offenbar zu einem ganz falschen Begriffe. Lehren ist nie höchster Zweck eines Dichters, und wissenschaftliche Stoffe werden in dichterischen Werken nicht behandelt, um Gedächtniß, Verstand und Vernunft allererst damit bekannt zu machen, sie zu erläutern, zu erweisen, oder zu prüfen; sondern dieses wird vorausgesetzt, und ihr Vortrag im Gedichte zweckt auf Unterhaltung, Stärkung und Verbreitung des Zustandes von Leidenschaft und Empfindung ab, welchen die Betrachtung davon erregte. Die Beziehung der Stoffe auf das Begehrungsvermögen, wodurch dieser Zustand erregt wurde, be-

ſtimmt auch den Plan des Gedichtes; kei=
nesweges aber die ſyſtematiſche unwandel=
bare Ordnung der Wiſſenſchaft ſelbſt, wenn
nicht gerade dieſe zugleich auch natürlicher
Grund einer rührenden Beziehung des
Stoffes auf das Begehrungsvermögen iſt.

Nicht alle hiſtoriſche Stoffe können
Stoffe für erzählende Werke der erſten
Klaſſe ſeyn; denn nicht alle ſind innerlich
ſo beſchaffen, daß ſie dem Dichtergenie mit
der erzählenden Darſtellung zugleich auch
Ausdruck eigener Leidenſchaft, eigenen Ge=
fühles abdrängen, und es beſtimmte ſie
auf Koſten der abſoluten Wahrheit mit er=
höhten, üppiger getriebenen Farben, und
gleichſam mit Blumen der Liebe zu ſchmük=
ken. Sollen hiſtoriſche Stoffe dieſes auf
eine natürliche Weiſe vermögen, ſo müſ=
ſen ſie entweder den Dichter der gegenwär=
tigen Welt und der engen, beſchränkenden
Sphäre ſeines eigenen Zeitalters entrücken,
ihn in einem ſchwärmeriſchen Traume in
einen entfernten Raum zurückverſetzen, und
mit freyem Spiele ſeine Phantaſie die Ge=
genſtände, welche ſie enthalten, idealiſcher

bilden und ausmahlen laſſen; oder ſie müſ
ſen in einer ſo nahen, ſo gerad und ſtark
treffenden Beziehung auf die größten
Zwecke des Begehrungsvermögens, das
höchſte Intereſſe des Menſchen und Patrioten ſtehn, und in dieſer Beziehung betrachtet, in Eräugniſſen, Charakteren,
Handlungen und Leiden, ſo viel der Bewunderung und Liebe werthes, ſo viel
kraftvolles enthalten, daß ſie nicht Glieder
der alltäglichfortlaufenden Kette von Begebenheiten zu ſeyn, ſondern in eine höhere Sphäre zu gehören, und wegen ihres
Charakters von Erhabenheit und Heiligkeit, wenn ich ſo ſagen darf, keine andre
als eine idealiſche Darſtellung zuzulaſſen
ſcheinen. Solche Stoffe ſind nun vorzüglich: 1) Begebenheiten, Handlungen und
Leiden wichtiger Perſonen, von unüberſehlich großem Einfluſſe, auf das Ganze der
Menſchheit, oder eines Staates. 2) Begebenheiten aus entfernten, thatenreichen
und durch gewiſſe große Tugenden und
Kräfte ausgezeichneten Zeitaltern. 3) Begebenheiten aus einem gedichteten oder
einſt wirklich geweſenen Naturzuſtande,

einem Zeitalter der Unschuld, Einfachheit
und Lauterkeit der Sitten. Demnach
zeichne ich mit Recht unter den historischen
Werken der ersten Klasse 1) das epische,
2) romantische, 3) idyllische Gedicht aus.

Die zweyte Hauptklasse hat verschiedene
Gattungen mit der erstern gemein; allein
verschiedene hat sie ausschließlich, so wie
im Gegentheile einige nur der ersten zukommen. Sie hat eine Gattung beschrei-
bender Werke, und eine Gattung er-
zählender. Es ist ganz natürlich, daß
sie keine Werke der Beschreibung blos körperlicher Gegenstände befaßt. Diese für
sich allein können keine Stoffe für Gedichte
seyn, Verstand und Vernunft müßten sie
erst verarbeiten, ihre mannigfaltigen Züge
in bestimmte Beziehungen auf das Begehrungsvermögen bringen, und so ein Ganzes anderer Art aus dem blos sinnlichen
Ganzen bilden; ein Ganzes, in welchem
der Ausdruck von der Beziehung des Gegenstandes auf Leidenschaft und Gefühl
wesentlich enthalten wäre, welches also
nur Stoff eines sinnlich beschreibenden Ge-

dichtes der erſten Klaſſe ſeyn könnte. Dem=
nach beziehen ſich die beſchreibenden Werke
der zweyten Klaſſe allein auf geiſtige Ge=
genſtände. Der Umfang hiſtoriſcher Stoffe
für die zweyte Klaſſe iſt ungemein groß,
und mehrerer Abtheilungen fähig. Ich
habe nur die F a b e l n und R o m a n e als
hervorragende Gattungen ausgezeichnet.
Ihr Unterſchied von den hiſtoriſchen Wer=
ken der erſten Klaſſe iſt nicht zu verkennen.
Wenn der epiſche, romantiſche und idylli=
ſche Dichter nicht blos erzählt, ſondern zu=
gleich in und mit der Erzählung das Ver=
hältniß der Gegenſtände zu ſeinem Begeh=
rungsvermögen und ſeiner Empfindſamkeit
ausdrückt, ſo iſt im Gegentheile in den
Werken des Fabel= und Romanen=Dich=
ters keine Spur eines ſolchen Ausdruckes.

Ein L e h r g e d i c h t kann der zweyten
Klaſſe nicht zukommen. Wiſſenſchaftliche
Ideenganze werden nur dann Stoffe zu
dichteriſchen Werken, wenn ſie in eine na=
he und treffende Beziehung auf unſre Triebe
und Empfindſamkeit treten, und dieſe
Stoffe nehmen nur dann die Natur wah=

rer Gedichte an, wenn sie durchaus in und
mit dieser Beziehung durch die Sprache
dargestellt werden. Bloße wissenschaftliche
Ideenreihen hingegen in ihrer systemati-
schen Ordnung und ohne jene Beziehung
gedacht, können freylich in sinnlichem Style
vorgetragen werden, allein darum sind sie
noch keine Werke der Dichtkunst.

Der charakteristische Zug aller Werke
meiner zweyten Klasse: keinen Ausdruck
eigener Leidenschaft, eigenen Gefühls zu
enthalten, leuchtet bey keiner Gattung derselben so unzweydeutig ein, als bey der
dramatischen Poesie. Die dramatische Begeisterung reißt den Dichter aus
seiner eigenen Individualität heraus, versetzt ihn in eine fremde Sphäre, verviel-
fältigt und verwandelt ihn gleichsam in
andere Personen und Charaktere. Jedes
dramatische Gedicht gründet sich auf einen
Zustand lebhaft gerührter Empfindsamkeit,
erregt durch die Phantasievorstellung einer
bestimmten ganzen Begebenheit,
deren Fortgang, Verwickelung,
Entwickelung und Vollendung

durch die Kräfte derer an ihr
theilnehmenden Personen bestimmt und bewerkstelligt wird;
und zwar schaut der dramatische
Dichter, in dem durch die Begeisterung erregten Spiele seines
Genies, diese Begebenheit nicht
an, wie sie als ein geschlossenes
Ganzes im Hintergrunde der
Vergangenheit liegt, oder wie
sie vormals in einem zurückge-
schwundenen Zeitraume geschahe,
sondern er denkt sich in der na-
hesten Vergegenwärtigung, ihr
Werden nach allen seinen sichtbar bestimmenden Momenten.
Der Zweck jeder dramatischen Darstellung
ist Versetzung in denselben Empfindungs-
zustand, zu welchen der Dichter durch die
vergegenwärtigende Vorstellung des historischen Ganzen bestimmt wurde. Das einzige philosophische Principium dividendi
ist also die Verschiedenheit der Empfin-
dungszustände, welche durch solche Ganze
erzeugt werden können, und in dieser Rücksicht theilt man die dramatische Werke der

Dichtkunst an sich, mit Recht in drey
Hauptklassen: 1) das Trauerspiel, welches die höchsten Empfindungen der Furcht,
des Schreckens, des Mitleidens erregt,
und zwar darin seinen letzten Zweck, und
in der Erreichung desselben seine völlige
Vollendung hat. 2) Das Drama, welches entweder durch die sanftern Gefühle
der Theilnahme, der Furcht und des
Schreckens zu der siegenden Freude der
völligen Befriedigung, als seinem Vollen-
dungspunkte hinführt, oder auch die stärksten Gefühle des Mitleides, der Furcht
und des Schreckens auffordert, um durch
eine gleiche Katastrophe desto berauschen-
der zu überraschen. 3) Das Lustspiel,
welches die eigenthümliche Funktion hat,
das Gefühl des komischen zu erregen, ein
Gefühl, welches man gemeiniglich höchst
unphilosophisch mit denen durch das Drama zu erregenden Gefühlen einer sanften
Theilnahme vermengt. Ich werde in der
Folge die Theorie des Komischen so zu entwickeln suchen, daß diese Verwirrung in
ihrer ganzen schmählichen Unstatthaftigkeit
erscheine, und dieser Entwickelung zu Folge

mich bemühen, den bey uns durch so viele
zweydeutige Misgeburten verdrängten und
fast verschwundenen Begriff des ächten
wahren Lustspiels wiederherzustellen.

Ich füge nichts mehr hinzu, wiewohl
ich voraussehe, daß eine Theorie, welche
von der gemeinen Art so ganz abweicht,
Misdeutungen und Widersprüchen aller
Art ausgesetzt seyn wird. Das Einzige
nur erinnere ich noch, daß meine Leser und
Beurtheiler eine große Ungerechtigkeit be-
giengen, wenn sie in diesem Exkurse, und
der Betrachtung, auf welche sich derselbe
bezieht, umständliche Theorien der einzelnen Dichtungsarten erwarteten, da es
mir beym Eingange einer Aesthetik nur um
bestimmte Grundbegriffe zu thun seyn
kann, ohne welche in der Folge schlechterdings nicht bestimmt werden kann, worin wahre dichterische Schönheit
besteht.

Zweyter Exkurs.

Ich habe die Meynung verworfen, nach welcher man das Wesen der Poesie in das Sylbenmaaß sezt. Damit habe ich aber gar nicht leugnen wollen, daß das Sylbenmaaß zu einem wahren vollendeten Gedichte wesentlich gehöre. In den bisherigen Betrachtungen konnte es mir um nichts zu thun seyn, als darum, den wahren Gesichtspunkt zu bestimmen, aus welchem das Sylbenmaaß angesehen werden muß, und den gemeiniglich so verschobenen Begriff desselben zu rektificiren. In dem Abschnitte von der Bezeichnung erst werde ich beweisen müssen, daß bey einem wahren Gedichte das Sylbenmaaß nicht fehlen darf, eine Behauptung, welche sich ganz natürlich aus dem allgemeinen ästhetischen Prinzip ergiebt, daß, wenn man sich zur Darstellung eines Empfindungszustandes eines Zeichens bedient, man es auf das

vollkommenste thun, und alle Vermögen
des Zeichens zu wirken, nach dem jedes-
maligen besondern Zwecke, in das angemes-
senste Spiel setzen muß.

Gemeiniglich schränkt man den Effekt
des Sylbenmaaßes auf Erregung des Wohlgefallens an Harmonie und gleichmäßiger
Abgemessenheit ein.   Allein jeder etwas
feiner fühlende, und schärfer beobachtende
muß bemerken, daß bestimmte Metra nicht
für alle Stoffe passen, ja daß bey denen,
welchen man sie mit Recht zueignet, das
Vergnügen an der festen Ordnung, Ab-
theilung, und Gleichmäßigkeit bey weitem
nicht der ganze und höchste Effekt, sondern
nur ein einzelnes, abgeleitetes Bestand-
theil desselben ist.   Gewisse Leidenschaften
und Gefühle haben außer dem Charakter,
der in den Vorstellungen liegt, wodurch
sie erzeugt werden, auch als bloße Zustände des Begehrungsvermögens und des Ge-
fühlvermögens, in der Art und Weise, wie
sie nach der Zeit im Bewußtseyn vorüber-
gehen, ihren eigenthümlichen Charakter.
Nun gehen Wortreihen ebenfalls in der

U 5

Zeit vorüber, müssen also fähig seyn, diesen Charakter der Leidenschaften und Gefühle zu mahlen. Dieser Charakter kann
aber in nichts andern bestehen, als in einem bestimmten Grade der Langsamkeit,
oder einem bestimmten Grade der Geschwindigkeit, oder in einer Aufeinanderfolge von Geschwindigkeit und Langsamkeit,
zugleich aber entweder in einer völligen
Einheit des Grades von Geschwindigkeit
oder Langsamkeit; oder bey der Aufeinanderfolge von geschwinden und langsamen
Bewegungen, in der Mehrheit und dem
Uebergewicht der einen oder der andern,
oder in dem Mangel aller Einheit, in einer bloßen Mannigfaltigkeit. Wenn nun
also charakterisirte Zustände in dichterische
Darstellung übergehen, so wird nothwendig die Bewegung der Wortreihen, jeden
von allen besondern Charakteren derselben
mahlen können, und auch, nach dem
Princip, welches ich eben vorher angedeutet habe, wirklich mahlen müssen. Hieraus
folgt, daß Einheit und gleichmäßige Abgemessenheit der einzelnen Theile des Sylbenmaaßes nicht jedem Gedichte zukom-

men kann, sondern daß gewisse leidenschaftliche und Gefühls-Zustände Mannigfaltigkeit des Sylbenmaaßes verlangen, Mannigfaltigkeit ohne gleich bestimmte Abmessung der einzelnen Glieder, daß also das
Wohlgefallen an Einheit und gleichmäßiger Abgemessenheit nicht der allgemeine und
höchste Effekt des Sylbenmaaßes seyn kann.
Dieß ist nichts anders als Stimmung
zu demselben Leidenschaft- und
Gefühlszustande, in welchem sich
der begeisterte Dichter befand,
wiefern sie durch die Kraft des
Sylbenmaaßes erregt wird.

Hätte ich nicht das allgemeine Feuer
der Theoristen und Dichter befürchtet, so
würde ich in der vorhergegangenen Betrachtung meine Ueberzeugung, daß die
Gattungen der von mir angegebenen zweyten Klasse dichterischer Werke, ihrem Wesen nach eigentlich gar nicht zur wahren
Poesie gehören, entscheidender und kräf-
tiger vorgetragen haben. Allein ich wollte
mich demselben um so weniger aussetzen,
da die ganze Sache am Ende auf einen

Wortstreit hinauslaufen müßte. Niemand
wird leugnen, daß die Werke der ersten
Klasse ihrem besondern Zwecke, ihrer Form
und ihrer Wirkung nach von den Werken
der zweyten in eben diesen Rücksichten betrachtet, wesentlich verschieden sind, und
nur im Hauptzwecke mit ihnen zusammentreffen; es kann mir also gleichgültig seyn,
ob man sie wegen dieser Uebereinstimmung
mit denselben in eine Sphäre ziehen, oder
ihnen wegen ihres ganz eigenthümlichen
Charakters eine besondre zueignen will.
Da indessen dieser von jedem unpartheyi-
schen Beobachter anerkannt, und von jedem
zugegeben werden muß, daß der Dichter
seine eigne durch den Stoff bestimmte Leidenschaft oder Gefühl in die Darstellung
derselben nicht im mindesten einfließen läßt,
so darf ich nach dem von mir festgesetzten
Begriffe vom Wesen des Sylbenmaaßes
behaupten, daß bey ihnen der Gebrauch
von diesem ganz unnatürlich ist.

Dritter Exkurs.

Seit ich angefangen habe, über das Wesen der Dichtungsarten etwas schärfer nach-
zudenken, hat keine Gattung mir so viele
Schwierigkeiten bey jedem Versuche der
Entwickelung entgegengestellt, als die lyrische Poesie.   Durch ein mit der Mode
unsrer Zeiten eben nicht übereinstimmen-
des Studium der Philosophie an jenen Sy-
stemgeist gewöhnt, welcher über den Spott
kleinmeisterischer Denker so sehr erhaben
ist, hegte ich keine Ueberzeugung fester, als
diese: daß, wenn die Dichtungsarten wirklich ein Ganzes ausmachten, und eine
eigene Sphäre einnähmen, sie sich nothwendig nach einem bestimmten Princip ein-
theilen lassen müßten, und daß, sobald
nur der Theorist eine Dichtungsart unter
ihren richtigen Begriff gebracht habe, es
nicht fehlen könne, daß ihr dann auch in

der Sphäre des Ganzen ein bestimmter
Platz zukomme. Mit dieser Ueberzeugung
las ich auch die mannigfaltigen Versuche
über die lyrischen Dichtkunst, allein jemehr ich mich den Verfassern derselben überließ, um desto verworrener wurden meine Begriffe, desto mehr verschwand
die Aussicht einer scharfen Bestimmung
des Wesens und der Gränzen dieser Gattung, dem Ganzen sowohl als seinen Theilen nach. Für mein Gefühl war die lyrische Dichtkunst ein geschlossenes Ganzes,
seit ich mit einiger Reflexion ihre vortreff-
lichsten Werke genossen hatte; Ode, Elegie und Lied konnte ich nur als innig verwandte, und in der nächsten Nachbarschaft
gegen einander stehende Theile desselben
denken; so scharf hatten sich von selbst die
Wirkungen ihrer Werke vor allen übrigen
ausgezeichnet, und wäre kein Bedürfniß
über diese Gegenstände zu philosophiren in
mir entstanden, so würde jener Gefühls-
glaube, wenn ich so sagen darf, zu meiner
völligen Befriedigung hingereicht haben.
Allein sobald dieses eintrat, mußte ich mir
selbst Rechenschaft über meine Empfindun-

gen bey lyrischen Werken abfordern, und
die in und an diesen befindlichen bestimm=
ten eigenthümlichen Gründe für die durch
sie erregten bestimmten eigenthümlichen
Empfindungen aufsuchen. Die ersten Ver=
suche, durch mich selbst über diesen Punkt
mit mir selbst einig zu werden, mislangen,
und die Fortsetzungen derselben wurden in
dem Maaße immer weniger entscheidend,
als ich zu gleicher Zeit die Arbeiten andrer
zu Hülfe nahm. Die Begriffe von lyri=
scher Poesie, welche ich bey den meisten
fand, trafen in keinem fest bestimmten we=
sentlichen und als wesentlich mit unzwey=
deutiger Evidenz erscheinendem Merkmale
zusammen, desto mehr aber schienen sie
mit einander um den Ruhm der möglichsten
Unbestimmtheit, der schwankendesten Um=
gränzung und des schielendesten Ausdrucks
zu wetteifern. Bald gerieth ich auf einen
Weltweisen, welcher mit Zueignung der
Fähigkeit gesungen, und mit der Leyer be=
gleitet zu werden, das ganze Wesen der
lyrischen Poesie erschöpft zu haben glaubte,
eine Meynung, welche nichts für sich hat,
als die Autorität der Alten, und am kür=

zesten durch eine Menge von Werken widerlegt wird, welche bey durchgängiger
Uebereinstimmung mit den übrigen auch
dem Gefühle sich schon ankündigenden eigenthümlichen Beschaffenheiten und Wirkungen der lyrischen Poesie, doch der musikalischen Setzung nicht fähig sind; bald
fand ich einen andern, welcher sich damit
begnügte, das lyrische Gedicht als ein Gedicht zu erklären, in welchem die Haupt-
vorstellungen mit einer herrschenden Leidenschaft vergesellschaftet sind, bald einen
andern, welcher alles gesagt zu haben
glaubte, wenn er das lyrische Gedicht als
unmittelbares Produkt der Fülle des Gefühls, als Erguß des Herzens darstellte,
bald mehrere andre, welche sich um dieselbe schwankende Idee, jeder auf seine Weise
drehten. Am gewissesten glaubte ich die
Lückenhaftigkeit und Unbestimmtheit in den
Theorien der lyrischen Dichtkunst dadurch
zu erkennen, daß kein Verfasser einer derselben durch seinen Begriff in den Stand
gesetzt war, unwiderleglich darzuthun,
welche Unterarten diese Dichtungsart be-
fasse, mit welchem Rechte man diese mit

zu ihrem Gebiethe schlage, jene davon
ausschließe. Hymne, Dithyrambe, Päan,
Skolie, Hymnäus, Oden und Lieder aller
Art fand ich einstimmig zur lyrischen Poesie gerechnet, das beschreibende, das Lehr-
das epische Gedicht, die Fabel, den Ro-
man, das dramatische Gedicht durchweg
ausgeschlossen; bey einigen Dichtungsarten fand ich eine große Abweichung der
Theoristen, einige zählten die Idylle mit
zu der lyrischen Poesie, die meisten ließen
sie weg, sehr viele zogen die Elegie mit in
den Kreiß, mehr als einer versagte ihr unter den lyrischen Werken einen Platz.
Warum man allgemein das blos beschreibende, blos erzählende und dramatische
Gedicht von der lyrischen Poesie ausschloß,
war mir augenblicklich einleuchtend, indem
jene Werke alles Ausdrucks der eigenen
Leidenschaft, des eigenen Gefühles des
Dichters ermangeln. Allein wenn ich das
leidenschaftlich und empfindsam beschreibende, das sogenannte Lehrgedicht und
das epische Gedicht betrachtete, so bemerkte
ich zwischen ihnen und denen allgemein
als lyrische angenommenen Gedichten eine

Aesthetik.   X

nicht unwesentliche Aehnlichkeit, und die
Verschiedenheit der äußern Form konnte
mich auf keine Weise bestimmen, ihnen
eine von der Sphäre der lyrischen Poesie
ganz und gar gesonderte Sphäre zuzueig=
nen. Ich fand in den wenigen meisterhaf=
ten beschreibenden und Lehrgedichten un=
verkennbaren Ausdruck eines Dranges der
Leidenschaft; ja bey vielen epischen Werken
schien mir der Gesang wahrer Erguß des
Herzens, Ossian besonders, nach den ge=
wöhnlichen Begriffen, ein ächter lyrischer
Erzähler zu seyn. Indessen fühlte ich doch,
daß ich von einer gewissen Seite in einem
ganz andern Zustande war, wenn ich eine
Ode Klopstocks las, als wenn ich mich mit
Hallers Alpen, oder seinem Gedichte über
den Ursprung des Uebels beschäftigte, und
konnte doch mit den gewöhnlichen Theorien
das Eigenthümliche des Grundstoffes, und
der ganzen Organisation dieser verschieden=
artigen Werke nicht entdecken. Die Elegie
schien mir die rechtmäßigsten Ansprüche
auf einen Platz in der Sphäre der lyrischen
Dichtkunst zu machen; wiewohl ich für
diese Entscheidung des bloßen Gefühls in

den gemeinen Begriffen keinen zureichenden
bestimmten Grund fand.

So viele und mancherley mißlungene
Versuche selbst großer und verdienter Männer würden im Stande gewesen seyn, mich
auf immer von der Unternehmung einer
neuen Untersuchung abzuschrecken, wenn
ich nicht bey etwas genauerer Kritik ihrer
hieher gehörigen Schriften in den Methoden, welche sie eingeschlagen waren, den
Grund des minder glücklichen Erfolges von
ihren Bemühungen gefunden hätte. Ihre
Methode war entweder: 1) die Methode
der blinden Nachahmung der Alten, und
des mechanischen Uebertragens der Einrichtungen und Formen ihrer Werke, und
derer davon abhängenden Klassifikationen,
auf unsre Litteratur. 2) Die so gewöhnliche Methode blos zu beobachten, ohne
bis zu den ersten Gründen durchgedrungen
zu seyn, welche den Charakter und die Eigenthümlichkeit eines Gegenstandes bestimmen. 3) Die Methode, den wesentlichen
Charakter der Litteraturwerke aus der äußern Form zu entwickeln, und die Ueber-

einstimmung der Form nach, mit der ei=
gentlichen wahren Uebereinstimmung dem
Innern nach, zu verwechseln. Der Scha=
den, welchen die erste Methode, der phi=
losophischen Behandlung der Theorie der
Dichtkunst zugefügt hat, ist nicht zu ermes=
sen, in keinem Theile aber so sichtbar, als
in der lyrischen Poesie. Den Alten gereicht
dieses nicht im mindesten zum Vorwurfe;
sie wähnten nicht mit ihrem Begriffe der
lyrischen Poesie einen philosophischen Be=
griff vom innern geistigen eigenthümlichen
Wesen ihrer Werke zu besitzen; von diesem
Probleme hatten sie vielleicht nur eine sehr
schwache Ahndung; die Worte: lyrisches
Gedicht waren ihnen nichts mehr, als
eine Benennung, womit sie, aus ihrem
Gesichtspunkte, eine Klasse von dichteri=
schen Werken wegen ihrer gemeinschaftli=
chen Bestimmung mit Gesang und Beglei=
tung der Lyra vorgetragen zu werden, und
wegen einer gewissen äußern Gleichheit in
den Formen bezeichneten. Allein diejeni=
gen Neuern, welche diesen Begriff als
eine philosophische Gränzbestimmung einer
Hauptklasse von dichterischen Werken, dem

innern Wesen nach ansahen, oder sich doch
wenigstens durch mechanisches Nachbeten
desselben der eigentlichen Untersuchung entzogen, und mit der Einführung desselben
der Theorie dieses Theiles der Poetik eine
Gestalt und Richtung gaben, welche sie
auf einen großen Theil dichterischer Werke
unanwendbar macht, welche doch unstreitig dem Wesentlichen nach zu denen von
den Alten lyrisch genannten Werken gehören, wenn sie auch in d e r Seite nicht mit
ihnen übereinstimmen, welche dieselben in
ihrem Begriffe vorzüglich auszeichneten,
diese Neuern verdienen den Tadel aller derer, welchen es um philosophische Bestimmung und Ordnung wissenschaftlicher Begriffe zu thun ist. Die zweyte Methode
schadet allezeit, in welcher Wissenschaft
man sie auch anwende; eine Wahrheit,
welche jetzt erst in der philosophischen Welt
wieder geltend zu werden anfängt. Die
Geschichte der Behandlung der Dichtungsarten predigt sie laut. Es war so lange
nicht möglich, bestimmte Begriffe zu bekommen, als man von keinem bestimmten
Grundprinzipe ausging. Die dritte Me-

thode hat die feste Bestimmung des We=
sens der Ode, der Elegie, des Liedes, und
der Allegorie ungemein gehindert. Man
hing zum Theil immer am Aeussern, an
den Graden des bildlichen Styles, der Art
und Form des Sylbenmaaßes, sogar der
Länge des Ganzen, da man doch hätte vor
allen Dingen das Innre in seiner Eigen=
thümlichkeit untersuchen sollen. Denn,
wenn nun die verschiedenen sogenannten
lyrischen Gedichtarten, jede ihren eigen=
thümlichen Styl, ihre eigenthümlichen
Sylbenmaaße, überhaupt ihre eigenthüm=
liche äussere Form haben, so müssen doch
diese bestimmt werden, durch das Eigen=
thümliche der besondern lyrischen Begeiste=
rung jeder Art, und nur nach der sicher=
sten Anerkennung von diesem, und der
richtigen Einsicht, wie sich aus demselben
eigenthümliche äussere Beschaffenheiten für
eine jede ergeben, können diese als Merk=
male gelten, nach denen man die Werke
mit Klassennamen benennen kann. Ist
man über das Eigenthümliche der lyrischen
Begeisterung jeder Art, und dessen Ein=
fluß auf das Aeussere noch nicht einig, so

1) kann man nicht sicher seyn, ob die Dichter selbst bey Werken jeder Art die passende Einkleidung und Versifikation gewählt haben; denn, so wie nicht alle der Natur und Vernunft treu bleiben, so können Viele unnatürliche und unpassende Methoden des Aeußern wählen, Methoden, welche, genau erwogen, im Widerspruche mit dem Innern stehn. 2) Kann der Theorist selbst a) in keinem Falle nach den äußern Formen entscheiden, von denen er nichts gewisses weiß; b) ist er besonders folgendem Irrthume ausgesetzt: er kann nämlich bey seinen unberichtigten Begriffen eine gewisse Form für ein Eigenthum einer besondern Art halten, und dieselbe den übrigen absprechen, ohne einen haltbaren Grund für seine Meynung zu haben; und so wird er Werke, welche in derselben abgefaßt sind, sonst aber wesentlich von dem Innern der Art abweichen, für deren Eigenthum er die Form hält, ohne Bedenken zu derselben rechnen, und mit ihrem Namen benennen. So finden wir viele Gedichte Oden genannt, welche Elegieen oder Lieder sind, viele Gedichte Lieder, welche Oden

oder Elegien sind. Ich zweifle z. B. gar
nicht, daß Viele erstaunen werden, wenn
ich sage, daß Klopstocks Gedicht: Wenn
der Schimmer von dem Monde
u. s. w. keine Ode, sondern eine Elegie ist,
eine Behauptung, die ich von mehrern
seiner sogenannten Oden wagen würde,
wenn es nicht hier an einem Beyspiele genug wäre. — Doch ich kehre zur Hauptsache zurück. Gewarnt durch die mislungenen Versuche, welche man in diesen Methoden anstellte, wagte ich einen Neuen,
bey welchem man wenigstens eine gewisse
Natürlichkeit und Bündigkeit der Entwickelung nicht verkennen wird. Ich hatte die
ganze Sphäre der Dichtkunst in zwey Theile
durchschnitten, wovon den einen die Werke
einnahmen, in welchen die Darstellung
des Gegenstandes mit dem Ausdrucke seiner Beziehung auf das Begehrungsvermögen und das Gefühl verknüpft ist, den
andern jene, welche blos Darstellung des
Gegenstandes enthalten, ohne daß der Dichter mit derselben irgend eine Art des Ausdruckes von eigener durch denselben erreg-
ter Leidenschaft und Gefühle verbindet.

Mit der Bestimmung des erften Theiles
hatte ich auf diese Weise Ode, Elegie, Lied,
Allegorie, leidenfchaftlich und empfindfam
befchreibendes Gedicht, Lehrgedicht, epi-
fches, romantifches und idyllifches Gedicht,
und überhaupt jede poetifche Erzählung mit
dem Ausdrucke von Leidenfchaft und Gefühl
unter einen gemeinfchaftlichen Gefichts-
punkt gebracht; ich betrachtete diefelben,
wie fie alle, Gegenstandsdarftellung, und
Ausdruck von Leidenfchaft und Gefühl in
fich vereinigen. Kam es nun darauf an,
diefe erfte Hauptklaffe in Unterarten philo-
fophifch zu theilen, fo mußte ich nichts
eher fragen, als: wie viel Fälle find im
Allgemeinen bey einer dichterifchen Begeifterung möglich, welche ein Werk erzeugen
foll, worin fich Gegenstandsdarftellung
und Ausdruck von Gefühl und Leidenfchaft
vereinige? und hier konnte ich nur zwey
Hauptfälle in Rechnung bringen: 1) entweder das Bewußtfeyn des Dichters ift im
Zeitraume der Begeifterung, (welche den
Inhalt, Charakter, und Form des Werkes
beftimmt) mehr gerichtet auf die Richtung
feines Begehrungsvermögens, die Stim-

mung seines Gefühls, welche durch das
Vorstellen des Gegenstandes erregt wor=
den, als auf die Vorstellung und Betrach=
tung des Gegenstandes selbst; 2) oder es
ist mehr gerichtet auf die Betrachtung der
Gegenstände. Was man auch für eine
besondere Theorie aller der einzelnen Dich=
tungsarten, welche ich zur ersten Klasse
ziehe, annehme, so muß man mir doch
zugeben, daß Ode, Elegie, Lied und Alle=
gorie zur ersten Unterart, alle übrigen
zur zweyten gehören, und daß, wenn man
nun einmal die Benennung einer ly=
rischen Dichtkunst nicht eingehn las=
sen will, die erste Unterart dieselbe am
meisten verdient. Der Unterschied der
möglichen zwiefachen Richtung des Be=
wußtseyns muß nothwendig eine Verschie=
denheit in der Art und Weise der Gegen=
standsdarstellung und des Ausdruckes vom
Verhältnisse desselben zum Begehrungsver=
mögen und Gefühle bey jeder dieser beyden
Unterarten begründen. Ist mein Bewußt=
seyn im Zeitpunkte der Begeisterung vor=
züglich gerichtet auf meine Leidenschaft,
mein Gefühl, so wird eben jenes vorzüg=

lich starke Bewußtseyn von diesen die Triebfeder des Darstellens, und mein Interesse
ist vorzüglich auf meine gegenwärtige Leidenschaft, mein gegenwärtiges Gefühl
fixirt, ich schildre mein Hinstreben, oder
Wegstreben, mein angenehmes oder un-
angenehmes Fühlen selbst, so weit es durch
Sprache ausdrückbar ist. Klopstock singt:

„Groß ist der Herr! und jede seiner Thaten,
  Die wir kennen, ist groß!
    Ocean der Welten, Sterne sind Tropfen
            des Oceans!
    Wir kennen dich nicht!

Wo beginn ich? und ach, wo end' ich
  Des Ewigen Preis?
    Welcher Donner giebt mir Stimme?
    Gedanken welcher Engel?

Wer leitet mich hinauf
  Zu den ewigen Hügeln?
    Ich versink', ich versink', und geh
      In deiner Welten Ocean unter." u. s. w

Und worauf war in diesen Momenten der
Begeisterung sein Bewußtseyn vorzüglich
gerichtet? Welches Interesse war die entscheidende Triebfeder dieser Darstellung?

Ich behaupte, sein Bewußtseyn war vor-
züglich gerichtet auf das Streben seines
Begehrungsvermögens, die Unendlichkeit
Gottes und seiner Werke zu fassen; das
Interesse an dieser leidenschaftlichen Situa-
tion war die entscheidende Triebfeder der
Darstellung, in welcher sich demnach auch
nichts so lebhaft abbilden sollte, als das
Heben und Sinken der Willenskraft vor
dem Unermeßlichen, welches sie erreichen
will, und nicht erreichen kann. Der sicher-
ste Bürge dafür ist das Schlußgleichniß der
Ode, worin der Dichter den Zustand des
Geistes schildert, wenn er mit Kraft und
Kühnheit sich dem Unendlichen entgegen-
schwingt, und im Fluge ahndet, daß er mit
Schaudern vor ihm sinken und unterlie-
gen wird.

„Weniger kühn, hast, o Pilot,
   Du gleiches Schicksal.
     Trüb am fernen Olymp
      Sammeln sich Sturmwolken.

Jetzo ruht das Meer noch fürchterlich still.
   Doch der Pilot weiß,
     Welcher Sturm dort herdroht!
      Und die eherne Brust bebt ihm;

Er stürzt am Maste
Bleich die Segel herab.
Ach, nun kräuselt sich
Das Meer, und der Sturm ist da.

Donnernder rauscht der Ocean als du, schwarzer
Olymp!
Krachend stürzet der Mast.
Lautheulend zuckt der Sturm;
Singt Todtengesang;

Der Pilot kennt ihn. Immer steigender hebst,
Woge, du dich.
Ach die letzte, letzte bist du! Das Schiff geht
unter!
Und den Todtengesang heult dumpf noch fort
Auf dem großen, immer offnen Grabe der
Sturm."

Wie hätte sich natürlicher Weise der Dichter so ganz in diesem Gemählde verlieren
können, wäre es ihm nicht vorzüglich darum zu thun gewesen, seine leidenschaftliche
Situation selbst darzustellen?

Wenn eben dieser Dichter, da er Cidli
nach einer Krankheit auf dem Ruhebette
schlummernd antrift, singt:

„Sie schläft. O gieß ihr, Schlummer, geflügeltes
Balsamisch Leben über ihr sanftes Herz!
    Aus Edens ungetrübter Quelle
      Schöpfe die lichte, krystallne Tropfe!

Und laß sie, wo der Wange die Röth entfloh,
Dort duftig hinthaun! Und du, o bessere,
    Der Tugend und der Liebe Ruhe,
      Grazie deines Olymps, bedecke

Mit deinem Fittig Cidli. u. s. w."

Oder wenn er in seiner unsterblichsten
Elegie: die künftige Geliebte, be=
ginnt:

„Dir nur, liebendes Herz, euch, meine vertrau=
        lichsten Thränen,
„Sing' ich traurig allein dieß wehmüthige Lied.
„Nur mein Auge soll's mit schmachtendem Feuer
        durchirren,
„Und, an Klagen verwöhnt, hör es mein leiseres
        Ohr!
„Ach! warum, o Natur, warum, unzärtliche
        Mutter,
„Gabst du zu dem Gefühl mir ein zu biegsames
        Herz?
„Und ins biegsame Herz die unbezwingliche Liebe,
    Dauernd Verlangen, und ach, keine Geliebte
        dazu?"

worauf ist in beyden Stellen sein Bewußt=
seyn vorzüglich gerichtet? Augenscheinlich

auf den innern leidenschaftlichen Zustand
selbst. Denn so wie die erste die Handlung,
das Spiel des Begehrungsvermögens selbst
ausdrückt, so erscheint in der zweyten vorzüglich das Bewußtseyn des Gefühls einer
süssen Schwermuth, und der Regungen
einer sanften Sehnsucht. Merklich anders
muß nun im entgegen gesetzten Falle die
Darstellung erfolgen, wenn nämlich das
Bewußtseyn vorzüglich auf die Betrachtung der Gegenstände gerichtet ist, welche
die Leidenschaft oder das Gefühl erregten.
Dann wird natürlich die Darstellung vorzüglich Schilderung der Gegenstände enthalten, und diese Schilderung, nicht die
Beschreibung der Aktion des Begehrungsvermögens und der Passion des Gefühls
wird in dem Gedichte vorwalten. Darum
hört das Werk nicht auf, ein Produkt der
Empfindsamkeit zu seyn, und verliert eben
so wenig den jedem wahren Kunstwerke
eigenthümlichen Zweck; nur daß der Dichter bey demselben aus dem Ganzen seiner
Begeisterung vorzüglich die Gegenstände
für die Darstellung heraushebt. Wenn
Gotter sagt:

„Bedenkt doch selbst! das Auge dieser Welt
„Hat sichs, durch einen Stoß, vom blinden
Chaos trennen,
„Und so den Platz am Himmel nehmen können,
„Daß es uns nicht verzehrt, nur wärmet, nur
erhellt?
„Wer hieß die Millionen Lichter brennen,
„Die kühle Ruh und sanften Wiederschein
„Von ihrer Majestät auf unsre Hütten streun?
„Und wer gebot dem Mond, die Erde zu be=
gleiten,
„Und durch verborgne Kraft den Ocean
„Zu halten, daß er nicht, aus seinen Ufern
gleiten
„Und uns die Sündfluth wiederbringen kann?
„Wer hatte Kraft, den Wolkenmantel auszu=
breiten,
„Der tausendfarbigt über unserm Haupte fließt,
„Des Lenzes Hofnung und des Herbstes Schätze
„In seiner Falten Schoos verschließt?
„Wer gab dem Wasser und der Luft Gesetze,
„Daß keines in das andre sich verlohr?
„Wer schrieb den Winden ihre Laufbahn vor?
u. s. w. *)“

so bemerkt jedermann in dieser Stelle indi=
rekten Ausdruck von lebhaft gerührter Em=
pfindsamkeit, allein zugleich auch, daß die
Gegenstandsdarstellung dabey Hauptsache
ist. Und so verhält es sich mit dem gan=

***

*) S. dessen Lehrgedicht über die Starkgeisterey.

zen Gedichte. Der Dichter war allerdings
durch den wissenschaftlichen Stoff, welchen
er betrachtete, bis zur Begeisterung gerührt;
lebhaftes Streben und Verabscheuen, Vergnügen und Mißvergnügen begleiteten
seinen Geist unablässig im Gange durch die
Reihen der Ideen, und vereinigten sich
beym Stillstandpunkte in einem die ganze
Seele einnehmenden Interesse am Ganzen
der Ideenreihen und des dadurch erregten
Spieles des Begehrungsvermögens und
Gefühles. Jetzt entschied der Dichter für
Darstellung, und in diesem für den Charakter und die Form des Werkes entscheidenden Momente ging das Bewußtseyn
desselben vorzüglich auf die betrachteten Gegenstände über, und die Schilderung von
diesen muß nun natürlich die Hauptparthie
des Gedichts seyn. Man wende dieselben
Grundsätze auf Homers, Ossians, Virgils,
Miltons, Klopstocks epische, Wielands
größere, Bürgers kleinere romantische Gedichte, auf Geßners idyllische, Tomsons,
Lamberts, Kleists u. a. beschreibende Werke
an, und man wird von der Richtigkeit derselben durchaus überzeugt werden. Ich

gehe nun zu der genauern Bestimmung der einzelnen Arten der lyrischen Dichtkunst über, deren allgemeinen Charakter ich jetzt nur gezeigt habe.

Nicht bloß Gefühl, sondern wahre Leidenschaft von lebendig wirkender Stärke drückt sich in der Ode aus. Der Gegenstand, auf welchen sich jene bezieht, ist entweder wirklich unendlich, unermeßlich, unerreichbar, oder erscheint doch dem Dichter, als ein solcher, in diesem Augenblicke, allein das unerschöpfliche Interesse, welches der Dichter an ihm nimmt, fordert alle seine Kräfte zum höchsten wirksamsten Spiele auf, und diese Situation stellt die Ode dar. Die entscheidende Triebfeder der Darstellung ist Interesse an der Situation selbst, also Interesse an dem kühnen Emporstreben und Ausdehnen des Geistes gegen das Unendliche, um es zu erreichen, um es zu fassen. Die Ode verträgt also ruhige Kontemplation nicht, sie muß ein Gemählde feuriger Leidenschaft für einen unendlichen Gegenstand seyn, ein Gemählde voll Handlung und inneres Lebens.

Ich kenne keine Ode von so starker im=
mer gleicher Geisteskraft, und zugleich so
großem Umfange, als Lavaters Ode an
Gott, und eine Stelle aus derselben, wird
den Sinn meiner Worte besser aufklären,
als alles was ich noch zu seiner Entwicke=
lung sagen könnte:

„Gott! du bist: denn ich bin!
Ewig bist du: denn nicht ewig bin ich!
Ewig warst du, Wesen der Wesen!
Eh der Vater der Sterblichkeit,
Deiner schaffenden Stimme dastand;
Ehe dem ersten der Seraphim
Schlug sein unsterbliches Herz;
Eh' in jubilirender Wonne
Seine Zunge dich Liebe, sein Aug' Liebe,
Sein ganzes lebenvolles Wesen
Unaussprechliche Liebe dich nannte!
Da der Thronen Erster an deine Fersen, Jehova!
Deines wallenden Kleides
Himmelfüllenden Lichtsaum
Herauf zu fliegen zum erstenmal
Die kühnen Schwingen schwang,
Und im Gefühle seines Seyns,
Und deines undurchdringlichen Vorherseyns,
Von Wonne trunken niedersank und schwieg;
Da warst du der Ewige schon;
Schon unerfliegbar deines Daseyns
Ewig unerforschte Gränze!

Jünglinge sind und Kinder,
Embryonen vor dir sind
Der Lebendigen Frühgeborne,
Die blühn und wieder verblühen sahen den Erdball,
Der mich im Unermeßlichen
Vor deinem Angesicht vorüberträgt;
Die über seiner crystallenen Wölbung
Schnell durch die weichende Nacht
Hinüber schweben sahn mit ausgespannten
                                    Schwingen,
Den allbeseelenden Kraftgeist,
Und nieder vor dir neigten ihr schauendes Antlitz.
Was bin ich denn, was ich vor dir?
Nicht Säugling und nicht Embryon!
Vor dir, Alleinunsterblicher!
Vor dir, o Anfang und Ende!
Erster und Letzter! Ewigster!
Unreifer Staub bin ich!
Ein hangender Tropfen am Ufer der Wesen!
Seit gestern! Kaum lebender Staub!
Noch kaum entsunken der Nichtempfindung!
Kaum sichtbar; ein wehender Hauch,
Der hinüberzittert an die Gränze der Wesen."

Es giebt, wie schon aus dem aufgestell=
ten Grundbegriffe erhellet, wichtige Unter=
schiede an den Oden, in deren Rücksicht
man sie klassifiziren kann. Solche Unter=
schiede beziehen sich 1) auf den Gegenstand,
2) die Leidenschaft und das Gefühl, wel=

ches durch die Betrachtung deſſelben erregt
wird, 3) die Art des Ausdrucks von dieſen in dem Werke. In Rückſicht des Gegenſtandes theilen ſie ſich in a) Oden auf
wirklich unendliche, erhabene Gegenſtände,
b) Oden auf Gegenſtände, welche, an ſich
nicht unendlich, nicht erhaben, auf wirklich unendliche erhabene Gegenſtände Beziehung haben. c) In Oden auf Gegenſtände, welche nur für den Dichter im Augenblick ſeiner Begeiſterung unendlich, erhaben ſind *). Ich gebe folgende Beyſpiele: 1) Für die erſte Klaſſe alle Oden,
die ſich auf Gottheit, Tugend, Weltall,
Unſterblichkeit, als ihre Gegenſtände beziehn. 2) Für die zweyte, Stollbergs
Oden: die Natur, der Genius. 3) Für
die dritte Ebendeſſelben Oden: Mein Vaterland, an Klopſtock, der Harz,
Homer. In Rückſicht der Leidenſchaft und

Y 3

*) Man kann in Rückſicht auf die beſondern Verſchiedenheiten dieſer Gegenſtände die Oden noch weiter theilen: in philoſophiſche, religiöſe, patriotiſche, militäriſche u. ſ. w.

des Gefühls theilen sie sich in a) Oden der Be=
wundrung, der entzückten Liebe (Klopstocks
Ode: Welchen König der Gott über
die Könige u. s. w. Ebendesselben Ode:
Zeit, Verkündigerin der besten
Freuden u. s. w.) b) Oden der Rache,
der Verabscheuung, des Hasses. (Stoll=
bergs Ode an Bürger: Dir mich wei=
hen? ich dir! Stygische Furie,
Afterthemis, ich dir?) c) Oden
einer kraftvollen auf Hoheit gegründeten
Verachtung, (z. B. Klopstocks Ode: Laß
unsre Fürsten schlummern im
sanften Stuhl, vom Höfling
rings umräuchert u. s. w.) Eine
andre Eintheilung ergiebt sich aus der
Reinheit oder Gemischtheit des Gefühles.
Oden drücken aus a) entweder bloß star=
kes ununterbrochenes Streben des Begeh=
rungsvermögens, b) oder zugleich auch
Schwermuth über die Unmöglichkeit, den
unendlichen, erhabenen Gegenstand ganz
zu erreichen, zu fassen, zu genießen. In=
dessen ist dieses Gefühl bey der wahren Ode
allezeit Nebensache. Man werfe einen
Blick auf die nur eben aus einer Lavater=

schen Ode angezogene Stelle. In Rück=
sicht auf die Art des Ausdrucks der Leiden=
schaft und des Gefühls giebt es: a) Oden
von direktem Ausdrucke; b) Oden
von indirektem Ausdrucke der Lei=
denschaft und des Gefühls.

Die eigenthümliche Sphäre der Lieder,
ist die Sphäre der Freude, der Freude in
ihrer ganzen Sanftheit, und ungemisch=
ten Reinheit. Freude entsteht, wenn wir
ein Gut erreicht haben, oder erreicht zu
haben glauben, und in bewußten klaren
Vorstellungen seinen Werth anschauen,
oder wenn wir die Erreichung eines Gutes
zuversichtlich hoffen, und im voraus den
Werth desselben in bewußten klaren Vor=
stellungen anschauen. Die wahre Freude
ist keiner scharf abzustechenden Grade fä=
hig; mischt sich Bewußtseyn oder Furcht
eines Uebels hinein, dann ist sie nicht mehr
wahre reine Freude; hören Stoff und
Kraft auf, im Ebenmaase zu seyn, über=
wältigen die Vorstellungen durch Dunkel=
heit, ungestümen Andrang, Menge und
Größe die Seele, dann verschwindet eben=

falls die ächte Freude, wird Traurigkeit
oder berauschende Entzückung. Man kann
die Lieder, so wie die Oden, nach mannigfaltigen Unterschieden theilen, in Beziehung
auf 1) ihre Gegenstände; 2) die durch die
Vorstellung derselben erregte Begier, Hoffnung und angenehme Empfindung, 3) den
Ausdruck von diesen in der Darstellung.
In Rücksicht der Gegenstände behandeln
Lieder: a) Güter, welche vom Menschen
ganz erreicht werden können, und die ein
solcher α) entweder wirklich zu erreichen
hofft, ohne alle Furcht; β) oder wirklich
schon besitzt und genießt. b) Güter, welche vom Menschen nicht ganz erreicht werden können, von denen er aber α) entweder im gegenwärtigen Zeitpunkte ohne die
kiseste Regung von Furcht hofft, daß er
sie ganz erreiche, so daß er sie in der Vorstellung schon im voraus besitzt und genießt;
β) oder wirklich schon wähnt sie ganz zu
besitzen, und auszugenießen. Die erste
Klasse (a) bedarf keiner Beyspiele; allerdings aber die zweyte. Güter, welche
über den Menschen erhaben sind, möchte
man geneigt seyn zu denken, könnten nur

den Schwung der Ode, oder die Schwer=
muth der Elegie veranlaſſen, und in der
That iſt es ſo, wenn man ſie betrachtet,
wie ſie wirklich ſind, wie ſie ſich wirklich
gegen die Kraft des Menſchen verhalten.
Allein nicht immer können wir ſie alſo an=
ſehen, oft vielmehr haben wir ein unwi=
derſtehliches Intereſſe, ſie gleichſam zu uns
herabzuziehen, und als unſrer Kraft völ=
lig angemeſſen zu betrachten. Dann bil=
den wir uns ein, ſie unter unſerm Geſichts=
kreiße zu haben, halten die bewußten kla=
ren Vorſtellungen, womit wir einzelne
Theile, Seiten und Verhältniſſe derſelben
anſchauen, für vollſtändige Begriffe derſel=
ben nach ihrem ganzen Umfange, Mög=
lichkeit der Annäherung für Möglichkeit
des Beſitzes, wirkliche Annäherung für
völligen Beſitz. So kann das Erhabene
Gut reine Freude erregen, und Gegen=
ſtand des Liedes werden. Gotteserkennt=
niß iſt das erhabenſte Gut für den vernünf=
tigen Menſchen; eine Stelle aus Gleims
herrlichem Liede eines Hirten zeige,
wie ſie Stoff für das Lied werden kann:

Y 5

Voll Freude blick' ich zu der Ferne
   Des blauen Himmels ruhig auf!
Bewundre, zähle seine Sterne;
   „Der Gott der Hirten geht darauf,

Und blickt herab auf seine Hirten,
   Und sieht auch mich:" So denk' ich dann,
Und stimme dann dem Gott der Hirten
   Ein armes stilles Loblied an.

Ich sehe dich! — in deinen Sternen,
   Du Gott der Sterne, seh ich dich!
In deinen tiefen stillen Fernen,
   Auf deinen Wolken seh ich dich!

Ich sehe dich! — Auf deiner Erde,
   Du Gott der Hirten, seh' ich dich!
Ich sehe dich bey meiner Heerde,
   Bey meinen Lämmchen seh' ich dich!

Auf diesen Blumen, die es mähet,
   Vernehm' ich deinen stillen Gang!
Den Gang, den deine Gottheit gehet,
   Den geh' ich fröhlich mit Gesang;

Und will mit Lobgesang ihn gehen,
   So lang' ein Odem in mir ist,
Und dich in deinen Werken sehen,
   Und zeugen, wie so groß du bist!

Unsterblichkeit und Auferstehung sind die erhabensten Gegenstände menschlicher Hoffnung, und wie ganz Lied ist nichts destoweniger Klopstocks Gedicht:

> Auferstehn, ja auferstehn wirst du,
> Mein Geist, nach kurzer Ruh! u. s. w.

Wie bewundernswürdig ziehn vorzüglich folgende Strophen den so unendlichen Gegenstand in die Sphäre der Anschaulichkeit:

> Wieder aufzublühn werd' ich gesät!
> Der Herr der Erndte geht,
> Und sammelt Garben
> Uns ein, uns ein, die starben!
> Halleluja!

> Tag des Danks! der Freudenthränen Tag!
> Du meines Gottes Tag!
> Wenn ich im Grabe
> Genug geschlummert habe,
> Erweckst du mich!

> Wie den Träumenden wirds dann uns seyn!
> Mit Jesu gehn wir ein
> Zu seinen Freuden!
> Der müden Pilger Leiden
> Sind dann nicht mehr!

In Rücksicht des Begehrens, und des Fühlens drückt sich in Liedern a) entweder

Hoffnung oder b) wirklicher Genuß eines Gutes aus. In Rücksicht der Art des Ausdruckes der Hoffnung ist keine Klassifikation möglich; denn dieser Ausdruck kann nur direkt seyn. Allein in Liedern des Genusses kann der Ausdruck des Gefühls a) direkt oder b) indirekt seyn.

Die Sphäre süsser Wehmuth ist die eigenthümliche Sphäre der Elegie. Gemeiniglich begnügt man sich in den Theorien zu sagen, die Elegie sey der poetische Ausdruck unsrer vermischten Empfindungen, oder: ein Gedicht, welches aus solchen Gedanken zusammengesetzt ist, die mit einer vermischten Leidenschaft vergesellschaftet sind. Diese Begriffe enthalten Wahrheit, aber sie sind zu schwankend, zu unbestimmt. Süsse Wehmuth ist der Charakter der elegischen Begeisterung, süsse Wehmuth erregt durch bewußte klare Vorstellungen. Eine solche entsteht im Menschen, wenn sein Geist mit ungetheiltem Interesse an der Anschauung eines Gutes hängt, aber zugleich entweder sich

vorstellt, es wirklich verfehlt zu haben, da er
es hätte erreichen können, oder es unmög=
lich glaubt, es je zu erreichen. Reine Trau=
rigkeit kann hier nicht erfolgen, denn die
Vorstellung des Gutes mit vollem Interesse
muß an sich Vergnügen erzeugen. So lange
aber dieses Vergnügen geringer ist, als
die Traurigkeit, oder ihr bloß das Gleich=
gewicht hält, so lange wird keine Darstel=
lung erfolgen. Dann erst, wenn das Ver=
gnügen das Uebergewicht bekommt, ent=
steht die wahre elegische Begeisterung. Das
Vergnügen kann erhöht werden: 1) durch
Erinnerungen vormaligen Genusses vom
Gute; 2) durch Vorstellung eigener Wür=
digkeit das Gut zu besitzen, und eigener
Schuldlosigkeit beym Verluste; 3) durch
eine zuweilen sanft schmeichelnde, aber von
Furcht unterbrochene Hoffnung, es zu er=
reichen, oder beym wirklichen Verluste durch
augenblickliches schwärmerisches Träumen
des Besitzes.

Die Elegie ist von dem Liede hin=
länglich dadurch unterschieden, daß dieses
durch reine Freude, jene durch Freude

vergesellschaftet mit einer Traurigkeit, welche jedoch jener untergeordnet ist, erzeugt
wird. Von der Ode ist die Elegie nicht
unterschieden durch die Gegenstände, denn
alle Gegenstände für die Ode können, wie
ich gleich zeigen werde, auch elegisch behandelt werden, eben so wenig durch die Gemischtheit der Empfindung, denn diese
findet sich bey vielen Oden auch; allein sie
ist es durch den Grad der Wirksamkeit und
des Gefühls der Kraft; kühne gewaltige
Handlung, starkes Gefühl der Kraft, das
Höchste zu ermessen, zu erreichen, herrscht
bey der Odenbegeisterung; die Kraft des
begeisterten Elegikers hingegen liegt in einem Zustande der Ermattung, bey welchem derselbe, unfähig, stark und mächtig
zu streben und zu verabscheuen, nur Ideenreihen lebhaft verfolgen, und Gefühle
durchfühlen kann.

Wiefern man die Elegien in Rücksicht
auf ihre Gegenstände, die dadurch erregten Zustände des Begehrungs= und Gefühl=
Vermögens, und die Art des Ausdrucks
von diesen, theilen könne oder nicht, er=

giebt sich von selbst aus dem bisher gesagten. Ich füge in Rücksicht auf die Gegenstände derselben nur eine Bemerkung
hinzu.

Gemeiniglich schränkt man das Feld der
Elegie auf unglückliche hoffnungslose Liebe,
den Tod geliebter Personen, und Verluste zeitlicher Güter ein. Ich habe mich
nie damit begnügen können, habe immer
geglaubt, daß die durch Vorstellung des
Erhabenen, natürlicher Weise, entstehen-
de Schwermuth Elegien erzeugen könne.
Es giebt Elegien, erregt durch das Erhabene der theoretischen Vernunft, und
Elegien, erregt durch das Erhabene der
praktischen Vernunft. Beyde Gattungen
sind leider wenig bearbeitet, und der Stoff
ist doch so unerschöpflich. Unbegreiflich ist
es mir, daß wir so wenig moralische Ele-
giker haben.

Wiefern Ode, Elegie, und Lied an
einander gränzen, brauche ich nach dem
bisher gesagten nicht umständlich zu zeigen. Es kommt auf das Ganze des Ge-

müthszustandes an, um die poetischen
Werke unter diese Klassen richtig zu ordnen.
Einzelne vorübergehende Empfindungen
bestimmen nichts. Es können in Oden
Elegische-, in Elegien Oden=mäßige ein=
zelne Stellen vorkommen; darum wird
die Ode nicht Elegie, und eben so wenig
die Elegie Ode; denn der herrschende Zu=
stand entscheidet.

Vierter Exkurs.

Ich habe die Fabel zu der erzählenden
Dichtkunst der zweyten Hauptklasse gerechnet, und muß der Frage entgegen sehen,
warum ich nicht lieber in ihr ein Lehrgedicht der zweyten Hauptklasse aufgestellt
habe. Es kann also nicht unnöthig scheinen, von der Natur der Fabel überhaupt
in möglichster Kürze zu handeln.

Was ich von den Werken der zweyten
Hauptklasse überhaupt bereits angedeutet
habe, daß man sie eigentlich nicht mit völ-
ligem Rechte zur Poesie zählen könne, behaupte ich mit der festesten Ueberzeugung
von der Fabel. In ihr druckt sich nicht
nur gar keine Leidenschaft, kein Gefühl
aus, sondern sie kann auch nicht einmal
als ein Produkt der Empfindsamkeit angesehen werden. Der Zweck der Fabel ist

anschauliche Darstellung einer
Klugheitslehre, nach ihrem Einflusse auf Vortheil und Nachtheil, in einer aus der Thierwelt oder der leblosen Welt her-
genommenen Handlung. Ich sage
bloß: eine Klugheitslehre; denn moralische Sätze soll die Fabel nicht darstellen
wollen; sie soll aber nicht, weil sie nicht
kann, indem keine Handlung die Moralität an sich darzustellen fähig ist. Ich rede
ferner bloß von Handlungen aus der Thierwelt und der leblosen Welt; denn ich halte
dieß für einen charakteristischen Zug der
Fabel. Menschenhandlungen, gedichtet,
um einen praktischen Satz anschaulich zu
machen, können für sich eine Klasse beleh-
render Erzählungen ausmachen; allein es
sind keine Fabeln; oder will man sie nun
schlechterdings zu Fabeln machen, so nenne
man jene anders. Die Fabel ist ein Er-
zeugniß bloß des Verstandes, und ist bestimmt bloß für den Verstand Andrer, in
wiefern derselbe auch den Willen bestimmen kann. Rührung der Empfindsamkeit
durch Vorstellung eines praktischen Satzes

nach seinem Einfluſſe auf Vortheil und
Nachtheil, kann allerdings in Darſtellung
übergehen, aber nicht in Fabeldarſtellung.
Hingegen die Ueberzeugung, welche der
Verſtand davon hat, und der Trieb, die-
ſelbe andern mitzutheilen, kann allerdings,
und muß ſogar eine ſolche Darſtellung erzeugen, wenn man ſchnell und glücklich
auf Köpfe wirken will, welche der Faſſung
abſtrakter Sätze für ſich allein, nicht eben
fähig ſind. Die anſchauliche Darſtellung
praktiſcher Sätze durch Handlungen aus
der Thier = und lebloſen Welt iſt das wirk-
ſamſte Mittel, um ſolchen Köpfen gewiſſe,
aus vielen Erfahrungen abgezogene allgemeine Klugheitslehren auf das geſchwin-
deſte einleuchtend zu machen. Und zwar
muß man, um dieſes zu begreifen, folgende Punkte erwägen: 1) das Neue und
Wunderbare in ſolchen Darſtellungen reizt
und unterhält die Aufmerkſamkeit derſelben. 2) Die auch noch ſo ſchnelle und vorübergehende Einbildung der Möglichkeit
beſtimmter Klugheitsſätze unter den Thie-
ren reizt die Ehrbegier des Menſchen im
rohen Zuſtande der Geiſtes = Kindheit.

3) Die allgemein bekannte und augenblicklich einleuchtende Beständheit der Charaktere gewisser Thiere und lebloser Wesen
verursacht, daß sich in den Rollen derselben gewisse praktische Sätze weit allgemeiner und leichter anschaulich machen lassen,
als es durch menschliche möglich ist. Von
diesen drey Punkten sind, der erste und
der dritte bey jeder wahren Fabel und ihrer Bestimmung wesentlich; minder wesentlich der zweyte, welcher indessen doch
von den bisherigen Theoristen der Fabel
mit Unrecht ganz vergessen worden ist.
Breitinger würde geirrt haben, wenn er
mit dem ersten die ganze Sache für erschöpft gehalten hätte; allein mit gutem
Grunde konnte er ihn als ein Hauptmo-
ment in Rechnung bringen *), und verdient
deßhalb gar nicht getadelt zu werden, wie
es von Lessing und Herder geschehen ist **).

*) S. den 7. Abschn. seiner kritischen Dicht-
kunst.
**) S. Lessings Abhandl. bey seinen vier
Büchern äsopischer Fabeln. Herder
über Bild, Dichtung und Fabel in s.
zerstr. Bl. 3. B.

„Thiere handeln in der Fabel,
sagt letzterer *): weil dem sinnlichen
Menschen alles Wirkende in der
Natur zu handeln scheint, und
welche wirkende Wesen wären
uns näher, als die Thiere? — Je
mehr der Mensch eine Thiergat=
tung kennen lernt, und mit ihr
vertraulich umgeht, desto mehr
gewöhnen sich beyde an einan=
der, und theilen einander von
ihren Eigenschaften mit. Er
glaubt sie zu verstehen, und
wähnt, daß sie ihn verstehe; also
ist der Grund der kühnsten Aeso=
pischen Fabel, dem Wahn der
Menschen nach, beynahe als Er=
fahrung, als historische Wahr=
heit gegeben. Allerdings sind
die Gattungen der Thiere in ih=
ren Fähigkeiten einander sehr

Z 3

*) Im angef. B. S. 126. vergl. die An=
zeige der Abh. in der Allgem. Litt. Zeit.
1790. n. 48.

ungleich: sie werden uns auch
immer unbemerkbarer, und un-
verständlicher, je unähnlicher sie
uns sind, oder je entfernter sie
von uns leben; den hochmüthi-
gen Wahn indessen, daß das ge-
ringste Thier in seinen Wirkungen und Fähigkeiten ein dem
Menschen ganz ungleichartiges
sey, sollte endlich die stolze Un-
wissende, die Metaphysik auf-
geben: denn er wird durch die
Naturgeschichte reichlich widerlegt. In ihrem ganzen Habitus
des Lebens sind Thiere Organi-
sationen, wie es der Mensch ist;
es fehlt ihnen nur die menschliche Organisation, und das große
Werkzeug unsrer abstrahirten
symbolischen Erinnerungen, die
Sprache." Ich gestehe, daß mir Herr
Herder den wahren Gesichtspunkt der Sache verrückt zu haben scheint. Für sich
selbst hat wohl nie ein Fabulist gedichtet,
sondern allezeit für andre, in der Absicht,
ihnen eine Maxime der Klugheit und den

Einfluß derselben auf Vortheil und Nach=
theil anschaulich darzustellen. Eine Ursa=
che mußte er auf jeden Fall haben, warum
er eine Dichtung dieser Art wählte, und
es konnte keine seyn, als, daß er durch
eine solche, jene Absicht auf das schnellste,
leichteste und sicherste zu erreichen glaubte.
Die Schnelligkeit der Wirkung einer Fa=
belerzählung auf den Verstand, hängt bey
Köpfen von geringer Abstraktionsfähigkeit
vorzüglich von der Aufforderung ihrer Auf=
merksamkeit durch den Reiz des Neuen und
Ungemeinen in der Dichtung ab. Rech=
nete nun der Fabulist darauf, daß dem
sinnlichen Menschen unter den wirkenden
Wesen das Thier das nächste ist, ihm also
vorzüglich menschlich zu wollen und zu han=
deln scheint, so konnte er sich von seinem
Werke wenigstens keine größere Wirkung
für die Aufmerksamkeit versprechen, als
von einem deutlichen anschaulichen Vor=
trage der Lehre ohne eine Dichtung dieser
Art. Allein ich wage es sogar zu leugnen,
daß der bloß sinnliche Mensch ohne genaue=
res, längeres Nachdenken die Verwand=
schaft der Thiere und Menschen bemerkt.

Z 4

Anfangs haftet er bloß am Aeußern, und
da stößt er überall auf Unterschied und Ab=
weichung; es wird lange Zeit erfordert,
eh' er für das Innre, Wesentliche Sinn
bekommt, noch längere Zeit, eh' er so
scharf vergleichen kann, um hinter ganz
heterogenen Aussenseiten ähnliche Kräfte,
Triebe, Bedürfnisse, und Maximen zu
finden. Herr Herder schreibt ja auch selbst,
einer sehr spät und langsam entstandenen
Wissenschaft, der Naturgeschichte, das
Verdienst zu, die Verwandschaft der Thiere
und Menschen dargelegt zu haben. Ist
nun aber der sinnliche Mensch in seiner
Geisteskultur so weit gekommen, um diese
Analogie zu fassen, so bedarf er wahrhaf=
tig keiner Fabeln, um Klugheitslehren zu
begreifen. Also mußte der Fabulist wohl
darauf rechnen, daß das Wunderbare in sei=
ner Dichtung die Aufmerksamkeit des Natur=
menschen reize, und in einer angenehmen
Spannung unterhalte. Ich kann hier eine
Bemerkung nicht zurückhalten, welche sich
mir bey so mancher philosophischen Cha=
rakteristik des Menschen im Zustande sei=
ner geistigen Kindheit aufgedrungen hat.

Dieser Naturmensch soll nun schlechterdings
Dichter und Schwärmer seyn, zu gleicher
Zeit aber so äußerst wenig entwickelten Verstand und Urtheilskraft besitzen, daß sich
sein Dichten und Schwärmen nicht einmal
gedenken läßt. Er soll seinen eignen Men-
schencharakter auf alles belebte und leblose
außer der Menschheit übertragen, soll
überall Analogien der übrigen Geschlechter
der Wesen gegen den Menschen entdecken,
und zu gleicher Zeit soll er so einfältig seyn,
daß man nur durch die kindischesten Spie-
lereyen sein Nachdenken selbst über die
leichtesten Dinge wecken könne. Allein
man bedenkt nicht, daß jene Geisteshand-
lungen gar nicht möglich sind, wenn nicht
der Naturmensch mit deutlichem Bewußtseyn sich das Charakteristische seiner Menschheit vorstellt, mit geübter Urtheilskraft
Beschaffenheiten, Zustände und Wirkungen vergleichen, und mit fertiger Vernunft
von Gleichheiten in diesen auf Gleichheiten
in den Kräften schließen kann. Man mache die Anwendung auf die Fabeltheorie,
von welcher ich spreche. Nach derselben
soll die Fabel für den sinnlichen Menschen

bestimmt seyn, um ihm praktische Sätze,
die er für sie allein nicht fassen könnte, an=
schaulich darzustellen. Allein derselbe sinn=
liche Mensch, welcher, dieser Theorie zu=
folge, zum Beyspiel den Satz: „daß
man durch unüberlegtes Bewer=
ben um neue Güter leicht die ver=
liert, welche man schon hat," oder
den: „Eile mit Weile," nicht versteht;
eben dieser hat nach eben dieser Theorie zu
derselben Zeit bereits eine Menge der fein=
sten Analogien und Beziehungen der Na=
tur gefaßt. Ich gestehe, daß ich mich mit
diesem Widerspruche nicht vertragen kann.
Dem Menschen, für welchen die Fabel
bestimmt war, mußten die Handlungen
aus der Thier= und leblosen Welt wun=
derbar seyn, und eben wegen dieser
Wunderbarkeit seine Aufmerksamkeit rei=
zen und gespannt erhalten. Indessen muß
man nothwendig, um die Komposition des
Fabulisten zweckmäßig zu finden, auf den
dritten von mir angegebenen Punkt Rück=
sicht nehmen: die allgemein be=
kannte und augenblicklich ein=
leuchtende Bestandheit der Cha=

raktere gewiſſer Thiere und leb=
loſer Weſen, worin Leſſing ganz rich=
tig einen Grund der Entſtehung der Fa=
beldichtung ſetzen konnte, allein nicht rich=
tig, wie mir ſcheint, den alleinigen
völligen Grund zu finden glaubte. In=
deſſen ſcheint mir jene Beſtandheit
bey der Fabel mehr ein Hülfsmittel der
Kürze und Verſinnlichung der Darſtellung
zu ſeyn, als die Bedingung der Anerken=
nung der Allgemeinheit eines prakti=
ſchen Satzes bey dem ſinnlichen Menſchen.
Wenn ich z. B. den Vortheil der Emſigkeit
und Sorge für die Zukunft durch eine Fa=
bel anſchaulich machen will, worin die
Ameiſe die Hauptrolle ſpielt, ſo gewinne
ich 1) an Kürze; denn welcher Umſchrei=
bungen bedürfte ich nicht, um einen emſi=
gen, für ſeine künftige Erhaltung ſorgſa=
men Menſchen zu ſchildern, da ich hinge=
gen die Ameiſe nur zu nennen brauche, um
den Begriff einer vollkommenen Emſigkeit
und Vorſorge zu geben. 2) An Verſinnli=
chung; die Emſigkeit und Vorſorge der
Ameiſe erſcheint der Phantaſie eines jeden,
ſobald er ſie nennen hört, auf einmahl in

einem vollendeten Bilde; ehe er sich einen
vollkommen emsigen Menschen vorstellt,
muß sein Verstand viele und lange Ideenreihen über die Verhältnisse des Menschen
zusammenstellen. Ob nun wohl wegen
dieser Umstände auch die Allgemeinheit
des praktischen Satzes schneller und
leichter gefaßt wird, so würde dennoch
der sinnliche Mensch, welcher Fabeln zu
begreifen fähig ist, jene Allgemeinheit auch
durch eine Dichtung aus der Sphäre des
Menschengeschlechtes fassen, allein freylich
etwas langsamer und später.

So viel von der Natur der Fabel. Ich
gehe zu der Beantwortung des Einwurfs
über, daß ich die Fabel hätte als Lehrgedicht der zweyten Klasse aufstellen sollen.
Wenig Worte werden hinreichen, mich zu
rechtfertigen.

Der Zweck jeder Fabel ist allerdings:
anschauliche Darstellung eines Satzes der
Klugheit; und dieser Satz muß eher in der
Seele des Fabulisten daseyn, als die Handlung, wodurch er ihn versinnlicht. Darum
ist aber der Satz nicht das Wesen der

Fabel, in wiefern sie ein ganzes Werk von bestimmtem Charakter ist; sonst wäre ja jeder solcher Satz ohne Handlung eine Fabel. Durch die Handlung in Beziehung auf den Satz, den sie versinnlichen soll, ist die Fabel das, was sie ist. Soll sie also nur mit irgend einem Anschein des Rechtes zur Poesie gezählt werden, so muß man sie zu den erzählenden Werken der zweyten Hauptklasse rechnen. Man bedenke noch folgendes: Wenn man die Fabel als Lehrgedicht aufstellte, so müßte man alle moralische Erzählungen, alle Romane, wodurch ein praktischer Satz anschaulich dargestellt wird, zu dem Lehrgedichte ziehen, was wohl noch niemanden in den Sinn gekommen ist.

Das Epigramm wird man als eine besondre Dichtungsart in meiner Klassifikation vermissen. Allein meines Erachtens macht es gar keine besondre Dichtungsart aus, wenn man auf das Innere sieht. Die Epigrammen, deren Stoff ein vom Witze gefaßtes Verhältniß ist, gehören zu den Werken der bloßen Ur-

theilskraft, und es ist ein unrechtmäßiger
Eingriff in das Gebieth der Dichtkunst,
daß sie das Sylbenmaas, ein Eigenthum
der Leidenschaft = und Gefühldarstellung,
an sich gezogen haben. Die Epigrammen
der Leidenschaft und des Gefühls sind mit
in meiner ersten Hauptklasse enthalten, als
lyrische, oder erzählende, oder beschrei=
bende, oder belehrende Gedichte, von ei=
ner gewissen eigenen Form, welche von
ihrer Veranlassung und Bestimmung ab=
hängt. Die Erörterung derselben liegt
außer den Gränzen einer allgemeinen phi=
losophischen Klassifikation der Dichtungsar=
ten nach ihrem Innern, so wie die Erör=
terung mehrerer Klassen von Werken, de=
ren Eigenthümliches nur in ihrem Aeußern
liegt.

Siebente Betrachtung.

Die mühsame Umständlichkeit, mit welcher ich die Begriffe der Künste zu bestimmen versucht habe, dürfte leicht Einem und dem Andern meiner Leser unnütz scheinen; allein ich bin überzeugt, daß dieses nur so lange der Fall seyn kann, bis der vortheilhafte Einfluß jener Untersuchung sich in allen Theilen der Aesthetik, welche ich angelegt habe, einleuchtend zeigen wird. Ehe ich indessen den Faden wieder aufnehme, und die Frage über die Möglichkeit allgemeingeltender Prinzipien für diese Wissenschaft beantworte; muß ich den allgemeinen Geschlechtsbegriff, nach welchem ich in jedem Werke der Kunst, seiner innern Wesentlichkeit nach, nichts anders, denn die Darstellung eines bestimmten Zustandes lebhaft gerührter Empfindsamkeit finde, ausführlicher zu entwickeln suchen, als es bisher nöthig war, und dieses um so mehr, da von denen im Ausdrucke dieses Begriffes enthaltenen Hauptwörtern gemeiniglich ein so nichtssagender, oder doch schwankender Gebrauch gemacht wird.

Mit keinem Worte wird vielleicht ein für Philosophie und Sprache entehrenderes Spiel getrieben, als mit dem Worte: Empfindsamkeit. Bald bezeichnet man damit bloße physische Reizbarkeit, bald Weichlichkeit für Genuß und Leiden, bald die Fähigkeit, angenehm oder unangenehm zu fühlen im allgemeinen, bald eine lächerliche Erkünstelung von Theilnahme des Herzens an kleinlichen nichtssagenden Dingen, bald wohl gar die düstre Laune der Damen, wenn sie Vapeurs haben. Alle diese Bedeutungen wünsche ich völlig vergessen, um verstanden werden zu können, und Eingang zu finden, indem ich den reinen, ächten Sinn des Wortes wenigstens bey denen wieder herzustellen bemüht bin, welche ihn durch zufällige Umstände nach und nach verdrängen ließen.

Daß Empfindsamkeit nach dem allgemei=
nen ursprünglichen Sprachgebrauche nicht
physische Reizbarkeit, nicht Erkünstelung
von Gefühlen ohne zureichenden verhält=
nißmäßigen Gründen, nicht eine bloße
Laune der Damen bedeute, braucht schlech=
terdings keiner weitern Erörterung. Allein
der Unterschied der Empfindsamkeit von der
bloßen Weichheit für Genuß und Leiden,
und der bloßen Fähigkeit gewisser edlerer
angenehmer oder unangenehmer Gefühle
dürfte in seiner völligen Bestimmtheit
schwerer zu fassen seyn, dürfte eine ge=
nauere Anwendung der Etymologie, und
eine schärfere Analyse des allgemeinen
Sprachgebrauchs erfordern: 1) Wenn
die Ableitungssylbe sam in Kompositionen
dieser Art eine Fertigkeit ausdrückt, die im
Verbum enthaltene Handlung hervor zu
bringen, oder das in ihm enthaltene Lei=
den zu leiden, so ergiebt sich ganz natür=
lich die allgemeine flache Bedeutung des
Beschaffenheitswortes e m p f i n d s a m,
nach welcher es anzeigt: f e r t i g z u e m=
p f i n d e n, und die darauf gegründete Be=
deutung des Substantivs E m p f i n d s a m=

Aesthetik.   A a

keit: die Fertigkeit im Empfinden. Allein,
mir dünkt, es liege in diesen Fällen noch
etwas in der Sylbe sam, nämlich: 2) ein
Interesse an der Handlung, dem Leiden,
wozu eine Fertigkeit da ist. Man analy-
sire ähnliche Wörter: genügsam, aufmerksam, biegsam, folgsam, spar-
sam, erfindsam u. a., und man wird
gestehen, sie bedeuten nicht bloß Fertigkeit
in einer gewissen Handlung, sondern auch
ein Interesse an derselben. Nur gram-
matisch betrachtet zeigte also schon Empfindsamkeit an: eine Fertigkeit
zu empfinden mit Interesse am
Empfinden selbst. Der allgemeine
Sprachgebrauch hat auch diesen Sinn rein
aufbehalten. Nicht bloß fertige Fähigkeit,
nicht Weichheit drückt der Mensch von unverdorbenem Sprachgefühle durch jenes
Wort aus, sondern fertige Fähigkeit
mit Interesse und Liebe zu dem
Gegenstande derselben. Der Empfindsame ist freylich allezeit fertig, und
schnellempfänglich für gewisse Rührungen;
(wir werden sogleich auch sehen, für welche,) bloß deßhalb nennen wir ihn noch

nicht empfindsam; allein er liebt auch
diese Rührungen, nimmt Interesse an die=
sen Rührungen selbst, sehnt sich nach ih=
nen, späht ihre Quellen überall auf, un=
terhält, pflegt, schmückt und erhöht sie,
wenn sie da sind; deßhalb nennen wir ihn
empfindsam im vollen Sinne des Wor=
tes. Der Sprachgebrauch bestimmt dieses
Interesse noch genauer. 3) Bey unverdor=
benem Sprachgefühle denkt jeder das In=
teresse des Empfindsamen an der Empfin=
dung als ein freyes, nicht als ein mecha=
nisches, durch zwingende Verhältnisse be=
stimmtes Interesse. Den Mann, welcher
den Tod einer geliebten Gattin lange Zeit
betrauert, und in dem Betrauern desselben
immer neues Interesse findet, nennen wir
deßhalb keinen empfindsamen Mann;
warum? sein Interesse an der Empfindung
ist nicht frey, ist bestimmt durch Zeitum=
stände und Schicksale. Den Mann aber,
welcher von nichts abhängig als seinem
eignen Genius, im Herbst den halb schon
blätterlosen Hain besucht, und den rauhen
Winden begegnet, um sein Herz mit süßen
Melancholien zu weiden, den nennen wir

empfindsam, denn sein Interesse ist
frey, er faßt es, nicht wegen dieses oder
jenes von äußern Kräften abhängenden
Ereugnisses, sondern, weil er der ist, welcher er ist. — Wir haben also drey Momente der wahren Empfindsamkeit: 1) Fertigkeit im Empfinden; 2) Interesse am
Empfinden; 3) Freyheit dieses Interesse's.
Allein das Empfinden selbst bedarf nun
noch einer genauern Bestimmung. 1) Wenn
wir dem Empfindsamen Fertigkeit im
Empfinden zuschreiben, so verstehen
wir nach dem Sprachgebrauche darunter
nicht bloß Fühlen des Vergnügens
und Mißvergnügens, sondern auch
Streben des Begehrungsvermögens, nach etwas hin, und von
etwas weg, Neigung und Abneigung, Liebe und Haß. Keine Thätigkeit des Begehrungsvermögens ist ohne
Einfluß auf Vergnügen oder Mißvergnügen, kein Vergnügen oder Mißvergnügen,
ohne eine vorhergegangene Handlung des
Begehrungsvermögens, und eine nachfolgende Aeußerung ebendesselben. Indessen
müssen wir dennoch unterscheiden: 1) Zu-

stände der Wirksamkeit des Begehrungsvermögens, wo ein Zweck noch nicht erreicht ist, und durch das Hinstreben des
Begehrungsvermögens erzielt wird. 2) Zustände des Vergnügens oder Mißvergnügens, welche sich auf einen bereits erreichten oder verfehlten Zweck gründen. Für
beyderley Zustände muß der Empfindsame Fertigkeit und freyes Interesse haben. 2) Aber nun bezieht der Sprachgebrauch bey der Benennung der Empfindsamkeit diese Fertigkeit und dieses freye
Interesse nicht auf alle Zustände des Begehrungsvermögens und des Gefühls, sondern nur auf gewisse; es kommt also darauf an, zu bestimmen, welche diese sind.
Ehe dieses geschehen kann, müssen wir genau bemerken, aus was für Handlungen
ein Zustand der wirkenden Empfindsamkeit besteht. Ein solcher ist ohne
folgende vier Operationen nicht einmal gedenkbar: a) muß nothwendig vor allen
eine Reihe von Kraftäußerungen des Begehrungsvermögens und Gefühles wirklich in der Seele des Empfindsamen da
seyn; 2) muß er diese Reihe vermittelst

Aa 3

des innern Sinnes anschauen; 3) muß er
darüber urtheilen und Vollkommenheit
darin entdecken; 4) dann erst kann er dasjenige freye Interesse dafür fühlen, welches zum Charakter der Empfindsamkeit
gehört. Die Vollkommenheit einer Reihe
von Kraftäußerungen des Begehrungsvermögens und Gefühls liegt entweder α) bloß
in der Form derselben an sich, oder β) in
der Materie, der Form, und dem Verhältnisse der einen zu der andern, zugleich.
Um in beyden Rücksichten einer solchen Reihe
Vollkommenheit zuzuschreiben, muß ich
ihr Mannichfaltiges auf einen Zweck beziehn, und hier sind nur zwey Fälle möglich: A) der Zweck ist ein äußerer, B) oder
ein innerer, oder, mit andern Worten:
A) der Zweck ist ein solcher, welchen das
vernünftige Wesen sich nicht selbst vorsteckt,
(bloß deßhalb, weil es vernünftig ist,) sondern welchen es verfolgt, weil er ihm durch
äußere mit ihm zusammenhängende Kräfte
aufgedrungen ist; B) ein solcher, welchen
das vernünftige Wesen sich selbst giebt,
bloß weil es vernünftig ist. Die Zwecke
der erstern Art haben an sich keinen Werth,

allerdings aber die der zweyten. Reihen von Kraftäußerungen des Begehrungsvermögens und des Gefühls, welche ihren Grund bloß in den Zwecken der ersten Art haben, können wegen dieser Beziehung keinen reinen Werth an sich haben; allein diejenigen, welche sich auf Zwecke der zweyten Art gründen, haben Werth an sich, wahre eigene unabhängige Würde. Diesen Unterschied nun befolgt der Sprachgebrauch bey dem Worte Empfindsamkeit sehr genau, indem er von der Sphäre der Empfindsamkeit alle diejenigen Stoffe ausschließt, welche an sich keinen Werth, keine Würde besitzen, und sie an derselben nur unter der Bedingung Theil nehmen läßt, daß sie als nothwendige Mittel zu solchen Zwecken angesehen werden, welche an sich Werth haben *). Hieraus ergiebt sich:

Aa 4

*) Einen Menschen, zum Beyspiel, welcher immer Freude an den Reizen des physischen Lebens bloß ihrer selbst wegen empfindet, und an dieser seiner Freude Interesse nimmt, sie immer mit Liebe unterhält und erhöht, nennen wir deßhalb nicht empfindsam; warum?

3) Objekte der Empfindsamkeit sind nicht bloß für ein gewisses Individuum wirksam, sondern für alle vernünftige Wesen; der Empfindsame wird, als Empfindsame, durch gewisse Objekte nicht deßhalb gerührt, und zum Interesse an dieser Rührung nicht deßhalb bestimmt, weil er dieser oder jener Mensch ist, diese oder jene zufälligen Verhältnisse hat, sondern überhaupt weil er Mensch, d. h. ein vernünftiges Wesen ist; sein Interesse ist allezeit zugleich das Interesse der gesammten Menschheit *). 4) Der Genuß

das physische Leben hat keinen Werth an sich, es bekommt nur dann wirklichen wahren Werth, wenn man es als Mittel zu einem Gute betrachtet, welches an sich Werth hat. Sittliche Güte ist ein solches Gut; wenn also ein Mensch freye Freude am physischen Leben empfindet, wie fern es Mittel zur Annäherung an dieses Gut ist, und mit Interesse und Liebe den Zustand dieser Freude in sich hervorbringt, unterhält und erhöht, so schreiben wir ihm mit Recht einen Zustand gerührter Empfindsamkeit zu.

*) Die Empfindsamkeit löst also die Fesseln zeitlicher zufälliger Verhältnisse, erhebt

des Empfindsamen ist also auch nicht auf
Eigennutz gegründet; er liebt die ihm eige=
nen Zustände des Begehrungs= und Ge=
fühlsvermögens, nicht, weil sie ihm Ver=
gnügen machen, schlechthin, sondern, weil
sie wegen ihrer innern Vortrefflichkeit an
sich, Vergnügen verursachen; er legt die=
sem Vergnügen nicht deßhalb Werth bey,
weil es Vergnügen ist, sondern wegen des
innern Werthes seiner Ursachen.

Leicht könnte man bey bloß flüchtigem
Ueberdenken des bis jetzt gesagten glauben,
man dürfe in die Sphäre der Empfindsam=
keit nur diejenigen Zustände des Begeh=
rungsvermögens und Gefühls ziehen, wel=

Aa 5

die Menschen aus dem beschränkenden
Kreise irrdischer Individualität in die
Sphäre eines reinmenschlicheren, rein=
geistigeren Lebens, und erfüllt ihn mit
dem Genusse eines Interesse's, welches,
weit entfernt, ihn nach Art der Sinnen=
genüsse in ihn selbst zusammen zu engen,
ihn vielmehr seiner irrdischen Persönlich=
keit vergessend, an die Betrachtung einer
in sich vollendeten Vollkommenheit heftet.

che durch ein Erkenntniß erzeugt werden, müsse aber alle jene ausschließen, welche von gar keinem Erkenntnisse abhängen. Allein daß auch solche einen rechtmäßigen Platz darin einnehmen, deutet schon der Sprachgebrauch an, indem er die Begeisterung des Tonkünstlers, sie sey von Vorstellung abhängig oder nicht, allezeit der Empfindsamkeit zuschreibt, zeugt aber auch ganz unwidersprechlich die genauere Erwägung derselben.

Das Begehrungs- und Gefühls-Vermögen sind Vermögen, welche eigenthümliche mit den Vorstellungen keine Aehnlichkeit habende Thätigkeiten hervorbringen, welche diesem zufolge auch eigenthümliche Formen des Wirkens besitzen. Nun hängt freylich das Vorstellungsvermögen mit dem Begehrungs- und Gefühlvermögen so zusammen, daß nicht nur Vorstellungen auf diese Vermögen wirken können, sondern auch gewisse Vorstellungen, gewisse Zustände derselben unausbleiblich nach sich ziehen. Allein nichts desto weniger können beyde Vermögen in Zustände der lebhaftesten

Wirksamkeit gerathen, ohne durch Vorstellungen dazu bestimmt worden zu seyn,
und diesen von aller Vorstellung unabhängigen Zuständen derselben kommt an sich
Vollkommenheit oder Unvollkommenheit
zu, wenn sie mit den gesetzmäßigen Formen
des Wirkens jener Vermögen im Allgemeinen und Besondern völlig harmoniren.
In diesen Fällen sind die Vermögen sich
selbst Zweck; solchen Zuständen muß die
Vernunft eigene Würde zugestehn, die
Fertigkeit sie hervorzubringen, anzuschauen,
in ihrer Vollkommenheit zu erkennen, und
Interesse an ihnen zu nehmen, gehört
demnach der Empfindsamkeit zu.   Das
Interesse ist also kein eigennütziges, sondern erzeugt durch die Vortrefflichkeit des
Objektes an sich.

Nach dieser Analyse des Begriffes: Empfindsamkeit, und dieser Bestimmung
und Begränzung ihrer Stoffe, können die
Worte: ein bestimmter Zustand
lebhaft gerührter Empfindsamkeit keiner weitern Erklärung bedürfen.
Ein bestimmter Zustand lebhaft

gerührter Empfindsamkeit ist ein
solcher, welcher in sich ein Ganzes
ausmacht, und gefaßt werden
kann, ohne das Vorhergehende
und Nachfolgende, und wenn also
jede wahre Thätigkeit der Empfindsamkeit
voraussetzt: 1) eine Reihe von Kraftäußerungen des Begehrungs = und Gefühlver-
mögens, bestimmt durch Vorstellungen
oder nicht; 2) die Anschauung derselben; 3) die Beurtheilung derselben, und
Einsicht ihrer innern Trefflichkeit und Würde; 4) Interesse daran, Liebe derselben,
so müssen bey jedem bestimmten Zustande lebhaft gerührter Empfindsamkeit
diese Handlungen natürlich und bündig zusammenhängen, müssen einen in sich vollendeten Kreiß ausmachen. Nur unter dieser Bedingung können Zustände der Empfindsamkeit wahre Kunstwerke erzeugen.

Ehe ich zu der Beantwortung der Frage übergehe, wie im Allgemeinen das
Künstlergenie von den übrigen Empfindsamen verschieden ist, muß ich
noch gewisse Unterschiede bemerken, welche

sich unter den Empfindsamen finden.
Sie sind nämlich: 1) entweder selbst=
schaffende, 2) oder frey nachah=
mende Empfindsame. Der selbstschaf=
fende Empfindsame bringt den Stoff
für das Interesse seiner Empfindsamkeit,
selbst frey hervor. Der freynachah=
mende Empfindsame nimmt mit freyem
Interesse an denen von jenem hervorgebrach=
ten oder sonst vorhandenen Stoffen für die
Empfindsamkeit Antheil. Die selbstschaf=
fenden Empfindsamen theilen sich in a) sol=
che, welche im Zeitpunkte ihrer wirksamen
Empfindsamkeit fähig sind, das Objekt ihres
Interesses, von sich, als dem vorstellenden,
urtheilenden und sich für die Vollkommen=
heit desselben interessirenden Wesen, in
einem deutlichen Bewußtseyn zu unterschei=
den; b) solche, welche in jenem Zeitpunkte
dieser Unterscheidung nicht fähig sind.
c) Solche, bey denen das Interesse an
dem Zustande ihres wirkenden Begehrungs=
und Gefühlsvermögens so hoch steigt, daß
es eine Darstellung fordert, entweder des
ganzen Zustandes nach allen Hauptmomen=
ten der in ihm enthaltenen Handlungen,

oder doch des Objektes, welches der Grund
von ihnen allen ist, und zwar eine Dar=
stellung, welche der Würde des Gegenstan=
des an sich, und der Würde des an ihm
genommenen Interesses völlig angemes=
sen ist; d) solche, bey welchen jenes In=
teresse nie so hoch steigt, daß eine solche
Darstellung freyer Zweck würde. e) Sol=
che, welche die Fähigkeit besitzen, von Ob=
jekten des Interesse's der Empfindsamkeit
solche Darstellungen zu geben; f) solche,
welche dieser Fähigkeit ermangeln.

Nun darf man die Produkte der schö=
nen Kunst nur flüchtig betrachtet haben,
um zu entscheiden, durch welche Klasse der
Empfindsamen sie erzeugt werden.
1) Die Künstler sind selbstschaffende
Empfindsame, sie besitzen die Fähig=
keit, die Stoffe für das Interesse ihrer
Empfindsamkeit selbst hervor zu bringen.
2) Sie sind fähig, im Zeitpunkte ihrer
wirksamen Empfindsamkeit das Objekt des
Interesses ihrer Empfindsamkeit in einem
deutlichen Bewußtseyn von ihnen selbst zu
unterscheiden, stellen es sich also schon da

in bestimmten Umrisse als ein für sich be=
stehendes Ganzes vor. 3) Ihr Interesse
an dem Objekte ist so groß und so stark,
daß es eine Darstellung fordert, angemes=
sen der innern Würde des Objektes, dem
Grade und der Würde des Interesses an
ihm. 4) Sie besitzen wirklich die Fähig=
keit, Darstellungen dieser Art zu bilden.

So wie durch diese Entwickelung die
nothwendigen ursprünglichen geistigen An=
lagen des Künstlers im Allgemeinen
hinlänglich bestimmt sind; so ergiebt sich
auch daraus ganz natürlich der Begriff der
Begeisterung. Der wirksame Zustand der
Empfindsamkeit geht überhaupt dann in
Begeisterung über, wenn in einem gewis=
sen Zeitpunkte das Interesse an dem Ob=
jekte, so viel Umfang und Kraft gewinnt,
daß das Bewußtseyn des Empfindsamen
ganz auf dasselbe übergeht, daß er, verlo=
ren in Betrachtung und reiner Liebe zu dem=
selben sich selbst vergißt. Der wirksame Zu=
stand der Künstlerempfindsamkeit geht unter
derselben Bedingung in Begeisterung über,
und diese Begeisterung des Künstlers ist als

Begeisterung von den Begeisterungen der
Empfindsamen im Allgemeinen nur dadurch
verschieden, daß sie in Darstellung über=
geht.

Ich würde mich nur wiederholen müs=
sen, wenn ich nun noch bestimmte, welche
besondere ursprüngliche geistige Anlagen
bey jeder besondern Kunst nothwendig sind.
Man darf nur die in der sechsten Be=
trachtung, dem ersten, dritten, und
vierten Exkurse aufgestellten Grundsätze,
über die einer jeden eigenthümlichen
Stoffe, Zwecke und Wirkungen verfolgen
und anwenden, um sich der Begriffe dersel=
ben zu versichern.

Nothwendige geistige Natur=
anlagen und Genie zu einer Kunst
sind sehr verschiedene Begriffe. Der er=
ste Begriff bezeichnet bloß die conditionem,
sine qua non jeder, vollkommenen oder un=
vollkommenen Kunstdarstellung; die zweyte
die Fähigkeit, das Vollkommenste, wahr=
haft Schöne in einer Kunst hervorzubrin=
gen, wiefern sie in der ursprünglichen We=
sentlichkeit einer geistigen Natur gegründet

ist. Daraus erhellet, daß die Untersuchung
vom Genie auf keine Weise am Eingange
der Aesthetik vorgenommen werden darf,
sondern nur am Ende derselben, als ein
Resultat der in ihr festgestellten Grundsätze
über die Vollkommenheit der Kunstwerke,
erfolgen kann.

Eben so verhält es sich mit dem Kunst=
Geschmacke. Von ihm muß erst dann
gehandelt werden, wenn man den Begriff
der wahren Schönheit bestimmt hat.

Achte Betrachtung.

Durch die Bestimmung des wahren We=
sens der schönen Künste ist eigentlich, scheint
mir, zugleich auch die Frage über die Mög=
lichkeit allgemeingeltender Vernunftprinzi=
pien für die Beschaffenheiten ihrer Werke,
beantwortet; wenigstens ergiebt sich aus
jener die Antwort auf diese sehr natürlich.

Jede Darstellung eines bestimm=
ten Zustandes der gerührten Em=

Aesthetik.   Bb

pfindsamkeit gründet sich auf eine
Reihe bewußter Handlungen eines vernünf=
tigen Wesens wegen eines Zweckes. Der
Grund der Darstellung ist das freye In=
teresse, welches der Künstler an einer Reihe
von Kraftäußerungen seines Begehrungs=
und Gefühlsvermögens nimmt, wegen ih=
res Werthes an sich, wenn sie von keinen
Vorstellungen abhängen, oder, wenn dieses
der Fall ist, wegen der Würde des Objek=
tes, durch dessen Vorstellung sie erzeugt
worden. Der Zweck ist 1) in Beziehung
auf den Künstler selbst innigerer Genuß
der Vollkommenheit, Unterhaltung des
Genusses derselben, Firirung der Vorstel=
lung derselben, gleichsam rettende Be=
schützung vor dem Vertilgen der herandrin=
genden Zeit; 2) in Beziehung auf andre:
Erhebung derselben zum Mitanschauen des
Vollkommenen, zum innigen Liebesgenusse
innerer Trefflichkeit.

Wenn sich alle freyen Handlungen der
Kritik der Vernunft unterwerfen müssen,
so können sich den Gesetzen derselben auch
diejenigen nicht entziehn, durch welche der

Künstler die Zwecke zu erreichen sucht, welche ich eben angab. So gewiß es also allgemein und nothwendig geltende Gesetze für alle freye geistige Handlungen giebt; so gewiß muß es auch solche für die freyen Kraftäußerungen der Empfindsamkeit, und demnach auch der Künstlerempfindsamkeit geben. Und so gewiß alle Vernunftgesetze für besondre Klassen von Handlungen sich auf das höchste Urgesetz der praktischen Vernunft zurückführen lassen, so gewiß muß auch dieses bey den Gesetzen für die Künstlerempfindsamkeit und ihre freyen Thätigkeiten der Fall seyn.

Die Vernunft wirft in Beziehung auf die Werke der schönen Künste folgende kritische Fragen auf:

Erstlich kann sie sich im Allgemeinen der Frage nicht enthalten: ob der Zweck des Künstlers, Zustände seiner Empfindsamkeit in Darstellung überzuleiten, an sich Werth habe? und diese hängt genau mit einer andern zusammen: ob die Zustände der gerührten Künstlerempfindsamkeit selbst an sich Werth haben können, und worin

dieser bestehe? und diese Frage leitet end=
lich wieder auf eine andre, deren Beant=
wortung aber natürlich schon in der Beant=
wortung von jener enthalten seyn muß:
Welche Zustände seiner gerührten Empfind=
samkeit soll der Künstler darstellen?

Diese Fragen beziehn sich auf den allge=
meinen Zweck aller Kunstdarstellungen, und
den Werth ihrer Stoffe. Allein die Ver=
nunft wirft auch in Beziehung auf die Form
der Darstellung kritische Fragen auf. Sie
fragt erstlich im Allgemeinen: Ob es gleich=
gültig sey, wie man einen Stoff der Künst=
lerempfindsamkeit darstelle, oder nicht? Ob
in der Form der Darstellung an sich ein in=
nerer Werth Statt finden könne, und worin
dieser liege? Dann fragt sie in Beziehung
auf die besondern Arten der Stoffe: welche
Darstellung soll der Künstler jeder Art von
Stoffen geben?

Es ist der Zweck gegenwärtigen Versu=
ches, alle diese kritischen Fragen der Ver=
nunft durch die Vernunft allgemeingültig
zu beantworten, und ich hoffe, folgender
Plan des Ganzen werde einem jeden natür=
lich scheinen. Ich werde handeln:

I. Von den Prinzipien der Beur=
theilung der Stoffe für Werke
der schönen Kunst, und zwar

 a) von den Bedingungen unter welchen
  ein Stoff Stoff

   α) für die schöne Kunst überhaupt
   β) für eine besondre schöne Kunst
   γ) für mehrere vereinigte Künste
    wird.

 b) Von dem Werthe der Stoffe an sich,
  oder ihrer innern Würde

   α) in Beziehung auf die schöne Kunst
    überhaupt;
   β) in Beziehung auf jede besondre
    schöne Kunst;
   γ) in Beziehung auf mehrere ver=
    einigte Künste.

 c) Von den allgemeinen Eigenschaften
  und Wirkungen der Kunstwerke, wel=
  che ihren Grund in der Art des Stof=
  fes haben.

II. Von den Prinzipien der An=
ordnung des Mannigfaltigen
im Stoffe

 a) von den Bedingungen, unter wel=
  chen die Anordnung zweckmäßig ist

α) in Beziehung auf das gemein=
schaftliche Wesen aller schönen
Künste

β) in Beziehung auf die einzelnen

γ) in Beziehung auf mehrere ver=
einigte Künste.

b) Von dem Werthe der Anordnung
an sich, ihrer innern Würde

α) in Beziehung auf alle Künste;

β) in Beziehung auf jede besondre;

γ) in Beziehung auf mehrere ver=
einigte Künste.

c) Von den allgemeinen Eigenschaften
und Wirkungen der Kunstwerke, welche
ihren Grund in der Anordnung haben.

III. Von den Prinzipien der Be=
zeichnung

a) von den Bedingungen, wodurch eine
Bezeichnung angemessen wird

α) dem allgemeinen Zwecke aller
Kunstdarstellungen;

β) dem eigenthümlichen Zwecke je=
der besondern Kunst;

γ) dem Zwecke der Vereinigung
mehrerer Künste.

b) Von dem Werthe der Bezeichnung
an sich, ihrer innern Würde

α) in Beziehung auf alle Künste;

β) in Beziehung auf jede besondere;

γ) in Beziehung auf mehrere ver=
einigte Künste.

a) Von den allgemeinen Eigenschaften
und Wirkungen der Kunstwerke, welche
ihren Grund in der Bezeichnung haben.

IV. Von den Eigenschaften und
Wirkungen der Werke der schö=
nen Kunst, welche ihren Grund
in der vereinigten Befolgung
aller Vernunftgrundsätze, für
die Wahl der Stoffe, die Anord=
nung, und Bezeichnung, haben

a) im Allgemeinen

b) im Besondern jeder einzelnen Kunst

c) in Verbindungen mehrerer Künste.

V. Von dem Begriffe der wahren
Schönheit

a) in den Künsten überhaupt,

b) in der einzelnen besondern Kunst

c) in den Verbindungen mehrerer
Künste.

VI. Vom Begriffe des Genies

a) zu den Künsten überhaupt,

b) zu jeder besondern Kunst.

VII. Von der Begeisterung der
wahren Kunstgenien

a) im Allgemeinen

b) in den besondern Künsten.

VIII. Vom Begriffe des Geschmackes

1) in den Künsten überhaupt,

2) in jeder besondern Kunst,

2) in Verbindungen mehrerer Künste.

IX. Von dem Einflusse der zufälligen Verhältnisse einer Nation auf die Begriffe von Schönheit und Geschmack, und den Rücksichten, welche der Künstler darauf zu nehmen hat.

X. Von dem wahren Einflusse vollkommener Kunstwerke auf die Menschheit und den Geist der Nationen.

Ende des ersten Theiles.

Leipzig,

gedruckt bey Christ. Friedr. Solbrig.

I

Nachwort

1. Die Situations-Vorgabe

1.1. Krisen-Bewußtsein als Kontext des Ästhetischen

Nicht die Sphäre des Privaten, jenseits derjenigen von Politik und Gesellschaft, sondern die Spannung von ‚Innerlichkeit‘ und ‚Öffentlichkeit‘ bildet das Feld, in dem die ästhetische Diskussion des 18. Jh. angesiedelt ist.[6] Dies gilt auch und gerade für Heydenreichs *System der Ästhetik,* obwohl dieses wegen der dominierenden Rolle, die „Empfindsamkeit“ in ihm spielt, prima facie nur dem ersten Bereich zugehörig scheint. Daß dieser Eindruck täuscht, geht jedoch bereits aus der Situations-Definition hervor, die der Deduktion des Ästhetischen im *System* zugrunde liegt, und auf die nun einzugehen ist.

Die Einsicht, daß der politische und gesellschaftliche Bereich vom privaten durch eine tiefe Kluft getrennt ist, beherrscht Heydenreichs Gegenwartsanalyse. Solche Zusammenhanglosigkeit ist die Ursache des Gefühls der Entfremdung[7] – Entfremdung des einzelnen von Staat und Gesellschaft – das nach Heydenreich die moderne Bewußtseinslage charakterisiert. Im Hintergrund solcher Überlegungen steht die Realität des absolutistischen Staats, der die Trennung von Politik und Moral, ja die völlige Abschirmung der politischen Prozesse vom räsonierenden Potential des Privatmanns erzwingt. In einem Rescript Friedrichs II. aus dem Jahr 1784 heißt es: „Eine Privatperson ist nicht berechtigt, über Handlungen, das Verfahren, die Gesetze, Maßregeln und Anordnungen der Souveräne und Höfe, ihrer Staatsbedienten, Kollegien und Gerichtshöfe *öffentliche,* sogar tadelnde Urteile zu fällen oder davon Nachrichten, die ihr zukommen, bekanntzumachen oder durch den Druck zu verbreiten. Eine Privatperson ist auch zu deren Beurteilung gar nicht fähig, da es ihr an der vollständigen Kenntnis der Umstände und Motive fehlt."[8]

Mit der von oben bestimmten Untertanen-Rolle kollidiert jedoch das Selbstverständnis der bürgerlichen Intelligenz. Nach Diderot etwa setzt „die Eigenschaft des Staatsbürgers eine Gesellschaft [voraus], deren Angelegenheiten jeder einzelne kennt, deren Wohl er liebt und in der er zu den ersten Würden zu gelangen hofft."[9] Aus dieser Spannung zwischen Selbstverständnis und Rollenzuweisung ist die Behandlung des Politischen in Heydenreichs Ästhetik zu verstehen. In ihr konkretisiert sich eine der Perspektiven, mit der die bürgerliche Intelligenz auf ihren Ausschluß von der ins ‚Arcanum‘ entrückten Politik antwortet: Desillusionierung des Politischen, politischen Handelns insbesondere. So ist der heroische Glanz, der politisches Handeln vormals umgab, nach Heydenreich in der Moderne verschwunden. Wenn der Staat nämlich nur die Verkörperung des Willens eines einzelnen darstellt, Übereinstimmung aller zum Gemeinwillen nicht möglich ist, wird für den Bürger Handeln in der politischen Sphäre grundsätzlich zur Unterwerfung unter fremden Willen, worin er sich selbst und die Prinzipien bürgerlicher Interaktion (Ebenbürtigkeit, wechselseitige Anerkennung) nicht mehr erkennen kann. Als Folge verarmt der politische Bereich an authentischen Werten, Handeln – vollziehe es sich im Krieg oder im Frieden – verwandelt sich zum Ritual: Ausführung von Tätigkeiten im Dienst von Zielen, die der Akteur nicht kennt oder denen er gleichgültig gegenübersteht. Heydenreich gebraucht das Bild des ‚Homme Machine‘: Der einzelne fühlt sich als Teil einer komplizierten Maschine, deren Funktion er nicht kennt. Da die als unabänderlich hingenommenen politischen Verhältnisse sich mit dem Privaten (Enthusiasmus, Engagement) nicht vermitteln lassen, zeigt sich hier noch kein Ansatz für die Deduktion des Ästhetischen.

Doch nicht nur der Bereich von Obrigkeit und Politik, auch der der bürgerlichen Gesellschaft selbst wird von Heydenreichs Situations-Analyse erfaßt. Und in dieser Sphäre ergeben sich Möglichkeiten zur Bestimmung des Ästhetischen und seiner Funktion. Auch im Bild der zeitgenössischen Gesellschaft dominiert die Erfahrung mangelnden Zusammenhangs, der Trennung der einzelnen vom Ganzen.

Symptome solcher Entfremdung zeigt nach Heydenreich die zeitgenössische Literatur: Ihre Sujets sind zu ‚allgemein-menschlich‘, um den Interessen-Skopus des Bürgers noch erreichen zu können. Verantwortlich für diese Heterogenität der Horizonte aber ist der entscheidende Mangel der zeitgenössischen Gesellschaft: die Absenz von ‚Gemeinsinn‘. Da die literarische Produktion nicht an ihn anknüpfen kann, wird sie notwendig abstrakt; während das bürgerliche Publikum, dessen Horizont ohne diesen allzu eng ist, sich nicht für sie zu engagieren vermag. So muß es – und darin liegt die Bestimmung des Ästhetischen – darum gehen, unter Abbau des herrschenden ‚Geistes‘ den fehlenden ‚Gemeinsinn‘ erst zu erzeugen.

Einen *poeta minor* aus dem Dunkel der Vergessenheit ans Licht zu ziehen, bedarf es heute keiner komplizierten Begründung. Es genügt der *topos* von der Verabschiedung der Literaturgeschichte der Höhenkämme. Dies gilt ebenso für mindere Ästhetiker: also auch für Karl Heinrich Heydenreich, Professor der Philosophie, der in Leipzig zwischen 1785 und 1798 lehrte, und dessen ästhetisches Hauptwerk, das hier im Reprint vorgelegt wird. Einer Theorie ‚literarischen Lebens'[1] sind solche zu ihrer Zeit bekannte Figuren grundsätzlich wichtig, auch wenn ihr System, von Zeitgenossen als zukunftsbeständig gepriesen, aus dem Gedächtnis der Nachwelt verschwunden ist. Denn an ihnen treten Bedingungen und Prozesse des literarischen Lebens nicht selten klarer hervor als an ‚hoher' Literatur.

Heydenreichs Ästhetik bildet durch ihre Diskussionsfreudigkeit eine Art Schnittpunkt der konkurrierenden Theorie-Ansätze ihrer Zeit. Über solche Vielfalt hinaus führt aber das Bemühen des Autors um Ordnung, Verbindung und ‚Überwindung' der vorgefundenen Positionen. So zeichnet sich in den zahlreichen Querverweisen, den Anknüpfungs- und Abgrenzungsversuchen der Ästhetik zwar Heydenreichs spätaufklärerische Position recht deutlich ab, doch ebenso sein Versuch des Brückenschlags zu anderen Richtungen (u. a. zu Kant und Moritz). Obwohl dieser Brückenschlag letztlich scheiterte und in der Folge ohne Wirkung blieb, ist er historisch bedeutsam im Spannungsraum der Positionen, in denen sich am Ende des 18. Jahrhunderts die Ablösung des ‚heteronomen' durch den ‚autonomen' Literaturbegriff vollzieht. So gebührt Heydenreichs ‚Synthese' in einer Literaturgeschichte des literarischen Lebens durchaus Platz und Rang.

Allerdings ist die geistesgeschichtliche Einordnung dieses zu seiner Zeit bekannten Texts, die sich die folgende Skizze vornimmt, nur ein begrenzter Beitrag zum Thema ‚literarisches Leben'. In letzte-

rem bildet die Theorie-Diskussion im allgemeinen ja
nur ein sehr schmales Segment. Im 18. Jh. ist dieses
jedoch recht gewichtig. Denn hier besteht ein spezi-
fisch enger Bezug der Theorie auf die literarischen
und gesellschaftlichen Zustände der Zeit. Mit solchen Bezügen: mit dem Zeitbild von Heydenreichs
Theorie sowie der Ableitung der gesellschaftsbil-
denden Funktion des Ästhetischen wird sich das
Nachwort vor allem befassen.

Zur historischen Begründung dieser Fragestellung
genüge der Hinweis auf das Selbstverständnis der Literaturtheorie im 18. Jahrhundert. Anders als bei
Hegel ist Ästhetik hier nicht definiert als „Wissenschaft der Kunst".[2] Und weniger das absolute Wesen
der Kunst, als ihre Erscheinung in der Gegenwart
bildet hier ihr überwiegendes Interesse. Theorie
steht in engem Bezug zur literarischen Situation, versucht diese zu durchdringen, zu stabilisieren oder zu
verändern. Sie versteht sich selbst als Eingriff in gerade herrschenden Konsens – und übergibt sich ih-
rerseits dem Prozeß der Konsens-Bildung, der in der
literarischen Diskussionsgemeinschaft permanent
vollzogen wird. „Wetzstein für Andere gewesen zu
seyn", behauptet Garve mit gewissem Stolz von sich
– wohl wissend, daß der Konsens längst über ihn
selbst hinweggeschritten ist.[3] Und Heydenreich er-
muntert die Kritik, seine Position zu überprüfen und
zu revidieren, genauso wie er selbst – als Autor einer
„Theorie, welche von der gemeinen Art so ganz abweicht" (311) – den herrschenden Konsens aufzuheben glaubt.

Aber nicht nur als Eingriff in die Literatur der Zeit
versteht sich die Theorie. Sie beansprucht vielmehr
engen Bezug zur Zeit selbst. Dieser Anspruch resultiert letzten Endes aus Legitimationsproblemen, die
sich im 18. Jh. mit dem Angriff der Aufklärung auf

die Autorität der Tradition im Bereich der Poetik ergeben. So vollzieht sich hier die Literatur-Diskus-
sion unter anderen Prämissen als diejenige früherer
Epochen. Nun genügt es nämlich nicht mehr, poeto-
logische Forderungen zu beglaubigen durch den
Nachweis ihrer Übereinstimmung mit der Tradition.
Gottscheds Dichtkunst ist deshalb eine „critische",[4]
weil sie die Tradition selbst noch einer Prüfung un-
terzieht. Vor dem Richterstuhl der aufgeklärten Zeit
hat sich diese zu bewähren, indem das Anachronisti-
sche von dem Gültigen gesondert wird. Die „Zeit",
oder der Begriff von ihr, wird damit zum Fundament
der Poetik. Und nicht mehr die Übereinstimmung
mit der Tradition, sondern der Einklang mit dem
Zeitbewußtsein kann die Sätze der Poetik legitimieren. Erst bei Hegel, für den Kunst ein „Vergange-
nes" darstellt, erhält Ästhetik ein anderes Fundament. – Im 18. Jahrhundert jedoch fußt ästhetische
Diskussion weitgehend auf einer expliziten oder im-
pliziten Vorgabe von Zeit-Analyse. Solche Situa-
tions-Definitionen ändern sich allerdings im Laufe
des Jahrhunderts ganz entscheidend. Ist für Gottsched Gegenwart gleichsam der Gipfel der Mensch-
heitsgeschichte, so ist sie bei Winckelmann geradezu
die Phase absoluter Dekadenz. Seit Herder etwa
wird sie unter dem Aspekt von Krise gesehen, also
am Wendepunkt von Dekadenz und Blüte.[5] – Heydenreichs Ästhetik steht auf dem Boden solchen Kri-
sen-Bewußtseins. Der Versuch, ihren Literaturbegriff zu rekonstruieren und im Kontext des ausge-
henden Jahrhunderts einzuordnen, muß also bei der
zugrunde liegenden Situations-Definition ansetzen.

Was aber ist mit ‚Gemeinsinn' eigentlich gemeint?
In einem zehn Jahre nach der Ästhetik erschienenen
Werk über die *Bildung künftiger Hofmeister* kommt
Heydenreich ausführlich auf dieses Konzept zurück.

Wieder geht es um die Zeitkrise und ihre Ursache:
die Klage, daß „aller Gemeingeist und Patriotismus
erloschen zu sein scheint und kaum die allernotwen-
digsten Aufopferungen für das gemeine Beste und
das Wohl einzelner Stände ohne Widerwillen erfolgen". „Warum werden so viele menschenfreundli-
che Entwürfe in unserem Vaterlande nicht realisiert,
warum gibt es in Hinsicht der Anstalten für Kultur
und Wohlstand der Nation so manche Lücke, deren
wir uns vor der Nachwelt zu schämen haben, warum
werden so viele Posten von Wichtigkeit so schlecht
verwaltet, warum werden Wissenschaften und Künste so wenig geachtet, warum müssen verdienstvolle
Männer, auf welche ihr Vaterland stolz sein sollte,
unter drückenden Bedürfnissen zugrunde gehen,
warum sinken die niederen Stände an Irreligion und
Immoralität immer tiefer und tiefer, warum wim-
meln die Straßen von hungernden Bettlern, warum
muß der Unglückliche, der seine Glieder im Kampfe
für den Staat verlor, sein Brot vor den Türen suchen?
Geht man auf die Hauptursache von allem diesem
zurück, gewiß, man findet sie in der Unkultur, der
Charakterlosigkeit und Immoralität der Reichen.
Wären diese beseelt von Menschenliebe und tätigem
Patriotismus, wäre jeder nach seinem Stande und
seiner Lage von seiten seines Verstandes gebildet
und mit dem erforderlichen Maße von Aufklärung
und Kenntnissen begabt, so würde unter der ganzen
Nation ein anderer Geist herrschen, und die Bei-
spiele von Aufopferung für das gemeine Beste und
Edelmut gegen einzelne Mitbürger nicht unter die
Seltenheiten gehören."[10] Mit einer ganzen Reihe
von Begriffen wird ‚Gemeinsinn' hier erläutert. Dieser in der Gegenwart verkümmerte „andere Geist"
steht im Gegensatz zum herrschenden Ungeist
(„Unkultur", „Charakterlosigkeit", „Immorali-

tät"), ist aber auch nicht bedeutungsgleich mit „Patriotismus", dem wegen der politischen Verhältnisse ja die Grundlage entzogen ist. Mit Begriffen wie „Menschenliebe", „Edelmut", „Aufopferung für das gemeine Beste" wird er näher umschrieben. Dies kommt anderen zeitgenössischen Definitionen – vgl. etwa Campe: „lebhafter sinn und thätigkeit für das gemeinbeste" – recht nahe. Eine Erklärung dieser für die bürgerliche Ästhetik zentralen Kategorie sollte allerdings weiter ausholen. Sie muß zurückgehen auf das Konstituens bürgerlicher Gesellschaft: die Konzeption von Privateigentum.[11] Wohl ist diese die Grundlage so wesentlicher Eigenschaften bürgerlicher Gesellschaft, wie Gleichheit der Bürger und Schutz des Privat-Raums durch eine Gesetzgebung, die zwar Übergriffe gegen die Sphäre des Privaten ahndet, diese selbst aber unangetastet läßt.[12] Die Einheit bürgerlicher Gesellschaft vermag sie allerdings nicht ausreichend zu begründen. Schon Wolff weist gelegentlich sogar auf desintegrierende Funktionen des Privateigentums hin.[13] Übereinstimmung aller in dieser Form von Autonomie reicht als gesellschaftlicher Integrationsfaktor nicht aus. So wird als „bürgerliche Verbindlichkeit" die zusätzliche Forderung nötig, daß „ein jeder, der im gemeinen Wesen lebt, in seinen Handlungen nicht allein auf sich, sondern auch auf andere mit zu sehen hat, die neben ihm sich darinnen befinden".[14] Gemeinsinn erstreckt sich also auch auf Bereiche unterhalb des eigentlich ‚Politischen' (Patriotismus, standespolitisches Engagement), den Bereich von geltender Sitte, anerkannten Mustern von Verhalten, Geschmack und Bildung, in denen sich das Wert-System der Gesellschaft vergegenständlicht.[15]

Für das Ästhetische bedeutet diese Bindung an ‚Gemeinsinn' die prinzipielle Implikation einer Fülle

von Bezügen auf bürgerliche Lebenspraxis. Selbst
der Geschmacksbegriff z. B. bezieht sich auf gesellschaftliche Phänomene wie ‚Lebensart' und ‚Bil-
dungsideal', Anstand und Umgang mit Menschen,
wobei das ‚Bürgerliche' gegen die Konkurrenz des
gesellschaftlich ‚Höheren' bzw. ‚Niederen' nicht selten als Mitte abgesichert wird. Sofern das Ästhetische – wie dies am Ende des 18. Jh. überwiegend der
Fall ist – krisentheoretisch fundiert wird, tritt es damit notwendig in den Funktionsrahmen von Lebens-
und Kulturreform. Die entworfene ‚ästhetische Sittlichkeit' bedeutet Revision der herrschenden Sitten.
Worauf letztere besonders zielt, sei noch kurz angedeutet.

F. Schlegel schreibt 1795, in Deutschland gebe es
keine Sitten und leitet dieses Defizit aus dem Mangel
an Freiheit und Gemeinsinn[16] ab: ein vernichtendes
Urteil in der Tat über das, was in der bürgerlichen
Gesellschaft seinerzeit als Sitte gilt. Es scheint, als
ziele dieser von der Ästhetik aus geführte Angriff
gegen die herrschenden Sitten auf einen zentralen
Wert früh-bürgerlichen Selbstverständnisses: das
Prinzip der Askese.[17] Affekt-Askese, „Herrschaft
über die Sinnen, Einbildungskrafft und Affekten" ist
bei Wolff[18] noch Kennzeichen des aufgeklärten Bürgers, seines Verhaltens in der Gesellschaft. Lessings
tränenreiches bürgerliches Trauerspiel signalisiert
jedoch bereits die Verabschiedung dieses Verhal-
tensmusters. Für Diderot gar wird es zum Zeichen
unnatürlicher Sitte, die künstlichem Vorurteil auf-
ruht, bürgerlicher Natur widerspricht.[19] Herder
wendet sich mit seiner Theorie von ‚Volkspoesie'
prononciert ab von der „*hohen, Aetherischen, un-
sinnlichen, ganz Duft- Gewürz- und Moralvollen Erziehung, wie sie unsre aufgeklärte Zeit gibt*, und
selbst schon bis *auf den geringsten Pöbel* darauf los-

stürmt". Im Gegensatz dazu propagiert er *„sinnliche Existenz"* und fordert *„Beschäftigung der Sinne* und der *stärksten sinnlichen Kräfte* [als] das Hauptstück der Erziehung des Volks und der Kinder".[20] Heydenreichs Verurteilung falscher Scham (37f) stimmt in diesen Chor der Kritik ein. Wird das Affektleben aus den Formen gesellschaftlichen Umgangs verbannt, so erstarrt letzterer zum Zeremoniell, das nur den Grundsatz der ‚Delikatesse' illustriert, echte Kommunikation aber unterbindet.[21] Umgang droht zur Fassadenpflege zu verkümmern, unter der sich ganz anderes Leben verbirgt. Heydenreichs Kritik unterstreicht den generellen Vorbehalt gegenüber der Zeit, den Verhältnissen im politischen wie gesellschaftlichen Bereich. – Mit solcher Kritik tritt das Ästhetische, wie bereits erwähnt, auch in die Dimension positiver Lebens- und Kulturreform. Vor der genaueren Entwicklung dieses Zusammenhangs muß ein weiterer Aspekt der Situations-Definition behandelt werden: In letzterer sind nämlich nicht nur die Notwendigkeit, sondern auch die Grenzen der Reform vorgezeichnet.

1.2. Der Kontext als Beschränkung der ästhetischen Funktion

Die Bestimmung von Gegenwart auf der Zeit-Achse führt in der Ästhetik nach Winckelmann unausweichlich zur Entgegensetzung von Antike und Moderne. Dabei ist die Antike trotz gewisser Einschränkungen meist die Epoche der erfüllten Utopie, während Gegenwart als Zustand erscheint, dem solche Erfüllung versperrt ist. Für die Moderne ist damit – allein durch ihre zeitliche Entfernung von der Antike – schon sehr viel entschieden. Gegenwart des Ideals, Realität der Utopie kommen nicht mehr in Frage. Die Moderne ist damit entweder auf die Wirklichkeit von Surrogaten oder auf die bloße Sehnsucht nach dem Ideal angewiesen. Heydenreichs spätaufklärerische Ästhetik gehört dem Typus der Kompensation zu, während Vertreter des literarischen Höhenkamms wie Schiller, Schlegel und zum Teil schon Moritz (auf den wir im Zusammenhang mit Heydenreichs Polemik gegen ihn zurückkommen werden), wohl dem zweiten Typ zugeordnet werden müssen. Heydenreich plädiert für Abfindung mit der fehlenden Idealität, da er unterhalb des reinen Ideals erreichbare Gegenstände sieht, die ad hoc aus der Krisenlage von Gegenwart führen können – allerdings ohne die letztere in toto verändern zu wollen. Er gerät damit in den Geruch von Versöhnungsspekulation und Anpassungslehre. Allerdings – Anpassung und Versöhnung sind nur partiell. Wenn sie auch den Krisenzustand lebbar machen, seinen Charakter verdecken sie keineswegs. So ist die Einsicht in die Unrealisierbarkeit von Utopien Ergebnis der historischen Situations-Definition. Die Gegenwart erscheint verurteilt zur Abwesenheit des Ideals, woraus die Notwendigkeit von Kompromiß und Surrogat resultiert. Dies gilt nicht nur für die Ästhetik Heydenreichs, sondern auch für seine politischen Grundsätze.[22] Die Gegenwarts-Analyse führt auf diese Weise zur Erkenntnis der Schranke zwischen Möglichem und Unmöglichem, der Bereitschaft, sich in diesen vorgegebenen Spielraum einzuordnen und der Suche nach Möglichkeiten, sich dort auch affektiv einzurichten. Diese Einstellung ist die Grundlage, auf der sich sozialpsychologische Phänomene entwickeln können wie Melancholie und Empfindsamkeit. Letztere steht denn auch im Zentrum von Heydenreichs Ästhetik.

2. Der Literaturbegriff

Nach der Situations-Vorgabe von Heydenreichs
Ästhetik ergibt sich für die Bestimmung der literarischen Funktion eine doppelte Schwwierigkeit. Ei-
nerseits droht die Gefahr bloßer Anpassungs- und
Verschleierungsfunktion, die für eine Ästhetik, die
sich als kritische versteht, zu vermeiden ist. Anderer-
seits ergibt sich das Risiko totalen Rückzugsverhal-
tens, Eskapismus in die innerliche Utopie. Heydenreich löst diese Problematik, indem er jeglichen ‚äußerlich' – repräsentativen Gebrauch von Kunst/Li-
teratur abweist, Literatur vielmehr als Darstellung
von Empfindsamkeit definiert, die letztere aber als
gesellschaftsverändernden Faktor interpretiert.

2.1. Abwehr repräsentativer Funktionen des Ästheti-schen

Noch für Opitz ist es der „grössesten lohn [. . .] den
die Poeten zue gewarten haben; daß sie nemlich inn
königlichen unnd fürstlichen Zimmern platz finden
von grossen und verständigen Männern getragen /
von schönen leuten (denn sie auch das Frawenzim-
mer zue leseń und offte in goldt zue binden pfleget)
geliebet / in die bibliothecken einverleibet / offent-
lich verkauffet und von jederman gerhümet werden."[23]
Auf der Grundklage einer Krisentheorie sind solche Orientierungen des Künstlers am Gebrauch seines Produkts und solcher Gebrauch des Produkts
nicht mehr akzeptabel. Denn der Künstler wird dadurch zur „Maschine des Vergnügens", die Kunstwerke erscheinen als „Waren der Galanterie und der
Eitelkeit; man besetzt Schränmke und Zimmer mit

ihnen, entweder um zu zeigen, daß man reich ist,
oder um das besitzen zu scheinen, wovon man oft
nicht einmal weiß, was es eigentlich ist, Geschmack."[24] (2f.) Auf dem Hintergrund der Lage
verblaßt jeglicher repräsentative Gebrauch von Geschmack – daß „man dadurch in den Cirkeln zu glänzen hofft" – zum baren Schein. Ihm fehlt Substanz,
da ihn „sich der Weltmann, mit dem leeresten Kopfe
und dem gefühllosesten Herzen weit glücklicher erwerben kann, als der talentvollste Mensch, wenn er
ohne Stand und Geburt ist." (42)

2. 2. Literarische Empfindsamkeit und ihre gesell-
schaftliche Funktion

Solchem äußerlichen Glanz, der allein durch
Stand und Geburt verliehen wird, kontrastiert Heydenreich eine Definition von Literatur, die sich
scheinbar ganz auf Innerlichkeit reduziert – die Wer-
te, die der einzelne durch Talent und Verdienst er-
wirbt. So scheint Literatur ausschließlich bezogen
„auf die höheren Vermögen, besonders auf eine
edle, dem Verstande und der praktischen Vernunft
untergeordnete Empfindsamkeit" (38f.). Im Rahmen der Situations-Vorgabe muß allerdings auch
diese ‚innerliche' Bestimmung von Literatur ihre
‚äußere' Relevanz erweisen können.[25] Aus dem Bereich der Aufklärungspoetik, die ja ebenfalls durch
Situations-Definition fundiert ist, liegen zwei Ange-
bote solcher Legitimation vor.
Die Nützlichkeit des Schönen in Literatur und
Kunst besteht nach Bodmer darin, daß seine „An-
muth dem Menschen seine sauren und kummervol-
len Tage versüssen, und ihm das Elend des Lebens

erträglich, und die Arbeit lieblich machen, weil sie
seine Betrachtung auf denjenigen lenken, der alle
Dinge so schön gemacht hat."[26] Der Zusammenhnag
dieses Gedankens an Gott mit bürgerlicher Gesellschaft, u. a. dem Gemeinwesen, ist bei Wolf erklärt.
Der stabilisierende Wert von Religion und Poesie für
den Staat scheint sehr hoch, was u. a. die Intoleranz
des Aufklärers gegenüber Atheisten erklärt.[27] Auf
dem Boden einer Krisentheorie werden solche Kon-
zepte, denen noch der Gedanke prästabilierter
Harmonie zugrunde liegt, allerdings fragwürdig. So
weist Heydenreich – u. a. noch zeitgenössische[28] –
Bestimmungen der Kunstempfindung als Sinn für
‚Ordnung‘, ‚Harmonie‘ zurück (62). Sie sind der
vorausgesetzten Situation inadäquat und es besteht
offenbar kein Interesse, sie *gegen* diese auszuspie-
len.

Nun gibt es auch andere – pragmatische – Bestimmungen der Nützlichkeit der Schönheitsempf-
findung: In engem Bezug auf Situationen des All-
tagslebens wird das Ästhetische als ein Vermögen,
als Fertigkeit der Situationsmeisterung verstanden.
Eberhard rühmt Schnelligkeit im Durchblicken von
Situationen, Durchlaufen von Alternativen als
Funktion des Ästherischen.[29] Und solcher pragmatischen Bestimmung der ästherischen Funktion
scheint Heydenreich sich anzuschließen. Die Nützlichkeit einer gewissen „Schnelligkeit und Lebhaftigkeit der Phantasie" im Alltag wird betont; denn
„ohne sie ist Klugheit und Vorsicht schlechterdings
nicht möglich" (45). Liegt Heydenreich damit also
auf einer Linie mit Ästhetikern, die die literarische
Funktion im Zusammenhang der Bestätigung und
Bewältigung bürgerlicher Lebenspraxis sehen?[30]
„Geschmack" als „Geschicklichkeit", „für einen
Menschen, der nicht zum Pöbel gehören will."?[31]

Die Gefahr solcher Anpassung vermag erst „Empfindsamkeit", die dem „Weltmann" fehlt, abzuwenden. Positiv verbürgt sie die sittliche Potenz des Geschmacks: Übung der Fähigkeit zu „behender lebendiger Vorstellung von Schicksalen und innigem Mitgefühle fremder Leiden" (56). So hebt sich die ideale Gemeinschaft der Empfindsamen[32] deutlich ab von jenen Cirkeln, in denen „schöngeistige" Bildung und „bürgerliches Air"[33] den Ton angeben. Der gesellschaftskritische Ton von Heydenreichs Literatur-Konzept ist nicht zu überhören. Hier zeichnet sich in der Tat andeutungsweise ein Gegenentwurf zur bestehenden Misere ab. Wohl eint kein vorgegebener Konsens die Gemeinschaft der Empfindsamen: Gemeinsinn ist in der Gegenwart ja leider nicht vorhanden. Empfindsamkeit als Provisorium der Gegenwartsbewältigung ist zwar kein Äquivalent von „Gemeinsinn", aber auch keine Verschleierung der bestehenden Krise. Es handelt sich um tastende Versuche, eine Mitte zu sondieren, die zwischen Anerkennung und Veränderung der bestehenden Verhältnisse liegt.

Allerdings hat diese Pragmatik der Krisenbewältigung ihren Preis: Literatur verliert ihren Gegenstand. Zumindest die Literatur-Definition wird „gegenstandsleer".[34] Ein bestimmter Gegenstandsbereich – Tugend, Sittlichkeit – gehört noch für die Poetik der Aufklärung zum Wesen der Poesie. „Empfindsamkeit" dagegen ist von Heydenreich definiert als allgemeine Fähigkeit zu Mitgefühl und Begeisterung, die das die bürgerliche Gesellschaft kennzeichnende Defizit an bestimmter, auf ein Ideal gerichteter Begeisterung kompensieren soll. So sieht sich Heydenreich außerstande, „die sogenannten schönen Gegenstände [. . .- als *eine eigne besondre* Klasse von Gegenständen, und die durch sie erregten

Empfindungen [. . .] als *eine eigne besondre* Gattung von Empfindungen" zu betrachten (104). Indem sich die Empfindung von einem bestimmten Gegenstand ablöst, wird sie zu allgemeiner Empfindsamkeit. Und nur letztere ist allen Mitgliedern der bürgerlichen Gesellschaft möglich. Denn einen auf einen Gegenstand – etwa das „Vaterland" – gerichteten Gemeingeist erlauben die gesellschaftlichen Bedingungen nicht. So verwendet Heydenreich größte Mühe darauf, die ästhetische Erfahrung von der Qualität des sie auslösenden Gegenstands unabhängig zu machen. Zwar hält er am Begriff des Vollkommenen als Grundlage des Schönen fest: Doch nach der Defination von Vollkommenheit – „Wenn ein Gegenstand, (jederzeit etwas Mannichfaltiges;) alles, ohne Einschränkung ist, was er seinem Begriffe nach seyn soll, so ist er vollkommen" (120) – würde dies den Gegenstandsbereich von Dichtung in der gegebenen Zeitlage allzusehr einschränken. So soll sich das Postulat der Vollkommenheit nicht nur „auf die des Gegenstandes, sondern eben sowohl auf die des Zustandes" (123) – also die empfindsame Virtuosität des Betrachters – beziehen dürfen. Die Erfahrung lehrt, „daß viele Gegenstände allgemein für *schön* gehalten werden, ohne daß wir uns bewußt sind, Vollkommenheit an ihnen erkannt zu haben." (135). „Einsicht von Vollkommenheit erschöpft nimmermehr alle Wirkungen von Schönheit, weder der Natur noch der Kunst" (136). Der Verluist konkreter Gegenstandsbezogenheit des Ästhetischen erweist sich als der Preis, mit dem der Kompromiß mit der Gegenwart erkauft wird, der Heydenreichs literarische Krisenlösung prägt.[35] Diese Schwäche offenbart sich vor allem in der Konfrontation mit der autonomen Position, auf die nun eingegangen werden muß.

3. Die Polemik gegen Moritz: ‚Autonome‘ vs. ‚heteronome‘ Ästhetik

Heydenreichs Polemik gegen Moritz („ueber die bildende Nachahmung des Schönen") könnte man eigentlich als großes Mißverständnis abtun. Denn allzu grob nimmt sich Moritz' Gedankenführung bei Heydenreich aus. Sein Angriff richtet sich gegen Moritz' angebliche Opposition der Begriffe „Nützlich" und „Schön" (144). Der gesamten Widerlegung dieser Opposition nebst dem Nachweis der Parallele zwischen den Begriffen (198) ist in der Tat der Boden entzogen, wenn man nur Moritz' eigene Differenzierungen betrachtet. Denn, daß die Begriffe des Nützlichen und Schönen in einem Beziehungsgeflecht stehen, daß sie mit dem Edlen und Guten eine „feine Abstufung der Begriffe" und „ein so zartes Ideenspiel [bilden], daß es dem Nachdenkenden schwer werden muß, das immer ineinander sich unmerklich wieder Verlierende gehörig auseinanderzuhalten und es einzeln und abgesondert zu betrachten",[36] räumt Moritz durchaus ein.

Dem Interpreten kann der Nachweis des Mißverständnisses nur Anlaß sein, die Positionen, die durch die Polemik gar nicht in Berührung kamen, erst in Dialog zu setzen. Dies lohnt in diesem Fall besonders, weil der Unterschied zwischen autonomer und vor-autonomer Ästhetik, um den es letztlich geht, auch heute noch zum Teil in Oppositionen formuliert wird, hinter denen der alte Gegensatz zum Vorschein kommt. Heydenreichs Bemühung um Verständnis der autonomen Position scheitert jedenfalls gerade an der Opposition von „Nützlich" und „Schön". In der Tat, Moritz verwendet die Entgegensetzung von ‚Nützlichem‘ und ‚Unnützem‘; Gegenständen, die um eines Zweckes willen da sind, und solchen, die um ihrer selbst willen existieren und ordnet das Schöne der letzteren Klasse zu. Heydenreichs Einwand, „daß man nicht sagen kann, das *Schöne* sey bloß seiner selbst willen da, sey also in sich vollendet, ohne auf etwas andres bezogen zu werden, welches dadurch einen Gewinn erhalte, daß vielmehr man nichts *schön* nennen kann, ohne es auf ein empfindendes Wesen zu beziehen" (193) – trifft aber doch nicht Moritz' Position. Denn auch bei Moritz ist das Schöne „auf etwas andres bezogen", und zwar auf Kosmos und Natur. So sind autonome und vor-autonome Position gar nicht imkompatibel; sie unterscheiden sich durch den jeweiligen Bezugshorizont des Schönen, einmal die moralische und zum andern die kosmische Welt. Die kosmische Natur – „dieser große Zusammenhang der Dinge" – ist nach Moritz das Urbild des Schönen. „Jedes schöne Ganze aus der Hand des bildenden Künstlers, ist daher im Kleinen ein Abdruck des höchsten Schönen im grossen Ganzen der Natur."[37] Diese Fassung des *imitatio naturae*-Prinzips weist Heydenreich als „Metaphysik des Schönen" zurück. Die von Moritz postulierte Beziehung von Schönem und ‚Weltganzem' versucht er, durch wissenschaftskritische Argumente zu Fall zu bringen. „Woher weiß denn Herr Moritz, daß die Natur den Kunstgenieen den Sinn für ihre Schöpfungskraft in ihr ganzes Wesen [...] geschaffen hat?" (199f.) „Denkkraft konnte ihn nicht darauf leiten; sollte es vielleicht gar Schwärmerey gethan haben?" (200f.) Wissenschaftlichkeit, darüber sollte man sich jedoch nicht täuschen, dient hier nur als Legitimations-Argument. Es geht um Verdrängung einer Position nicht deshalb, weil sie unwissenschaftlich wäre, sondern um ihrer Inhalte willen. Inhaltlich zu eng scheint also die Position ästhetischer Autonomie: „Der Begriff des der Natur

durch Kunst nachgebildeten in sich Vollendeten
reicht bey weitem nicht hin, um die volle Schönheitsempfindung bey einem vollkommenen Kunstwerk
zu erklären." (201) Ihr fehlt die – nach Heydenreich
– entscheidende Bestimmung des Ästhetischen:
„daß nämlich jedes Werk der schönen Kunst die
*Darstellung eines bestimmten Zustandes der Emp-
findsamkeit ist*".

Nach der Reinigung vom Mißverständnis wird also
erst der tatsächliche Zielpunkt von Heydenreichs
Polemik sichtbar: Protest gegen die Verengung der
ästhetischen Funktion, die im Rahmen des Autono-
mie-Postulats vollzogen wird. Der Vorwurf, Moritz'
Definition des Schönen sei zu eng, scheint durchaus
plausibel auf dem Hintergrund einer Konzeption,
die das Ästhetische mit Empfindsamkeit verknüpft
und ihm damit ein breites Spektrum von Bezügen zur
Lebenspraxis der bürgerlichen Gesellschaft sichert.
Solche Bezüge bestehen in gewissem Maße in Negation. Negiert werden, wie gezeigt wurde, vorgefun-
dene Konkretisationen von ‚Sitte' und ‚Gemeinsinn'.
Doch sind in der Skala ästhetischen Sozialbezugs
durchaus auch positive Funktionen enthalten. So
schult das Ästhetische im Betrachter Qualitäten, die
zur Bewältigung konkreter Alltagsprobleme dienen
können. Und auch als Aktivierung von Fähigkeiten
wie Mitgefühl, Empfindsamkeit, die ‚Sitte' und
‚Gemeinsinn' generieren, bleibt es der gegebenen
Lebenspraxis durchaus adaptierbar. Bei aller Negation enthält nach Heydenreich das Ästhetische also
doch eine Fülle positiv gesellschaftsbildender Elemente, die den Kompromiß mit der vorgefundenen
Situation bereits im Rahmen der Gegenwart (also
ohne Situations-Änderung) ermöglichen.

Muß dann Heydenreich nicht recht gegeben werden, wenn er, wie sich herausstellt, eigentlich nicht

die Funktionslosigkeit des autonomen Schönen überhaupt, sondern nur in bezug auf den Bereich gegebener Lebenspraxis kritisiert? Aus seiner Perspektive – derjenigen einer heteronomen Ästhetik, die die ästhetische Funktion positiv zu bestimmen vermag – scheint Moritz' Definition des Schönen allerdings gerade in dieser Hinsicht mangelhaft. Doch kann auf solcher Folie die gesellschaftliche Funktion des ‚autonomen' Schönen auch gar nicht sichtbar werden. Denn diese beruht vorwiegend in der Negation. So unterschlägt Heydenreichs Attacke die erhebliche kritische Potenz, die das Ästhetische gerade durch solche Reduktionen gewinnt. Entzogen ist dem ‚autonomen' Schönen derjenige Komplex positiv gesellschaftsbildender Elemente, die in Heydenreichs *System* den Kompromiß mit dem Gegebenen bereits in der Gegenwart ermöglichen. Um so radikaler jedoch ist die Negation, deren das Ästhetische so fähig wird.

Wie im Rahmen von Moritz' Autonomie-Konzept das Ästhetische als Verweigerung vorgefundener Praxis *konkret* ‚funktioniert', soll abschließend vorgeführt werden. Sichtbar wird dieser Zusammenhang allerdings erst, wenn das autonome Schöne auf die Situations-Definition – die auch Moritz' System zugrunde liegt – projiziert wird. Wie bei Heydenreich handelt es sich dabei um ein Krisenmodell, in dessen Zentrum ‚Entfremdung' steht. Die Entfremdung, die „das Band zwischen Geist und Körper gleichsam *zerreißt*", äußert sich vor allem als spezifische Form von Tätigkeit, die den einzelnen „wie eine bloße Maschine durch die Gedanken eines andern seinen Arm ausstrecken, und seinen Fuß emporheben läßt, wie der Soldat auf das Kommando thun muß".[38] Die Ursachen solcher Verhältnisse liegen in der Beziehung zwischen dem „listigeren und ver-

schlageneren Theil der Menschen" und dem „ehrli-
chern und guthmüthigern" – der Tatsache, daß es er-
sterem gelungen ist, letzterem „seine notwendigen
Bedürfnisse in gewisser Weise zu entreissen und ab-
zuschneiden", so daß er nun in der Lage ist, ihn zu
entfremdeter Tätigkeit zu zwingen. Zur Verwirkli-
chung der in der Situation angelegten Entfremdung
sind allerdings bestimmte Einstellungen nötig: Ei-
nerseits natürlich die Bereitschaft der Mächtigen
dazu, „daß der einzelne Mensch [. . .] vergessen
wird, indem man ihn nicht mehr selbst als ein Ganzes, sondern als einen untergeordneten Theil eines
großen Ganzen betrachtet". Erforderlich ist aber
auch die Bereitschaft der Opfer, sich solcher Funk-
tionalisierung zu beugen. Diese wird durch eine List
erzeugt: „Der Zweck, der seiner Denkkraft *listiger
Weise* unterschoben wird, ist, als müsse er dies thun,
weil er sonst seine körperlichen Bedürfnisse nicht
würde befriedigen, seinen Hunger nicht stillen, seinen Körper nicht bedecken können."[39] Der Entfremdete ist damit Opfer nicht allein der Situation,
sondern seiner Einstellung, die ihn der List zugäng-
lich macht: Wie die andern, ist er auch selbst bereit,
sich nicht „als ein Ganzes" zu sehen. Und so verliert
er jegliche Resistenz gegen eine Verführung, die ihn
dazu bringt, einen partikularen Zweck um das ‚Ganze' zu erkaufen.

Erst diese Situations-Vorgabe zeigt die Angriffs-
flächen der ästhetischen Funktion: es geht um Revision der vorgefundenen Einstellungen; besonders
jener, die zu Entfremdung und Unterwerfung führen. Zumindest ist die ästhetische Einstellung, so wie
Moritz sie entwirft, deren genaues Gegenbild. Hier
dominiert der Blick für das Ganze, der den Sinn für
die „Realität der Dinge" auflöst, „sofern deren Wesen und Wirklichkeit in ihrer Einzelnheit besteht".[40]

Das Ästhetische schult einen besonderen Wahrnehmungshabitus: Der Betrachter „lernt allmälig das *Einzelne im Ganzen,* und in Beziehung auf das Ganze, sehen; fängt die großen Verhältnisse dunkel an zu ahnden, nach welchen unzählige Wesen auf und ab, so wenig wie möglich sich verdrängen, und doch so nahe wie möglich aneinander stossen".[41] Solche Wahrnehmung von Wirklichkeit erzeugt die Bereitschaft, partikulare Interessen zugunsten des Ganzen abzublenden. Insofern sich diese auch auf die physische Existenz bezieht, hebt die ästhetische Einstellung diejenige des Opfers der Entfremdung auf. „Tod und Zerstörung selbst verlieren sich in den Begriff der *ewig bildenden Nachahmung des über die Bildung* selbst erhabnen Schönen, dem nichts anders als, durch *immerwährend sich verjüngendes Daseyn,* nachgeahmt werden kann."[42] Insbesondere das Erhabene, angesiedelt im Gegenüber ‚sinnlicher' und ‚geistiger' Existenz und in der Bereitschaft bestehend, physische in ‚höheren' Bedürfnissen aufzuheben, erweist sich mit der Einstellung des ‚Opfers' unverträglich. Dazu kommt schließlich die Inkompatibilität der Urteile: Dem teleologischen Urteilstyp, der an Handlungen nur den Erfolg und Zweck bewertet, steht der ästhetische entgegen, der vom Erfolg absieht, „weil die wahre Schönheit, ebenso wie das Edle der Handlung, durch das Nützliche [. . .] weder vermehrt noch durch den Mangel desselben [. . .] vermindert werden kann".[43] Als Handlungslehre ermöglicht das Ästhetische damit: Absehen von Zweckhaftigkeit, Nützlichkeit; Vollzug einer Handlung um ihrer selbst willen. So gelingt es in der Tat, die Bereitschaft zur Unterwerfung unter die Mechanik entfremdeten Verhaltens, die die Trennung zwischen Zweck und Ausführung anerkennt, durch die ästhetische Einstellung zu brechen.

Damit erweist sich das Ästhetische nach Moritz'
Definition durchaus nicht als funktionslos. In der
Eindämmung, Verdrängung defizienter Einstel-
lungstypen, die in der Gesellschaft weit verbreitet
sind, liegt eine recht konkrete gesellschaftliche
Funktion. Allerdings ist diese auf Negation be-
schränkt. Die positiv gesellschaftsbildende Funktion, die Heydenreich moniert – und in seinem eigenen *System* bereits für die Gegenwart plausibel
macht – gewinnt die autonome Ästhetik erst unter
Einbeziehung von Zukunft: durch den Gedanken
der ästhetischen Revolution. Fünf Jahre nach Heydenreichs Kritik formulieren Schiller und Schlegel
diese Erweiterung des Konzepts ästhetischer Auto
nomie.

Anmerkungen

1 Vgl. etwa B. Ejchenbaum, „Das literarische Leben", Russischer Formalismus. Texte zur allgemeinen Literaturtheorie und zur Theorie der
   Prosa, hg. J. Striedter, München 1971, 462–481;
   sowie M. J. Böhler. Soziale Rolle und ästhetische
   Vermittlung. Studien zur Literatursoziologie
   von A. G. Baumgarten bis F. Schiller, Bern,
   Frankfurt 1975.

2 G. F. W. Hegel, Vorlesungen über Ästhetik,
   Theorie-Werkausgabe 13, Ffm. 1975, 25.

3 C. Garve, Eigene Betrachtungen über die allgemeinsten Grundsätze der Sittenlehre. Ein An-
   hang zu der Übersicht der verschiedensten Mo-
   ralsysteme, Breslau 1798, Dedikationsvorrede,
   o. Pag.

4 J. C. Gottsched, Versuch einer Critischen Dichtkunst vor die Deutschen, Leipzig 1730.

5 Auf diese Zusammenhänge gehe ich in einer
   Studie zur Legitimation der Poesie im 18. Jh. ein.

6 Die engen Bezüge zwischen diesen Bereichen im
   Pietismus, in der Autobiographie und dem Ro-
   man des 18. Jh. zeigt G. v. Graevenitz, „Innerlichkeit und Öffentlichkeit. Aspekte deutscher
   bürgerlicher Literatur im frühen 18. Jahrhundert", DVjS 49 (SH 1975), 1–82. Auf diese Zusammenhänge verweisen von verschiedenen
   Ausgangspunkten aus u. a. auch Koselleck, Kritik und Krise. Eine Studie zur Pathogenese der

bürgerlichen Welt, Freiburg, München 1959, 2.
Aufl. Ffm. 1976 (stw 36); G. Kaiser, Pietismus
und Patriotismus im literarischen Deutschland.
Ein Beitrag zum Problem der Säkularisation,
Wiesbaden 1961; J. Habermas, Strukturwandel
der Öffentlichkeit, Untersuchungen zu einer Kategorie der bürgerlichen Gesellschaft, Neuwied
u. Berlin 1962, 7. Aufl. 1975.

7 Auf Entfremdungs-Spekulation am Ende des
18. Jh. geht H. Popitz ein in seinem Buch: Der
entfremdete Mensch. Zeitkritik und Geschichts-
philosophie des jungen Marx. Kritische Studien
zur Philosophie, Ffm. 1967.

8 Zitiert nach W. Schöne, Zeitungswesen und Sta-
tistik, Jena 1924, 77.

9 D. Diderot, Philosophische Schriften, hg. T.
Lücke, Berlin 1961, Bd. 1, 265.

10 K. H. Heydenreich, Der Privaterzieher in Familien, wie er sein soll. Entwurf eines Instituts zur
Bildung künftiger Hofmeister. In 2 Teilen. Nebst
einigen Vorlesungen über die Vorteile, welche
künftige Religionslehrer von der Erziehung der
Kinder in den Perioden der ersten Entwicklung
ihrer Kräfte ziehen können und einer Betrachtung über die Pflichten der Führer junger Studierenden auf Akademien, Leipzig 1800 u. 1801,
Bd. 1 IX u. XXV. Zit. nach G. Müller, ''Karl
Heinrich Heydenreich als Universitätslehrer und
Kunsterzieher'', Festschrift M. Heinze (1906),
194.

11 Zum Verhältnis von Privateigentum und bürgerlicher Gesellschaft vgl. etwa G. F. W. Hegel, Die Verfassung Deutschlands (1800–1802), Theorie-Werkausgabe, 1, 451 ff.

12 Vgl. etwa F. Schnabel, der zu den Grundlagen des Code Napoléon ausführt: „Der bürgerliche Staat ruhte auf dem Eigentum. Dieses war die Grundlage alles Privatrechtes, das darum in dem Gesetzbuche zu betrachten war in Ansehung der Personen, denen das Eigentum zusteht, in Ansehung der Güter, bezüglich welcher es den Personen zusteht, und im Hinblick auf die Art und Weise, wie es zu erwerben sei: daraus ergab sich die Einteilung in Personen-, Sachen-, Obligationen- und Erbrecht. Die emporkommende Bourgeoisie beruhte durchaus auf der Freiheit, Sicherheit und Unverletzlichkeit des Eigentums [. . .] und aus dieser Tatsache ergab sich jene bürgerliche Ethik, welche geneigt war, die Eigentumsvergehen mit besonders schwerer Strafe zu belegen." F. S., Deutsche Geschichte im neunzehnten Jahrhundert. Die Grundlagen der neueren Geschichte Freiburg, 1964 (Herder-Bücherei 201/202) 174 f.

13 C. Wolff, Vernünftige Gedanken von dem gesellschaftlichen Leben der Menschen und insonderheit dem gemeinen Wesen (1721), Faksimiledruck Ffm 1971, 327.

14 Wolff, 325 f., vgl. auch 158.

15 Zur geschichtlichen Herleitung dieses Beriffs vgl. H.-G. Gadamer, Wahrheit und Methode.

Grundzüge einer philosophischen Hermeneutik, 3. erw. Auflage, Tübingen 1972, bs. den Abschnitt „Sensus Communis", S. 16 ff.; über seine Verwendung im 18. Jh. gibt K. Wölfel informative Hinweise in seinem Nachwort zu: Christian Garve, Popularphilosophische Schriften über literarische, ästhetische und gesellschaftliche Gegenstände, Faksimiledruck, Stuttgart 1974 (Reihe Texte des 18. Jahrhunderts), bes. S. 38* ff.

16 F. Schlegel, „Über das Studium der griechischen Poesie", kritische Schriften, hg. W. Rasch, 2. erw. Aufl., München 1964, 202: „Wo aber die Neigungen nicht unbeschränkt frei sind, da kann es eigentlich weder gute noch schlechte Sitten geben."

17 Vgl. etwa M. Weber, „Die protestantische Ethik und der Geist des Kapitalismus"; die protestantische Ethik I, hg. J. Winckelmann; 3. durchges. u. erw. Aufl. 1973, 27-114; H. Schöffler, Protestantismus und Literatur. Neue Wege zur englischen Literatur des 18. Jahrhunderts; 2. Aufl. Göttingen 1958.

18 Wolff, 268.

19 Die „Art von *Unempfindlichkeit*, die manche Leute inmitten der größten Leiden zeigen, ist meistens nur äußerlich. Das Vorurteil, die Gewohnheit, der Stolz oder die Furcht vor Schande verhindern das Ausbrechen des Schmerzes und schließen ihn völlig im Gemüt ein." D. Diderot,

Enzyklopädie. Philosophische und politische Texte aus der 'Encyclopédie', sowie Prospekt und Ankündigung der letzten Bände (dtv wiss. Reihe 4026), 365.

20 Herders sämmtliche Werke, hg. B. Suphan, Bd. 25, Berlin 1885, 12.

21 Der Ursprung dieses Verhaltenstyps liegt wohl im Bereich höfisch-absolutistischer Gesellschaft. N. Elias zählt seine Charakteristika auf: „Die Wichtigkeit der guten Form [. . .] die Mäßigung der individuellen Affekte durch die Vernunft [. . .] die Abgemessenheit der Haltung und die Ausschaltung jedes plebejischen Ausdrucks [. . .]" N.E. Über den Prozeß der Zivilisation, Soziogenetische und psychogenetische Untersuchungen, 2. um eine Einl. verm. Aufl., Bern München 1969, Bd. 1 17f. Im bürgerlichen Bereich verkörpert solches Verhalten Unnatur oder Schlimmeres. Vgl. etwa Goethes Kritik bürgerlichen Doppellebens: der „seltsamen Irrgänge [. . .] mit welchen die bürgerliche Sozietät unterminiert ist." Goethe, Berliner Ausgabe 13, 1971, 309.
Diese Diskrepanz von Sein und Schein illustriert auch F. Schlegels Lucinde, bes. „Allegorie von der Frechheit", Kritische Friedrich-Schlegel-Ausgabe 5, hg H. Eichner, München, Paderborn Wien, 1962, 16 ff.

22 Vgl. K. H. Heydenreich, Grundsätze des natürlichen Staatsrechts und seiner Anwendung, Leipzig 1795. Der erste Teil des Buchs enthält eine ausführliche Kritik der gegebenen Verfassungs-

systeme; der zweite betont gleichwohl die Unzu-
lässigkeit von Revolutionen, die auch durch den
Erweis der Untauglichkeit der Verfassung nicht
zu legitimieren seien.

23 M. Opitz, Buch von der deutschen Poeterey
(1624), hg R. Alewyn, Tübingen 1963, 55.

24 Ähnlich A. H. Schott, Theorie der schönen Wissenschaften, 2, Tübingen 1790, der diejenigen
kritisiert, „die Kunst als bloßen Zeitvertreib, die
Künstler als Galanteriehändler und Taschen-
spieler, einen guten Styl als eine Waare des Luxus, und die Kritik als Beschäftigung müssiger
Köpfe" betrachten (XLVII).

25 Zur Opposition von 'Oberfläche' und 'Tiefe' in
der Kultur-Diskussion des 18. Jahrhunderts vgl.
N. Elias, passim.

26 J. J. Bodmer, Critische Betrachtungen über die
poetischen Gemählde der Dichter. Mit einer
Vorrede von J. J. Breitinger, Zürich 1741, 145.

27 Wolff, 19.

28 Vgl. etwa C. G. Schütz' Bestimmung des Geschmacks als „ein lebhaftes und schnelles Gefühl
für Ordnung, Wahrheit, Regelmäßigkeit."
C. G. S, Lehrbuch der Bildung des Verstandes
und des Geschmacks, 1, Halle 1776, 80. E.
Schneider verbindet mit dem Ästhetischen die
Forderung nach einem gewissen Anstand: „Dieser ist in Handlungen und Sitten, was Symmetrie
in der Baukunst, und Harmonie in der Musik ist.

Wir nennen das Betragen eines Mannes anstän-
dig, wenn er in seinen Geberden, Stellungen,
Reden, Bewegungen eine wohlgeordnete Seele
[. . .] bezeuget." E. S., Die ersten Grundsätze
der schönen Künste überhaupt, und der schönen
Schreibart insbesondere, Bonn 1790.

29 J. A. Eberhard, Allgemeine Theorie des Denkens und Empfindens, Berlin 1776, 224. Diese
Bestimmung der literarischen Funktion steht im
Zusammenhang mit Definitionen des Dichtungsvermögens in Poetiken des Barocks, wo
Scharfsinn (acutum) eine wesentliche Rolle
spielt. Dies gilt auch noch für Gottsched. In dem
Kapitel „Vom Charaktere eines Poeten" seiner
Critischen Dichtkunst wird diese Scharfsinnig-
keit definiert als „Fertigkeit [. . .] in großer Geschwindigkeit, und fast im Augenblicke viel an
einer Sache wahrzunehmen". J. C. Gottsched,
Versuch einer critischen Dichtkunst, Nachdruck
der 4., vermehrten Auflage Leipzig 1751, Darm-
stadt 1962, 104.

30 So wird gefordert, Ästhetik in den Bereich von
Schul-, Privatpädagogik und Selbstbildung ein-
zubeziehen. J. J. Dusch etwa begründet seine
„Briefe zur Bildung des Geschmacks an einen
jungen Herrn vom Stande" – ein ab 1764 in
sechs Teilen erschienenes und nach einem Jahr-
zehnt bereits neu aufgelegtes, recht umfangrei-
ches Unternehmen – mit der Feststellung, „daß
unter hundert Jünglingen nicht einer die Schule
und selbst die Universität verläßt, dessen Geschmack nicht verdorben oder wenigstens ver-
wahrloset sei." (1,5) Zit. nach G. Müller, 192.

31 C. G. Schütz, Lehrbuch der Bildung des Verstandes und des Geschmacks, 1, Halle 1776, 80 f.

32 Auf die Idee der idealen Kommunikationsgemeinschaft im Rahmen von ‚Empfindsamkeit‘ weist auch G. Sauder. Er schlägt vor, „die empfindsame Apologie der Sympathie als Versuch [zu] verstehen, mit Hilfe moralischer Empfindung eine neue Kommunikationsgemeinschaft zu begründen" und ordnet der letzteren grundsätzlich „egalitäre und insgeheim auch revolutionäre Implikationen" u. G. S., Empfindsamkeit, 1, Voraussetzungen und Elemente, Stuttgart 1974, 198. – Von letzteren ist Heydenreichs Ästhetik allerdings auszunehmen.

33 Vgl. C. G. Garve, Ueber die Maxime Rochefoucaults: das bürgerliche Air verliehrt sich zuweilen bey der Armee, niemahls am Hofe. C. G. G. Popularphilosophische Schriften über literarische, ästhetische und gesellschaftliche Gegenstände, Faksimile hg K. Wölfel, Stuttgart 1974, 1, 559–716.

34 Diese Feststellung ist nicht zu verwechseln mit Thesen zum „Objektschwund" von Empfindsamkeit, die Sauder (1,166) zurückweist. Hier geht es nur um Heydenreichs Literatur-Definition: Indem Literatur Empfindsamkeit als Definiens erhält, verliert sie die Gegenstände, mit denen sie vorher bestimmt wurde; wird gerade

dadurch aber befähigt, *innerhalb* einer Krisensituation begrenzte Alternativen – wie etwa die empfindsame Kommunikationsgemeinschaft – zu ihrer teilweisen Aufhebung zu eröffnen. Damit ordnet sich Heydenreichs Ästhetik dem von R. Koselleck beschriebenen Zusammenhang von Kritik und Krise zu.

35 Auch das Komische versucht Heydenreich in einer späteren Abhandlung unabhängig vom Gegenstand zu erklären. So wendet er sich gegen „diejenigen Psychologen, welche den Grund allen Vergnügens in Erkenntnis der Vollkommenheit des Gegenstandes desselben setzen", da sie gerade beim Komischen „in Verlegenheit" kämen und versucht, das Komische im „angenehmen Selbstgefühl" des Betrachters zu situieren. K. H. H., Grundsätze der Kritik des Lächerlichen mit Hinsicht auf das Lustspiel. Nebst einer Abhandlung über den Scherz und die Grundsätze seiner Beurtheilung, Leipzig 1797, 79, 91.

36 K. P. Moritz, „Über die bildende Nachahmung des Schönen", Schriften zur Ästhetik und Politik, hg H. J. Schrimpf, Tübingen 1962, 65.

37 Ebd., 73.

38 K. P. Moritz, „Einheit – Mehrheit – Menschliche Kraft", Schriften, 30.

39 Ebd., 30.

40 Ebd., 74.

41 Ebd., 80.

42 Ebd., 93.

43 Ebd., 70.

II

Dokumentation:
Heydenreichs Ästhetik im
zeitgenössischen Urteil

„Dieses Buch gehört gewiß unter die vorzüglich-
sten in dem Felde der Philosophie und des Geschmacks, die wir in der neuen Zeit bekommen haben, und sein Verfasser unter die aufblühenden philosophischen Genies, auf die unsere Nation stolz
seyn, und auf die sie die Hoffnung einer immer weiter sich verbreitenden, einer immer hellern Aufklärung gründen kann." Garves Urteil, das sich in einer
sonst überwiegend kritischen Rezension befindet,
wird von Heydenreichs Biographen Schelle zehn
Jahr später zitiert und in folgender Weise bekräftigt:
„Die Welt weiß jetzt, wie *Heydenreich* dieser Hoffnung entsprach. Dessen System der Aesthetik ist bereits über zehn Jahre öffentlich bekannt; aber es wird
wegen der Wahrheit seiner Untersuchungen, auf die
den aesthetischen Geist seines fühlenden und denkenden Verfassers immer das natürliche Gefühl zuerst leitete, die dieser Eigenschaft wegen auch das
natürliche Gefühl immer ansprechen, während es die
schulmäßigen, geschraubten Theorien der neuesten
Aesthetiker von sich stößt, so wie wegen seiner Einheit als eines organischen Ganzen für jede Folgezeit
seinen bleibenden Werth behalten."[1] In Eichhorns

---

[1] K. G. Schelle, Karl Heinrich Heydenreich Charakteristik als Mensch und Schriftsteller, Leipzig 1802,
401.

Literaturgeschichte avanciert Heydenreich gar zu
einem Überwinder der Kantschen Ästhetik – neben
Herder und den Brüdern Schlegel: „Schon Heydenreich, der einzige unter den reinen Kantianern, der
sich (1790) der Aesthetik annahm, verließ das reine
Kantische Formalprincip, weil doch gewisse Gesetze
des Verstandes und der practischen Vernunft uns
zum Beyfall oder Wohlgefallen aller Kunstschönheiten bestimmen; er machte Sentimentalität zum
Grundbegriff derselben, und sah die Darstellung eines bestimmten Zustandes der Empfindsamkeit als
den höchsten Zweck der schönen Künste an.“[2]

Solche fast euphorisch klingenden Würdigungen,
Konstruktionen post festum, täuschen über die tatsächliche Stellung Heydenreichs im literarischen
Leben seiner Zeit hinweg. Dort ist sein Versuch einer Überbrückung der Kluft, die die traditionelle –
seiner Meinung nach immer noch bei Baumgarten
stehende – von der neuen – Kantschen – Ästhetik
trennte, jedenfalls gescheitert. Anerkennung findet
er weder im Lager der Kantianer, noch bei deren
Gegnern. Vielmehr stimmen beide Seiten gleichsam
symmetrisch überein in der Vernichtung einer Vermittlung ihrer Positionen, die zu synkretistisch und
kompromißhaft verfuhr. Allerdings war die Vernichtung wechselseitig. In der Folge setzten sich auch
die Gegner Heydenreichs nicht durch. Denn nicht
auf sie, sondern auf die von Heydenreich samt seinen
Kritikern mißverstandene – autonome Position griff
die klassisch-romantische Theorie zurück.

[2]J. G. Eichhorn, Geschichte der Litteratur von ihrem
Anfang bis auf die neuesten Zeiten, Leipzig 1808,
Bd. 4, Abt. 2, 1109.

Einen Eindruck der kritischen Annihilation von Heydenreichs „System" soll die nachfolgende Dokumentation vermitteln. Als erstes Stück enthält sie den Schlußteil einer kürzeren Rezension, die den Typ vorwiegend resümierender Einordnung des Werks in den Stand der zeitgenössischen Diskussion illustriert. Zwar steht Kritik bei diesem Typ eher am Rande; doch kommt es bereits hier zur Relativierung von Heydenreichs Anspruch auf Originalität.[3] Es folgen Auszüge aus zwei jeweils recht umfangreichen Stellungnahmen der Jahre 1791 und 1792, die die symmetrische Mißbilligung der Ästhetik durch Antipoden der zeitgenössischen Diskussion illustrieren. Da ist zunächst der Verriß durch einen Kantianer, der in immanenter Kritik schonungslos die logischen Schwächen des *Systems* offenlegt, die zeitkritische Dimension des letzteren aber völlig vernachlässigt und Heydenreich, der sich seiner Differenz zu Kant wohl bewußt war, mit seiner Kritik eigentlich auch gar nicht trifft.[4] Es folgt die Stellungnahme eines – wenn man F. Schlegels Urteil über ihn glauben darf – notorischen Vertreters alles Alten am Ende des 18. Jahrhunderts. In der Rezension erweist sich Garve auch als solcher, indem er Heydenreich kritisiert aus der Perspektive des „bon sens", streng induktives Vorgehen fordert, den Anspruch des *Systems* bemängelt und vor allem die Bestimmung der

---

[3] Allgemeine Literatur-Zeitung 2 (1791), Sp. 265–76. *Hier* neu gesetzt Sp. 273–76.
[4] Neue Bibliothek der schönen Wissenschaften und der freyen Künste 45 (1792), 1. St., 3-62; 47 (1792), 1. St., 31–67. *Hier* im Reprint: 45 (1792), 1. St., 3–24.

Gegenwart als Krise nicht mit seiner positiven Ein-
schätzung des Zeitalters der Aufklärung vereinbaren
kann.[5]

[5]Neue Bibliothek der schönen Wissenschaften und
der freyen Künste 43 (1791), 1. St., 186–284. *Hier*
im Reprint: 186–200.

Numero 135

Allgemeine Literatur-Zeitung
ALLGEMEINE
LITERATUR-ZEITUNG
Mittwochs, den 11. May 1791

SCHÖNE WISSENSCHAFTEN

Leipzig, b. Göschen: System der Aesthetik. Erster
Band
etc.
(Beschluß der im vorigen St. abgebrochenen Recen-
sion.)

Unser Auszug aus diesem Werke mußte den gegenwärtigen, etwas ausführlichen Umfang erhalten,
wenn wir den ganzen Gesichtspunkt, in welchen unser Vf. die Theorie der schönen Künste gestellt hat,
dem Leser mit einiger Vollständigkeit darlegen wollten. Neuheit und Eigenthümlichkeit hat dieser Gesichtspunkt allerdings; auch ist der vorzügliche und
ächt philosophische Scharfsinn nicht zu verkennen,
mit welchem der Vf. sein Lehrgebäude durchdacht,
angelegt und aufgeführt hat. Wem aber die bisherigen Bemühungen und Untersuchungen dieser Art
nicht fremd sind, der wird vielleicht dies Neue und
Eigenthümliche mehr in der Stellung und Verbindung der Theile, selbst oft mehr im Ausdruck und in
der Einkleidung, als in dem Ganzen und dem Wesentlichen des Lehrgebäudes selbst finden. Daß dies

letztere mehr der Fall sey, als jenes, ließe sich aus dem, manchmal ziemlich schneidenden und selbstgenügsamen Tone, womit der Vf. von seinem Systeme spricht, und aus der öftern Herabwürdigung und Geringschätzung anderer bisheriger Lehrgebäude, wohl vermuthen; ob man gleich auch, wenn er es wäre, beiderley Aeußerungen lieber hinweg wünschen würde. Nimmt man aber auch an, daß des Vf. Hauptgrundsatz für das Wesen der schönen Künste allgemein und vielbefassend genug sey, um sie alle, und ihre sämmtlichen Erweiterungsarten, darauf zurückzuführen; was ist er denn im Grunde wohl anders, als der Grundsatz der *Begeisterung,* in welche doch schon andre Theoretiker, wie bekannt, das Wesen der Poesie sowohl als der übrigen Künste gesetzt haben? Freylich versahen diese es gemeiniglich darin, daß sie Ursach und Wirkung nicht genug absonderteu, und durch die Angabe der erstern die letztere zu erklären glaubten, ohne dadurch diese ihrer Natur, ihrem Wesen nach zu bestimmen. Unser Vf. setzt hingegen nicht in dem Zustande lebhaft gerührter Empfindsamkeit selbst, sondern in der *Darstellung* dieses Zustandes, das Wesen der Künste. Dadurch aber scheint er doch nicht ganz von den Einwürfen unerreichbar zu werden, die man nicht nur in Rücksicht auf jenen Mißgriff, sondern auch in mehrererley Betrachtungen, sowohl wider die Allgemeinheit als wider die Annehmung dieses Grundsatzes als eines *höchsten* und *ersten* machen könnte. Und führt am Ende nicht dieser Grundsatz auf jenen von *Baumgarten* und seinen Nachfolgern angenommenen hin? Wenn nun die Frage ist, wodurch der Künstler seinen Zustand der Empfindsamkeit andern mittheile, wodurch er, selbst gerührt, auch andre rühre; so ist die Antwort, selbst nach des Vf. System: durch die Vollkommenheit der sinnlichen

Darstellung. Nur daß diese letztere mehr Allgemeinheit hat, und sowohl die Vorstellungen als die Empfindungen des Künstlers, als Stoff der Darstellung, voraussetzt und in sich begreift. Wenn der Vf. fast ohne Unterlaß auf die zwiefache Darstellungsart, entweder des Gegenstandes, der die Empfindung bewirkte, oder dieser durch jenen bewirkten Empfindung selbst, zurückkommt; so, dächten wir, hätte er es fühlen müssen, daß sich eigentlich nur die letztere Art der Darstellung unter seinen Grundsatz bringen, und daraus unmittelbar herleiten lasse; da hingegen *Baumgarten's* Princip beides unter sich begreift. Es ist doch offenbar, daß die erstere Art der Darstellung bey Künstlern jeder Art unzählig oft der Fall, und der Hauptzweck; der Ausdruck der Empfindung aber sehr oft nur Nebenzweck, oft auch nur Erfolg der Gegenstandsdarstellung ist; und daß auch dann, wenn die Kunst bloß auf Ausdruck des Gefühls ausgeht, sinnliche Vollkommenheit dieser Darstellung ihr Hauptgeschäfte bleibt. Fern sey es, daß wir durch diese wenigen Zweifel und Winke das sinnreich und emsig genug aufgeführte Lehrgebäude des Vf. umzustoßen, oder auch nur zu erschüttern versuchen wollten; aber sie, und mehrere Bedenklichkeiten, hindern uns doch wenigstens, es für unumstößlich oder unerschütterlich anzusehen.

In das Wesen der *Tonkunst* schmeichelt sich der Vf. tiefer, als bisher geschah, eingedrungen zu seyn; und was er darüber sagt, verräth allerdings, daß er über diesen Gegenstand tief nachgedacht habe, und manchen verborgneren Triebfedern der musikalischen Wirkungskraft sehr glücklich auf die Spur gekommen sey. Bey dem allen aber scheint er doch eine bloßen unartikulirten Tönen mehr Ausdruck der Empfindungen und Leidenschaften, und ihrer unzähligen Abstufungen, und mehr Kraft zu wirken beyzulegen, als sie für sich allein, und ohne durch Worte bestimmt und bedeutsam geworden zu seyn, besitzen. Nach allen den Eigenschaften, die er S. 161 f. den Tönen beylegt, sollte man glauben, daß sie für sich schon einen Grad von bestimmter Nachahmung, Ausdruck und Wirkung erreichen könnten, der alle Kräfte dieser Art bey den übrigen Künsten überträfe. Und doch weiß ein Jeder, wie schwankend und vieldeutig in den meisten Fällen die bloße Instrumentalmusik, wie wenig sie fähig ist, einen durchaus bestimmten Charakter anzunehmen, wie sehr in ihrem Ausdrucke die Nachahmung ähnlicher, auch nur in ihrem Gange ähnlicher. sonst aber oft ganz verschiedner Gefühle und Gemüthszustände in einander läuft. Als Hülfskunst, und in Verbindung mit Poesie, mit Declamation und Gebehrdenkunst betrachtet, wird man gern der Tonkunst alle diese Wirkungskraft einräumen; aber wir glauben dem Vf. nicht zu viel zu thun, wenn wir annehmen, daß er das, was er hierüber sagt, von der Musik allein, und für sich, will verstanden wissen. Auch sagt er S. 285 ausdrücklich: ,,Vo-,,kal- und Instrumentalmusik sind, psychologisch betrach-,,tet, ihrem wesentlichen Zwecke, Gebiete und Wirkungs,,grunde nach, einander völlig gleich.'' Und eben daselbst gesteht er den Tönen, welche die menschliche Stimme bildet, und denen Instrumenten, welche sich ihr nähern, nur einen höhern Grad des Interesse zu.

Ob das Wesen der *Dichtkunst* durch den darauf angewandten Grundbegriff des Vf. von dem höchsten Princip der Künste besser, als bisher bestimmt und völlig erschöpft werde, zweifeln wir sehr. Auch hier finden fast alle die Einwürfe statt, die man längst wider diejenigen gemacht hat, welche das Wesen der Poesie, in der Begeisterung suchen. S. 297 erklärt sich der Vf. am bestimmtesten über seine Meynung:

„*Jedes* Gedicht, sagt er, ist das Resultat eines in der Seele des Dichters vorhanden gewesenen bestimmten Zustandes lebhaft gerührter Empfindsamkeit, (eigenthümlicher: einer *Begeisterung)* und zwar eines solchen, welcher erzeugt worden war durch die Vorstellung eines in *logischer* Verbindung stehenden Ideenganzen, welches wegen seiner durch diese Verbindung bestimmten Beziehung auf das Begehrungsvermögen rühren mußte. Dieses Resultat kann *auf keine Weise* etwas anders seyn, als eine Darstellung in bestimmten Wortreihen." – Da der Vf. in der Vorrede sagt, daß ihm die Ausführung seines Begriffs von der Dichtkunst ein angestrengtes Nachdenken von einem vollen halben Jahre koste, nachdem er seit acht Jahren mehrere Wege, ihn zu finden, umsonst versucht hatte; so verdienen allerdings die dahin gehörigen Abschnitte und Stellen seines Buchs eine genaue und umständliche Prüfung, in die wir uns aber hier unmöglich einlassen können.

Das Vermögen, durch *den Inhalt der Wörter* Gefühl und Leidenschaft zu *mahlen,* wird von dem Vf. an mehrern Stellen der *Dichtkunst* schlechthin abgesprochen; bloß dem Sylbenmaße legt er dies Vermögen bey. Wenn freylich von Mahlen für die äußern Sinne die Rede ist, so wird Jedermann mit dem Vf. einig sey; aber daß selbst der Inhalt der Wörter, daß der denselben unterliegende sinnliche Begriff, daß ein dadurch bezeichnetes Bild, Gemählde für die Phantasie werde, und darin vornemlich das Mahlerische der Poesie zu suchen sey, ist doch so bekannt als unleugbar. Daß sich aber dies Mahlerische wenigstens mittelbar, auf Gefühl und Leidenschaft erstrecke, scheint eben so einleuchtend zu seyn. Selbst wenn der Vf., wie es fast immer scheint, unter *Mahlen* bloß *Nachbilden* versteht, hat er hier schwerlich ganz Recht. – Nach seiner Theorie aber mußte der

Vf. dem Sylbenmäße eine Kraft und eine wesentliche Nothwendigkeit für die Poesie beylegen, die wohl nur wenige demselben zugestehen werden. Uebrigens findet man hier über diesen Gegenstand selbst manche richtige und feine Bemerkungen.

I.

Ueber die vierte und fünfte Betrachtung in des Herrn Professor Heydenreichs System der Aesthetik.

An Herrn Schaz.

Sie haben mich, mein Freund, aufgefodert, Ihnen die Gründe umständlich mitzutheilen, die mich zu dem Zweifel berechtigten, daß das System der Aesthetik, welches Herr Professor Heydenreich zu errichten angefangen hat, auf einem gültigen und dauerhaften Grunde beruhe.

Um dieser Auffoderung Genüge zu leisten, müssen wir erst den Zweck dieses Buchs angeben, dann die Bedingungen in Erwägung ziehen, die zu Erreichung desselben erfüllet werden müssen, und zuletzt prüfen, ob sie von dem Verf. sind erfüllet worden. Sein Zweck ist, nach S. XXVII. der Vorrede, eine Theorie der schönen Künste; d. i. ein nach Principien geordnetes, systematisches Ganze dessen, was zur Beurtheilung der Schönheit überhaupt, und besonders an Werken der Kunst und zur Hervorbringung schöner Kunstwerke er fodert wird. Sie zerfällt also in zwey Haupttheile; in die Kritik oder die Philosophie, Theorie, des Geschmacks, als desjenigen Vermögens, durch welches die Beurtheilung des Schönen überhaupt, und insbesondere an Kunstwerken, zu Stande gebracht wird; und in die Theorie der schönen Kunstwerke selbst, oder der Künste, als Produkte des Genies und Kunsttalents. Dieser letztere Theil ist mit dem erstern eben so unmittelbar verknüpft, als das Genie und Kunsttalent selbst bey Hervorbringung eines Kunstwerks sich der Bedingungen des Geschmacks, als Urtheilskraft über das Schöne, nicht entschlagen kann. Hat der Künstler ein Produkt aufgestellt, so kann es seinen Anspruch auf Schönheit nicht anders begründen, als daß es sich dem Ausspruch des Geschmacksurtheils unbedingt unterwirft. Das Kunstgenie mag also in der Hervorbringung seiner Werke, seinen eigenen noch nie betretenen Weg gehen, oder bereits vorhandenen Kunstregeln folgen, so darf doch seine Darstellung dem höchsten Gesetze des Geschmacks nicht allein nicht widersprechen, sondern sie muß ihm auch gemäß seyn und ihm Genüge thun. Man sieht hieraus, daß die Theorie der schönen Künste, nach ihren beyden Haupttheilen, von einem einzigen Grundsatz abhänge, und daß alle Grundsätze für die einzelnen Theile dieser Theorie nur aus diesem einzigen abgeleitet seyn können; denn sonst machten sie nicht ein zusammenhängendes Ganzes aus.

Auch Herr Heydenreich hat die Nothwendigkeit eines solchen ersten Grundsatzes für die Theorie der

der schönen Künste anerkannt; allein er hat diesen
höchsten Grundsatz, so oft er auch von ihm im Allgemeinen spricht, doch nirgend, in einer Formel
ausgedrückt, erkennbar gemacht. Er redet von
Geschmacksgesetzen, die aus den Principien der
Vernunft flössen, ohne auch nur ein einziges zu
unserer Erkenntniß zu bringen. Für die einzelnen
schönen Künste hingegen hat er Gesetze aufgestellt, die
er aus einem allgemeinen für die schönen Künste überhaupt geltenden Gesetze herleitet. Das, was er
von den eigentlichen Geschmacksgesetzen behauptet
hat, auf welchen die Beurtheilung des Schönen
überhaupt und insonderheit der Kunstschönheiten
als solcher beruht, ist der Gegenstand der vierten
Betrachtung, mit welcher dann alles das abge-
than zu seyn scheint, was den oben von mir angegebenen ersten Haupttheil der Theorie der schönen
Künste ausmachen sollte. Von dem ersten Grundsatze hingegen, auf welchem die Hervorbringung
der schönen Kunstwerke überhaupt beruht, handelt
die fünfte Betrachtung. In den folgenden Betrachtungen wird dieser Grundsatz auf die besondern
Arten der schönen Künste angewandt.

Es ergiebt sich hieraus, daß es bey Hrn. H.
hauptsächlich auf eine Theorie der schönen Künste,
in wiefern sie es mit der Darstellung zu thun hat,
angesehen ist, ob er gleich auch jenen Theil der
Theorie, der die Beurtheilung des Schönen überhaupt, und der schönen Kunst insonderheit, zum
Gegenstande hat, nicht ganz hat übergehen wollen,
und auf welchen er, wie ich aus der, diesem ersten

A 3   Ban-

Bande am Ende beygefügten Inhaltsanzeige des
noch zu erwartenden zweyten Bandes ersehe, am
Ende desselben, in der fünften und achten Betrach=
tung über den Begriff der wahren Schönheit, und
den Begriff des Geschmacks, noch einmal stoßen
wird: diese unregelmäßige Behandlungsart wür=
de vermieden worden seyn, wenn er gleich anfangs
die Eintheilung so gemacht hätte, wie ich sie ange=
geben habe, und wie sie die Natur des Gegenstan=
des selbst an die Hand giebt.   Doch dieses nur im
Vorbeygehn, und ich kehre zu meinem Vor=
haben zurück, — nämlich Ihnen, mein Freund,
zu zeigen, daß des Hrn. Heydenreichs System auf
keinem gültigen Grunde beruhe.   Ich muß also
den Inhalt der vierten und fünften Betrachtung,
als auf welchen das System erbauet ist, prüfen.
Mit jener mache ich jetzt den Anfang, und die
Prüfung der fünften soll künftig folgen.

Herr H. geht in seinem Räsonnement über das
Princip der Geschmacksurtheile von Kants Be=
hauptung (Kritik der Vern. 2te Aufl. S. 35.)
aus: „daß sich die kritische Beurtheilung des Schö=
nen nicht unter Vernunftprincipien bringen, und
die Regeln derselben sich nicht zur Wissenschaft er=
heben ließen; weil diese Regeln oder Kriterien ih=
ren Quellen nach blos empirisch wären, und also
niemals zu Gesetzen a priori dienen könnten, wor=
nach sich unser Geschmacksurtheil richten müßte;
vielmehr das letztere den eigentlichen Probierstein
der Richtigkeit jener Regeln oder Kriterien aus=
mache.“   Hr. H. scheint zu glauben, daß Kant
hier=

hiermit behaupte, es gäbe überhaupt kein Princip
für die Geschmacksurtheile. Dieß ist aber unrich=
tig. Er will nur sagen, daß sich die kritische Be=
urtheilung des Schönen nicht unter Vernunftprin=
cipien bringen lasse. Außer den Principien der
theoretischen und praktischen Vernunft, giebt es
aber noch Principien, die in der Natur der Ur=
theilskraft gegründet sind, und ein solches hat
Kant in der Kritik dieses Erkenntnißvermögens
zum Behuf der Beurtheilung des Schönen in der
Natur und Kunst würklich aufgestellt. Dieses vor=
ausgesetzt, kann die von Hrn. H. aufgeworfene Fra=
ge nicht als Gegensatz zur Kantischen Behauptung
angesehen werden. Er fragt nämlich: „gründen
sich die Gesetze für den Geschmack auf Princi=
pien a priori?" Wenn man hingegen die Kanti=
sche Behauptung in eine Frage verwandelt, würde
sie so lauten: Hat die theoretische Vernunft Gesetze,
Principien, nach welchen sich das Schöne kritisch
beurtheilen läßt? lassen sich die Regeln zur Beur=
theilung des Schönen aus den Gesetzen der theore=
tischen Vernunft herleiten? Giebt die Vernunft in
ihrem theoretischen Gebrauche die Kriterien des
Schönen selbst an die Hand? oder mit andern
Worten: Liegt die Gesetzgebung für den Geschmack
in der theoretischen Vernunft selbst, oder hat er
nicht vielmehr seine eigene von andern Gemüthsver=
mögen unabhängige Gesetzgebung? Dieses ist aber
ganz etwas anders, als wenn man frägt: ob die
Gesetze für den Geschmack sich auf Principien a
priori gründen. Man setzt hier schon als ange=

nom=

nommen voraus, daß der Geschmack eigene Gesetze
oder Principien habe, und will nur wissen, nicht,
ob sich der Geschmack diese Gesetze ursprünglich
selbst giebt, sondern, ob sie in andern höhern Gesetzen oder Principien ihren Grund haben, und daraus hergeleitet sind. Dieses ist zum mindesten ein
sehr gewagter Sprung, der nur in dem Falle gelin-
gen konnte, wenn zum gutem Glücke es sich gerade träfe, daß das, was zuvor auszumachen wäre,
unserer ohne Grund angenommenen Voraussetzung
wirklich entspräche. Ein solches Verfahren würde
z. B. jenem gleichen, wenn ich von jemanden wegen einer Schuld vor Gericht in Anspruch genommen würde, und der Richter, ohne sich zuvor
darum zu bekümmern, ob ich dem Kläger wirklich
etwas schuldig wäre, sogleich mit der Frage in
mich setzte: ob ich bezahlen wolle oder nicht? Er
würde freylich, wenn es der Zufall wollte, daß ich
eben in dem Falle der Schuld wäre, und ich mich
sogleich gutwillig zur Bezahlung verstände, damit
die Untersuchung zwar abgekürzt haben, aber auch
entweder im entgegengesetzten Falle in die Verlegenheit gerathen seyn, seine Frage umsonst gethan,
oder sich dem Muthwillen der Schikane ausgesetzt zu
haben. Um mir inzwischen nicht das Ansehn zu
geben, als ob ich dem Verfasser in Bestimmung des eigentlichen Sinnes seiner Frage vor-
greifen wolle, will ich ihn lieber selbst reden lassen. Er bestimmt jenen Sinn erstlich negativ
und dann positiv. Man will nicht wissen
sagt er:

1) „Ob

1) „Ob vor aller Erfahrung gewiſſe Ideale, Urbilder der Schönheit, in uns liegen, die dann
mit dem Selbſtgefühl erwachen, und nach denen wir vermittelſt angeſtellter, bewußter oder
unbewußter, Vergleichung die Gegenſtände beurtheilen.   Denn die Erfahrung hat auch dem
ſchärfſten Beobachter des menſchlichen Geiſtes
noch kein ſolches Urbild oder Ideal der Schönheit dargebothen, und die Vernunft kann von
der menſchlichen Seele ſchlechterdings nicht offenbaren, was nicht in den Grenzen der Erfahrung durch den innern Sinn erſcheint."

So lange man noch nicht weiß, worin der Grund
zur Beſtimmung unſerer Urtheile über das Schöne
liegt, kann auch keine Frage über irgend einen ſolchen möglichen Grund von der Hand gewieſen,
die Frage: warum iſt, oder warum nennen wir
einen Gegenſtand ſchön? muß vielmehr von allen
Seiten beleuchtet, und bey der Prüfung ſelbſt auch
das nicht übergangen werden, was eine Wahr-
ſcheinlichkeit, ſogar einen Schein zu einem Geſetze
des Geſchmacksurtheils enthalten möchte. Es läßt
ſich alſo auch, da man dasjenige, was dem Ge-
ſchmack und ſeinen Urtheilen zur Regel dient, noch
nicht zu kennen voraus ſetzt, ſondern erſt erörtern
will, allerdings fragen: ob es von aller Erfahrung
unabhängige Ideale der Schönheit gebe, an welche, als an Urbilder, wir die Gegenſtände halten,
und durch Vergleichung derſelben mit den Urbildern,
beſtimmen können, ob ſie ſchön ſind? Der Grund,

A 5   aus

aus welchem Hr. H. die Untersuchung dieser Frage
für überflüßig und impertinent hält, ist: Man will
nicht wissen, ob es von aller Erfahrung unabhängige Ideale der Schönheit gebe, weil die Erfahrung kein solches Ideal jemanden noch dargebothen
habe, und die Vernunft von der menschlichen Seele
schlechterdings nichts offenbaren könne, was nicht
im den Grenzen der Erfahrung durch den innern
Sinn erscheine. Ich kann nicht glauben, daß Hr.
H. hier die äußere Erfahrung wenigstens mit ge-
meynet habe; denn alsdann wäre es ungereimt, das
Daseyn eines Ideals der Schönheit vor aller Erfahrung darum läugnen zu wollen, weil noch kein
solches Ideal dem äußern Sinne des Menschen erschienen wäre, oder sich dargebothen hätte. Ein
Mann von des Hrn. H. philosophischen Talenten
kann keiner solchen Ungereimtheit fähig seyn. Er
kann vielmehr, wie auch aus dem Nachsatze erhellet, nur die innere Erfahrung verstanden, und die
Wirklichkeit eines Ideals der Schönheit, als Objekts des innern Sinnes, geläugnet haben. Allein
dieser vorgeblichen Erfahrung widerspricht eine andere, wenigstens relativ allgemeine Erfahrung,
nämlich die von der Einhelligkeit der Menschen in
in Ansehung des Wohlgefallens in der Vorstellung
gewisser Gegenstände; um welcher Einhelligkeit
willen auch einige Produkte des Geschmacks und der
Kunst für exemplarisch gehalten werden. Weil
man aber daraus, daß einer ein solches exemplari-
sches Produkt, ein solches Muster nachahmt, zwar
auf Geschicklichkeit des Nachahmenden, aber noch
nicht

nicht auf Geschmack schließen kann, sondern nur
dann erst berechtiget wird, ihm Geschmack beyzulegen, wenn er dieses Muster selbst zu beurtheilen
im Stande ist, so muß auch in ihm selbst ein Muster liegen, das höher ist, als alle seinem Urtheile
unterworfene exemplarische Kunstprodukte, das
alle Beurtheilung derselben erst möglich macht.
Dieses höhere Muster, welches, in wiefern es
durchaus vollständig ist, auch zugleich das höchste ist,
kann nun nichts anders als eine bloße Idee seyn,
die, wie Kant sagt, *) jeder in sich selbst hervorbringen muß, und darnach er alles, was Objekt
des Geschmacks, was Beyspiel der Beurtheilung
durch Geschmack sey, und selbst den Geschmack eines jeden beurtheilen muß. Da aber Idee eigentlich einen Vernunftbegriff, und Ideal die
Vorstellung eines einer Idee entsprechenden Indi-
viduums bedeutet; so kann auch jenes Urbild des
Geschmacks, da es nicht durch Begriffe, sondern
nur in einzelner Darstellung kann vorgestellet werden, besser das Ideal der Schönheit heissen. Was
zu einem Ideal der Schönheit erfordert werde,
(woraus sich zugleich sein Ursprung a priori ergiebt,) und auf welche Gattung von Schönheit sich
dasselbe einschränke, muß bey Kant am angeführten Orte selbst nachgelesen werden.

2. „Eben so wenig könne die Frage den Sinn
haben: ob der Geschmack eine besondere von
dem

*) Kritik der ästhetischen Urtheilskraft, S. 53.

dem Verstande und der Vernunft unabhängige
Seelenkraft, oder wohl ein besondrer innerer
Sinn sey. Denn es sey ausgemacht, daß
der Geschmack der Verstand selbst sey, wiefern derselbe auf das Schöne angewendet
werde."

Diesen Sinn hat jene Fräge freylich nicht. Allein sie kann doch gewiß nicht gründlich beantwortet
werden, ohne zuvor zu untersuchen, ob der Geschmack nicht eben so ein besonderes von dem Verstande in weiterer Bedeutung verschiedenes Erkenntnißvermögen sey, als Verstand im engern Sinn
und theoretische und praktische Vernunft, und ob
ihm nicht eben so, wie der theoretischen und praktischen Vernunft, als Erkenntnißvermögen, ein eigenes Gemüthsvermögen zum Grunde liege, das
mithin auch ein eigenthümliches Princip für den Geschmack, als einen besondern Zweig des Erkenntnißvermögens, überhaupt nothwendig macht. Denn
es könnte doch wohl der Fall seyn, daß der Geschmack eben darum, weil er, obgleich von dem
Verstande in weiterer Bedeutung abhängig, dennoch ein Zweig eines besondern von dem Verstande
in engerer Bedeutung und der theoretischen und
praktischen Vernunft ganz verschiedenen Erkenntnißvermögens wäre, und ein eigenthümliches durch
die Natur desjenigen Vermögens, aus welchem
der Geschmack seinen Ursprung unmittelbar nimmt,
bestimmtes Princip hätte. Und dieß ist denn auch
wirklich der Fall, wie nunmehr nach den Resultaten der Kantischen Kritiken der reinen (theoretischen

schen) und der praktischen Vernunft, ingleichen der
Urtheilskraft, solches zu Tage liegt; nach welchen
nicht allein die Arten des Vorstellungsvermögens,
in Erkenntnißvermögen, Begehrungsvermögen, und das zwischen beyden liegende Gefühl der
Lust und Unlust, genau abgesondert, sondern auch
die einem jeden dieser Gemüthsvermögen entsprechenden Erkenntnißvermögen in das des Verstandes und der theoretischen Vernunft, der praktischen
Vernunft, und der zwischen beyden liegenden Urtheilskraft, in wie fern dieselbe reflektirend ist, specificirt sind, und einer jeden dieser Arten des Erkenntnißvermögens überhaupt, wegen der einer jeden eigenthümlichen Art der Aeußerungen ihrer
Thätigkeit, ein besonderes Princip, und eine eigene
nur auf dem Gebiete einer jeden gültige Gesetzgebung
gesichert worden ist. Um mich Ihnen, mein Freund,
deutlicher zu machen, muß ich Ihnen die ganze
Charte des menschlichen Vorstellungsvermögens
vorlegen. Doch kann ich hier nur Umrisse geben,
die Ausfüllung und Illumination werden Sie schon
selbst hinzufügen.

Der Sitz des Bewußtseyns aller in uns vor-
gehenden Veränderungen, oder das, was in uns
sich durch Denken, Begehren und Empfinden ver-
ändert, nennen wir das Gemüth, und nur darum
nicht Seele, weil man mit diesem Ausdruck leicht
den Gedanken einer einfachen einzelnen von dem
Körper verschiedenen Substanz rege machen kann,
der doch zur Untersuchung der Gemüths= und Erkenntnißvermögen gar nichts beyträgt. Jede Ver-
än-

änderung des Gemüths, sie mag durch Denken,
Begehren oder Empfinden entstehen, löst sich zu=
letzt in das auf, was wir Vorstellung überhaupt
nennen; Vorstellung ist mit einem Worte der Gat=
tungsbegriff aller Gemüthsveränderungen. In je=
der Vorstellung unterscheiden wir diese von dem
Subjekte und von dem Objekte der Vorstellung,
mithin dreyerley, die Vorstellung, das Vorstellen=
de, und das Vorgestellte. Es können also auch
Beziehungen dieser drey Stücke unter einander Statt
finden. Es sind nur folgende drey möglich. Wir
beziehen die Vorstellung entweder auf ein be=
reits würklich gegebenes Objekt, oder auf ein
Objekt, das erst würklich werden soll, oder auf
das Subjekt. Im ersten Falle erkennen, im zwey=
ten begehren, im dritten fühlen wir; und da die
Wirklichkeit des Erkennens, Begehrens und Füh=
lens, ihre Möglichkeit voraussetzt, das aber, was
den Grund der Möglichkeit von etwas enthält, Ver=
mögen genannt wird, so muß auch einer jeden je=
ner drey Veränderungen des Gemüths ein eigenes
Vermögen zum Grunde liegen, und diese heißen
das Erkenntnißvermögen, das Begehrungsver=
mögen und das Gefühl der Lust und Unlust.
Wenn das Erkenntnißvermögen in uns thätig
ist, so beziehen wir im Bewußtseyn entweder die
Vorstellung von einem wirklich gegebenen Objekte
unmittelbar, und ohne Beyhülfe irgend einer an=
dern Vorstellung, auf das Objekt; dann heißt die
Vorstellung eine unmittelbare, oder eine An=
schauung, und das ihr entsprechende besondere Er=
kennt=

kenntnißvermögen Sinnlichkeit; oder wir beziehen
die Vorstellung von dem Gegenstande nur mittelst
einer andern Vorstellung, die nur ein Merkmal der
unmittelbaren Vorstellung, der Anschauung, ist,
und also auch andern unmittelbaren Vorstellungen zukommen kann, auf den Gegenstand.   Dann
heißt die Vorstellung eine mittelbare, oder ein
Begriff, weil sie mehrere unmittelbare Vorstellungen oder Anschauungen unter sich begreift, und
die ihr entsprechende Art des Erkenntnißvermögens
wird Verstand in der weitern Bedeutung genannt.   Er ist also das Vermögen der Begriffe,
und ist in Ansehung derselben folgender Operationen
fähig.   1) Entweder begreift er blos das Besondere in ein Allgemeines, das Individuum in seine
Art, die Art in ihre Gattung — er denkt; dann
specificirt sich der Verstand im weitern Sinn in den
Verstand im engern Sinn.   Er geht nur auf
die Erkenntniß dessen, was ist und geschieht, nur
auf die Erkenntniß der Dinge der Natur als Erscheinungen, und ist also auch nur für diese durch
seine reinen Begriffe oder Categorien in Verbindung
mit den Formen der Sinnlichkeit, Zeit und Raum,
gesetzgebend; er schreibt der Natur als Erscheinung
Gesetze vor.   2) Oder er verbindet Begriffe, als
Prädikate, mit Begriffen oder Anschauungen, als
Objekten; er subsumirt das Besondere, den Begriff
oder die Anschauung, als Objekt betrachtet, unter
das Allgemeine, den Begriff, als Prädikat betrachtet; mit einem Worte: er urtheilt.   Durch
dieses Verfahren specificirt sich der Verstand im
weitern

Sinne zur Urtheilskraft. 3) Oder er verbindet zwey oder mehrere Urtheile, um ein drittes dadurch zu Stande zu bringen. Er derivirt das Besondere, die Folge, aus dem Allgemeinen, den vorausgeschickten Urtheilen Vordersätzen; er schließt, und specificirt sich dadurch zur Vernunft. Diese ist entweder auf die Erweiterung der Erkenntnisse in Ansehung der im Gebiete des Erkenntnißvermögens liegenden Gegenstände, in Ansehung dessen, was ist und seyn, was geschieht und geschehen kann, (im Gebiete des Naturbegriffs,) oder auf die Erkenntniß dessen, was seyn und geschehen soll, was ins Gebiet des Begehrungsvermögens (des Freyheitsbegriffs) gehört, gerichtet. Im ersten Falle ist die Vernunft und ihr Gebrauch theoretisch, im zweyten praktisch. Jene hat es wieder entweder mit Gegenständen einer möglichen Erfahrung zu thun, und das Allgemeine, woraus etwas gefolgert wird, wird als durch Erfahrung gegeben, vorausgesetzt; oder sie geht auf übersinnliche Dinge und Prädikate: das Allgemeine, woraus gefolgert wird, sind synthetische Urtheile, die von Erfahrung (von Verstand und Sinnlichkeit) unabhängig und a priori durch die Natur der Vernunft selbst hervorgebracht werden. Im ersten Falle ist die Vernunft und ihr Gebrauch logisch oder formal, und ihr Grundsatz: vollendete Einheit der bedingten Erkenntniß des Verstandes durch das Unbedingte. Im zweyten Falle ist die Vernunft und ihr Gebrauch real, transcendental, rein, speculativ, und metaphysisch, und ihr höchster Grundsatz ist der

Schluß

Schluß von der Exiſtenz des Bedingten auf die Exiſtenz des Unbedingten: der Gebrauch deſſelben aber nur regulativ und nicht conſtitutiv, da das Unbedingte durch keine Erfahrung gegeben werden, und alſo keine objektive Erkenntniß von Gegenſtänden gewähren kann; durch einen conſtitutiven Gebrauch und wenn die Vernunft darauf ausgeht, ein wirkliches Erkenntniß feſtſetzen zu wollen, wird ſie tranſcendent und dialektiſch. Praktiſch iſt die Vernunft und ihr Gebrauch, wenn ſie das Begehrungsvermögen ſelbſt, a priori, beſtimmt; und ihr erſter Grundſatz iſt: handle und beſtimme dich nach allgemeinen und nothwendigen Zwecken. Wir haben nun noch die Urtheilskraft zu ſpezificiren, die das Vermögen iſt, das Beſondere als enthalten unter dem Allgemeinen zu denken. Nun iſt ihr aber entweder das Allgemeine die Regel, das Princip, das Geſetz, gegeben, um darunter das Beſondere ſubſumiren zu können; oder es iſt ihr nur das Beſondere gegeben, wozu ſie erſt das Allgemeine finden ſoll. Im erſtern Falle iſt die Urtheilskraft beſtimmend, ſie ſetzt etwas in Anſehung unſerer Erkenntniß feſt, geht auf Erkenntniß der Dinge in der Erfahrung; mithin iſt dieſer ihr Gebrauch nur logiſch, und bedarf alſo keines eigenen Princips, da ſie ſolches mit dem auf Erweiterung der Erkenntniß gerichteten Verſtande, der die Begriffe, als das gegebene Allgemeine, auf Gegenſtände der Erfahrung, als das Beſondere, anwendet, gemein hat. Im zweyten Falle hingegen iſt die Urtheilskraft reflektirend; ſie re-

flektirt über die Formen der Natur und ihrer besondern empirischen Gesetze nach dem Eindrucke, den
diese auf das Gefühl der Lust und Unlust machen,
und bedarf hierzu eines eigenen Princips.

Außer der Bestimmbarkeit der Objekte der Natur durch die Gesetze des Verstandes und der bestimmenden Urtheilskraft, sind nemlich dieselben
auch noch durch die reflektirende Urtheilskraft in
Beziehung auf das Gefühl der Lust und Unlust,
als dem der reflektirenden Urtheilskraft entsprechenden Gemüthsvermögen, bestimmbar. Diese Art
der Bestimmbarkeit der Dinge kann weder von den
Begriffen und Gesetzen des Verstandes und der bestimmenden Urtheilskraft, noch von den Gesetzen
der praktischen Vernunft abhängen, indem das in
der Anschauung der Dinge empfundene Gefühl der
Lust und Unlust weder Begriffe von diesen Dingen,
noch eine Begierde nach denselben voraussetzt, sondern muß in einem der reflektirenden Urtheilskraft
a priori eigenthümlichen Princip ihren Grund haben. Dieses kann aber kein anderes, als die
Zweckmäßigkeit der Formen der Dinge der Natur seyn. Da nemlich diese mannichfaltigen Formen, welche das der reflektirenden Urtheilskraft
gegebene Besondere sind, durch die Begriffe von
den Dingen unbestimmt gelassen werden, gleichwohl aber, um ein System der Erfahrung von ihnen möglich zu machen, nothwendig ist, daß sie in
ihrer Mannichfaltigkeit nach einer Einheit oder
als miteinander übereinstimmend betrachtet werden; diese Uebereinstimmung oder Einheit aber jenen

nen Formen weder durch den Verstand vermittelst
der Begriffe gesetzlich vorgeschrieben, noch auch
aus der Erfahrung genommen werden kann, weil
man alsdann nicht mehr sagen könnte, daß das
Allgemeine zu dem Besondern erst gesucht werden
sollte, indem es ja wirklich schon gegeben seyn
würde: so muß auch nothwendig der Grund dieser
Einheit und Uebereinstimmung in der reflektirenden Urtheilskraft selbst liegen; sie muß nemlich annehmen, daß irgend ein Verstand, wiewohl nicht
der unsrige, den Grund der Uebereinstimmung
und des Zusammenhanges jener mannichfaltigen
Formen enthalte. Die Urtheilskraft gibt sich also
dadurch selbst ein Gesetz, nicht der Natur. Weil
nun der Begriff von einem Objekte, sofern er zugleich den Grund der Wirklichkeit dieses Objekts
enthält, der Zweck und die Uebereinstimmung
eines Dinges mit derjenigen Beschaffenheit der
Dinge, die nur nach Zwecken möglich ist, die
Zweckmäßigkeit der Form derselben heißt; so ist
das Princip der Urtheilskraft in Ansehung der Form
der Dinge der Natur, die Zweckmäßigkeit der
Natur in ihrer Mannichfaltigkeit, d. i. die Natur
wird durch diesen Begriff so vorgestellt, als ob irgend ein Verstand, obwohl nicht der unsrige, den
Grund der Einheit ihrer unter das Gebiet des Gefühls der Lust und Unlust gehörigen, durch die Na-
turbegriffe (Verstandsbegriffe a priori) unbestimmt gelassenen Formen und besondern durch die
theoretische Vernunft nicht bestimmbaren besondern
empirischen Gesetze, enthalte. Nur mit dieser

Vorstellung der Zweckmäßigkeit ist ein Gefühl der
Lust verbunden, und zwar deswegen, weil hier die
Harmonie der mannichfaltigen Formen und besondern
empirischen Gesetze der Natur mit unserm Bedürfnisse, Einheit der Principien in dieselben hineinzubrin-
gen, blos zufällig ist. Es erfreuet uns, (wir werden
eines Bedürfnisses, hier des Verstands, Einheit
in das Mannichfaltige zu bringen, entlediget)
wenn wir wider Vermuthen, und gleich als ob ein
glücklicher Zufall unsere Absicht begünstigte, eine
systematische Einheit unter den Formen der Dinge
der Natur, denen wir selbst gar keine Gesetze vor-
schreiben können, antreffen.   Da hingegen das
Zusammentreffen der Wahrnehmungen mit den
Verstandsbegriffen nicht die mindeste Wirkung auf
das Gefühl der Lust macht; weil unser Verstand
der Natur, zum Behuf einer Erkenntniß von ihr,
als Objekt der Sinne, selbst Gesetze vorschreibt,
mithin die Uebereinstimmung der Erscheinungen
mit den Gesetzen des Verstandes nicht zufällig, sondern nothwendig ist.   Wir beurtheilen hier die
Vorstellungen von den Dingen nicht als zweckmäs-
sig, sondern als gesetzmäßig. Was nun die Zweckmäßigkeit, oder die Uebereinstimmung eines Dinges mit der nur nach Zwecken möglichen Beschaffenheit der Dinge, betrifft, so beruhet dieselbe entweder auf einem blos subjektiven Grunde; man
stellt sich dieselbe als eine Uebereinstimmung der
Form des Gegenstandes in der Auffassung desselben
vor allem Begriffe mit dem Erkenntnißvermögen
vor, um die Anschauung mit Begriffen zu einem
Erkennt-

Erkenntniß überhaupt zu vereinigen. Oder sie beruhet auf einem objektiven Grunde; man stellt sich
dieselbe als Uebereinstimmung der Form des Gegenstandes mit der Möglichkeit desselben selbst erst
nach einem Begriffe von ihm, der vorhergeht
und den Grund dieser Form enthält, vor. Hier
ist die Zweckmäßigkeit eine objektive, materiale,
und die Urtheilskraft, in der sie als Princip vorhanden ist, heißt die teleologische, d. i. ein Vermögen, die reale oder objektive Zweckmäßigkeit
der Natur durch Verstand und Vernunft zu beurtheilen. Dort hingegen ist die Zweckmäßigkeit
formal; und jenes Geschäft verrichtet die ästhetische Urtheilskraft, die auch, in wiefern sie auf
das Schöne oder einen Gegenstand geht, der ohne alles Interesse gefällt, Geschmack genannt
wird; und mithin ein Vermögen ist, die formale
subjektive Zweckmäßigkeit der Natur durch das
Gefühl der Lust und Unlust zu beurtheilen.

Sie sehen also, mein Freund, aus dieser
Specifikation der Erkenntnißvermögen, deren jedes in unserm Bewußtseyn als ein Factum des
menschlichen Gemüths vorhanden ist und sich dadurch unmittelbar unterscheidend kennbar macht,
daß sich jene von Hrn. H. aufgeworfene Hauptfrage nicht eher beantworten läßt, als bis entschieden
ist, ob der Geschmack ein eigenes von dem Verstande in engerer Bedeutung, ingleichen von der
theoretischen und praktischen Vernunft unterschiede-
nes, auf ein eigenes Gemüthsvermögen gegründe-
tes Erkenntnißvermögen sey; und man kann es

B 3   für

für so ausgemacht, wie unser Verfasser will, nicht
annehmen, daß der Geschmack der Verstand selbst
sey, wiefern derselbe auf das Schöne angewendet
werde. Denn obgleich alle Wirkungen aller Er-
kenntnisvermögen sich auf eine und dieselbe Grund-
kraft reduciren lassen müssen, und aus derselben ent-
springen, so gründen sich doch auch alle Systeme,
alle Wissenschaften auf die vollständige Analysis
des Vorstellungsvermögens, als Gattung in ihre
Arten, und würden ohne dieselbe schlechterdings
nicht zu Stande gebracht werden können. Und
ob zwar der Geschmack, oder die ästhetische Urtheilskraft, wiefern sie auf das Schöne geht, eben
so wie die übrigen Erkenntnißvermögen, in dem
Vorstellungsvermögen überhaupt gegründet ist, so
würde doch ein System der Aesthetik, oder vielmehr eine Kritik der ästhetischen Urtheilskraft, nicht
möglich seyn, wenn man es blos bey jenem allgemeinen unbestimmten Begriffe vom Geschmack,
den der Verf. angibt, bewenden lassen wollte. Unter Verstand mag man nun entweder den Verstand
in weiterer oder in engerer Bedeutung verstehen,
so wird man, wenn man blos dabey stehen bleibt,
und den letztern nicht näher bestimmt, nie auf das
kommen, was die ästhetische Urtheilskraft von beyden specifisch unterscheidet, man würde den Verstand blos für das Vermögen das Mannichfaltige
der Anschauungen unter Begriffe zusammenzufas-
sen, und das Schöne für den Gegenstand als Erscheinung selbst nehmen müssen, und dadurch das,
was Theorie des Geschmacks oder der ästhetischen
Urtheils-

Urtheilskraft seyn sollte, zu einem Theil der angewandten Logik machen, welches denn auch bisher
durchgängig der Fall gewesen ist.

3. „Endlich könne die von dem Herrn Verf.
aufgeworfene Frage auch nicht den Sinn haben: Ob der Geschmack seine eigenen, von
keinem höhern Princip abhängigen, für sich
bestehenden Gesetze habe; denn es lehre die
Erfahrung, daß ein dergleichen Gesetz noch
bis jetzt durch keine Beobachtung, durch keine
Analyse gefunden sey.“

Ich muß gestehen, mein Freund, daß es
mir unbegreiflich ist, wie sich ein Mann von Herrn
Heydenreichs philosophischem Geiste, und dessen einziges Geschäft Philosophie ist, hier so sehr hat vergessen können. Wie kann man schließen: weil
bis jetzt noch keine dem Geschmack eigenthümlichen
und von andern Gesetzen unabhängigen Gesetze entdeckt worden sind, so sind dergleichen auch unmöglich? Aber auch die Erfahrung lehrt gerade das
Gegentheil. Denn das ist eben die Frage, die
Hr. Prof. Kant in seiner Kritik der Urtheilskraft
aufgeworfen und bejahend beantwortet und erwiesen hat. Er hat ein Princip für den Geschmack
aufgestellt, das demselben allein eigen ist und ganz
unabhängig von andern Principien für sich besteht.
Nach der zu Ende der Vorrede des Heydenreich-
schen Systems der Aesthetik befindlichen Note kannte
zwar derselbe jene Kritik der Urtheilskraft, allein
Hr. H. hatte das System der Aesthetik schon vor

B 4 der

der Erscheinung des Kantischen Werks ausgear=
beitet, und dieses zur Zeit, da er die Vorrede zu
seinem Buche schrieb, weder ganz gelesen noch stu=
dirt. Man kann ihm also den Mangel jener Er=
fahrung, da sie erst nach der Ausarbeitung und
vielleicht schon nach dem Abdruck der Aesthetik,
bekannt wurde, nicht zur Last legen, und Hr. H.
wird ohnfehlbar jetzt, da er die Kritik der Urtheils=
kraft ganz gelesen und geprüft haben wird, der bes=
sern Ueberzeugung Raum geben, und nunmehr
einsehen, daß seine Theorie nur auf eine precäre
Weise bestehen kann, so wie alle vor ihm vorhan=
denen Theorien, die er eben nicht billig behandelt;
da er, so wie die Verfasser der letztern, unterlassen
hat, aus der Natur des menschlichen Erkenntniß=
vermögens und insbesondere der Urtheilskraft zu
zeigen, daß gar kein Princip des Geschmacks durch
dieselbe möglich sey.

VIII,

System der Aesthetik. Erster Band. Von
Karl Heinrich Heydenreich, Prof. der
Phil. in Leipzig. Leipzig bey G. J. Gö=
schen. 1790. in 12, (392 S.)

Erste Betrachtung. Es wird die Frage unter=
sucht, warum die Kunstwerke bey den Alten
größere Wirkungen auf die moralische und politische
Bildung hervorbrachten, als bey den Neuern.

Uns scheint weder das Factum, welches bey
dieser Frage vorausgesetzt wird, bewiesen, noch
die Erklärung und Beantwortung derselben genug=
thuend. Diese Erklärung ist: daß, theils die my=
thologische Religion der Griechen, theils ihre re=
publikanische Staatsverfassung, ihnen einen weit
anpassendern und weit interessantern Stoff für
Kunst = und Dichterwerke gegeben, — und daß ihr
Patriotismus an den Darstellungen derselben viel
lebhafter Theil genommen habe. — Wir möchten
wohl wissen, ob man zu Aeschylus und Sophokles
Zeiten, am Prometheus, oder auch an des Oedip
und seiner Familie Geschichten, in Athen wärmern
Antheil nehmen konnte, als wir z. B. an den Tha=
ten Heinrichs des Vierten in Frankreich nehmen?

Waren die Helden Homers, und die meisten
Helden der Tragiker, nicht eben so gut für die re=
publi=

publikanischen Athenienser, zu Sokrates Zeiten,
fremde Wesen, und Bilder aus einer ausgestorbe-
nen Welt, als für uns die großen Männer Roms
oder Griechenlands sind? Rec. weiß, außer den
Persern des Aeschylus, kein einziges uns übrig ge-
bliebenes Werk der griechischen Dichter, dessen
Sujet aus ihrer wahren Geschichte und aus derjenigen Epoche genommen wäre, deren Begebenheiten fähig gewesen wären, ein wahres Na-
tionalinteresse und eine patriotische Theilnahme zu
erwecken.   Am meisten befremdet ihn die Behauptung, daß der Bürger-Enthusiasmus, mit
dem Feuer der Phantasie vereiniget, in dem Geiste
der darstellenden Künstler, sogar die Läuterung und
Erhöhung der Gestalten wirkte; und daß dieß die
Ursache gewesen sey, warum die griechischen Maler und Bildhauer ein vollkommneres Schönheits-
Ideal in ihrer Phantasie hatten als die unsrigen; —
und warum sie in ihren Werken die Darstellung
der Schönheit dem Ausdrucke der Leidenschaften
vorzogen.   Uns dünkt, der Patriotismus kann
höchstens den Eindruck verstärken, welchen Kunstwerke machen, indem er nähere Beziehungen derselben auf die Person und den Zustand der Zuschauer stiftet; er kann die Künstler begeistern, indem sie sich mehr für ihre Sujets einnehmen, oder
indem sie einen lebhaftern Beyfall voraussehen:
aber nimmermehr kann er der Phantasie neue Gestalten darbieten, oder den alten höhere Schönheit mittheilen.

Daß

Daß die Griechen aller Stände einander an
Bildung und Geschmack weit gleicher waren, als
es die Bürger der heutigen europäischen Staaten
sind, und daß deswegen die Künstler ein ausge-
breiteteres und gleichförmiger urtheilendes Publi-
cum vor sich fanden, kann auch noch bezweifelt
werden. Wenigstens scheint der erstaunliche Ab-
stand zwischen der Niedrigkeit der Aristophanischen
Scherze, und dem Pomp des Ausdrucks in den Chö-
ren der Tragiker, zu beweisen, daß beyde für ganz
verschiedene Arten von Menschen calculirt waren.

„Wir Neuern nehmen, (heißt es S. 35)
„bloß das allgemeine Interesse des Menschen an
„den Werken unsrer Künstler und Dichter, die
„Alten das Interesse des Patrioten." Aber man
darf nur einen Blick auf den Inhalt der Werke
der bewundertsten Dichter in Griechenland werfen:
so zeigt sich, daß er bey den Zeitgenossen dieser
Dichter schwerlich ein anderes großes Interesse,
als das, welches wunderbare Begebenheiten und
außerordentliche Charaktere erwecken, haben konnte.
Warum liefert Theben und die Cadmeische Familie so viel Stoff für die griechische Schaubühne? —
Weil sie so viel Stoff für die Mythologie enthält,
d. h. weil Wunder, Weißagungen, seltsam er-
füllte Orakel, schnelle Veränderungen des Glücks,
große Verbrechen und große Unglücksfälle in ihr
abwechseln: alles Sachen, welche den Menschen,
nicht den Atheniensischen Bürger interessiren.

Noch viel weniger können wir zugeben, daß der
Einfluß der Künste, wie S. 36. 37. gesagt wird,
dadurch

dadurch sey vermehrt worden, weil er sich in glän=
zenden Thaten oder in Lobsprüchen und Bewunde=
rung ohne Rückhalt äußern konnte. Ich gestehe,
daß ich die Schamhaftigkeit nicht kenne, welche uns
jetzt hindern soll, unser Wohlgefallen an einem
Meisterwerke der Kunst laut werden zu lassen: es
sey dann, daß es unter Leuten wäre, die unserm Ur=
theile nicht beystimmten, oder die unsern Enthusias=
mus übertrieben fänden; in welchem Falle aber
auch bey den Griechen der Bewunderer eines
Dichters oder Kunstwerks Tadel wird gefunden
haben. Und warum sollten wir, wenn ein Kunst=
werk uns in Flammen gesetzt hätte, unserm Vater=
lande in unsrer Sphäre nützlich zu seyn, nicht Ge=
legenheit finden zu handeln? Freylich sind die Sphä=
ren jetzo getheilter: und wenn ein Gelehrter vor
der Statue Seydlitzens oder Schwerins vorbey
geht, so kann er nicht durch die Hofnung, ihnen
nachzuahmen, begeistert werden. Aber wenn die
aufgestellte Büste Leibnitzens ihm Ruhmbegierde
eingeflößt hat: was wird ihn hindern, diese in ihm
entstandene Regung, zu Erhöhung seines Nach=
denkens oder zur Stärkung seines Fleißes anzu=
wenden?

Ueberhaupt kommt es uns, nach der geringen
Kenntniß, die wir vom Alterthume und von unsrer
Zeit haben, vor, als wenn man den Einfluß von
Patriotismus und demokratischer Verfassung auf
Wissenschaft und Kunst, und hinwiederum die
Einwirkung dieser auf das bürgerliche Leben, die
Tugend und die Glückseligkeit, bey den Alten zu
hoch

hoch ansetzte, — bey uns hingegen zu sehr verklei=
nerte. Wenigstens scheint uns die Sache histo=
risch noch nicht genau genug untersucht: und dieß
ist doch nothwendig, ehe man über die Ursache der
Erscheinung philosophiren kann. Die Materie
scheint zwar überhaupt für die Einleitung zu einer
allgemeinen Aesthetik nicht passend: aber wenn sie
doch hier oder an irgend einem andern Orte abge=
handelt werden sollte, so würden wir folgende Fra=
gen erörtert wünschen. Erstlich: haben die Werke
der Bildhauer, Maler und Dichter auf die Ge=
müther der Griechen tiefere Eindrücke gemacht, als
ähnliche Werke auf die unsrigen machen? — Hier
würde nöthig seyn, manche Erzählungen, die uns
die Alten davon machen, zu sichten, — zweifelhaf=
te und wahrscheinlich übertriebne von unzweifelhaf=
ten Factis zu trennen. Es werden sich Data auf
beyden Seiten zeigen. — Allerdings gehört eine
feurigere Liebhaberey für Dichtkunst und für das
Theater, als wir bey unsern Zeitgenossen nicht fin=
den, dazu, um die Vorstellung von zwey, drey
langen Trauerspielen hintereinander auszuhalten: —
welches doch die griechischen Zuschauer bey den
Wettkämpfen ihrer Dichter am Bacchusfeste ver=
mochten.— Zweytens: war dieser höhere Eindruck
blos lebhafteres Vergnügen; oder wirkte er auch
mehr, als bey uns, auf das sittliche und politische Le=
ben, auf Bildung des Charakters, auf Belebung
des Willens zu patriotischen Thaten? Diese zwey=
te Frage scheint uns noch mißlicher zu bejahen; ob
wir gleich wissen, daß Solon durch seine Verse, die
doch

doch nicht sehr dichterisch waren, die Athenienser
bewog, einen Krieg mit den Salaminern anzufan-
gen, und Tyrtäus den Lacedämoniern den Sieg
verschafte. Die Werke der Bildhauer = und Ma-
lerkunst sind freylich jetzt den Blicken des Publici
weniger blos gestellt. Sie sind aber überhaupt
weniger dazu gemacht, Vorstellungen zu erregen,
als daran zu erinnern. Sollte aber die Dichtkunst und die Muse der Geschichte nicht noch jetzt,
wie ehedem, junge Helden = Seelen durch Schilderung ihnen ähnlicher Urbilder begeistern können? —
Drittens: wenn es wahr wäre, daß die Griechen
von den Werken der schönen Künste lebhafter gerührt oder stärker in Bewegung gesetzt worden wären: so würde dann erst die Frage seyn, ob die
größere Reizbarkeit ihrer Gefühle überhaupt, oder
die Natur und Beschaffenheit jener Werke, die
Ursache davon gewesen sey? Man könnte denken,
daß, da ihre Künstler und Dichter, zum großen
Theile, eben die Gegenstände bearbeiteten, welche
den Stoff zu ihrem religiösen Glauben und Got-
tesdienste gaben, — die Wundergeschichten ihrer
Götter und Halbgötter; — diese Religion aber
nach und nach allen ihren Einfluß und diese Wunder allen ihren Glauben verloren: auch ihre Dichter = und Künstler = Werke nicht durch ihren Stoff,
sondern nur durch ihre Form können gewirkt haben. Nicht die Theilnahme an den Geschichten
und Handlungen, sondern die dichterische oder philosophische Behandlung gab den Stücken ihren
Werth. Aber dieß haben auch noch unsre Dich-

XXXXIII. B. 2. St. N ter

ter in ihrer Gewalt, wenn sie uns für Personen
und Zeiten interessiren wollen, die eigentlich mit
uns nicht zusammenhängen. — Doch wir verlieren uns selbst ins Philosophiren, indem wir sagen, daß man hier nur historisch untersuchen sollte.

Zweyte Betrachtung: S. 40. Sie ent-
hält einen an sich vielleicht entbehrlichen, aber doch
durch seine Entwickelung lehrreichen Beweis davon,
daß die schönen Künste auch unter uns noch nützlich
sind, wenn sie auch nicht so mächtig auf uns als
auf die Alten wirken. Denn soviel kann
noch vor Zergliederung ihres Begriffs, von ihrer
Natur einsehn: daß sie Empfindung und Phantasie üben und verfeinern. Diese Fähigkeiten aber
und ihre Vervollkommnung sind zu Erreichung des
Zwecks der menschlichen Natur unentbehrlich: wir
mögen diesen nun in die Glückseligkeit, oder in die
Ausübung der Tugend setzen. Hierin stimmt jeder
vernünftige Leser gewiß mit dem Autor überein.
Weniger vielleicht, wenn dieser, S. 48, auch die
Voraussehung der Zukunft unter die Folgen der
von den Künsten verfeinerten Phantasie setzt. Nicht
alle entfernte Folgerungen, die sich aus dem Gebrauche der Einbildungskraft zu andern Operationen des Geistes ziehen lassen, durften hier als Nutzen der schönen Künste angeführt werden: (denn
wo wäre sonst eine menschliche Handlung, zu welcher sie nicht beytrügen?) sondern nur diejenigen Kraft-Aeußerungen der Seele durften angeführt werden, bey welchen die durch die schönen
Künste veredelte Einbildungskraft eine größere

Ver-

Vervollkommnung hervorbringt. Dieß aber ist gewiß bey der Voraussetzung nicht der Fall. Der
feinste Geschmack und das lebhafteste Dichtergefühl
wird den Menschen nicht lehren, die Wahrscheinlich-
keiten besser berechnen, — worauf am Ende unsre Voraussetzungen hinauslaufen. Einleuchtender ist es, wenn S. 51 den Künsten das Verdienst
zugeschrieben wird, die Tugend zu befördern, indem
sie die sympathetischen Gefühle im Menschen erwecken. Das Mitleiden ersetzt, wie Rousseau glaubt,
die Stelle der Tugend bey dem rohen Natur-Men-
schen: und dieß Gefühl ist noch bey dem gebildetsten
nöthig, um die tugendhaften Principien zu unterstützen.
Sich an die Stelle Anderer zu setzen, ist die Basis
der Gerechtigkeit, so wie der Menschenliebe. Dazu
machen uns aber Künstler und Dichter fähiger, indem sie durch Auswahl und Darstellung ihrer Gegenstände uns nöthigen, aus uns selbst herauszu-
gehn, und unsere ganze Aufmerksamkeit fremder und
selbst erdichteter Menschen Schicksalen und Thaten
zu widmen.

Die Künste können aber auch unmittelbar
Tugend befördern. Indem sie diejenigen Fälle bestimmter darstellen und lebhafter schildern, auf welche die allgemeinen Regeln der Moral anzuwenden
sind: so machen sie uns den Gebrauch dieser letztern
unter ähnlichen Umständen leichter. Fast jeder
Knoten, den ein Dichter schürzt und auflöst, ist zugleich ein Gewissensfall, über den er uns Aufschlüsse giebt. Je wichtiger und verwickelter die Begebenheiten und Handlungen sind, und je größer die

N 2 Män-

Männer sind, welche dabey auftreten: desto besser
lernen wir aus einem Gedichte die Sittenlehre in
Concreto kennen, — ein Unterricht, der immer
praktischer ist als der, welchen die bloße Theorie
giebt.

„Aber,‟ sagt Hr. Heydenreich, „wenn dieser moralische Nutzen der Künste bewiesen seyn soll,
so muß es zuvor ausgemacht seyn, daß sie allgemeine Geschmacksregeln haben.‟ — Wir gestehen,
daß wir die Consequenz hiervon nicht völlig einsehen.
Denn einige der angeführten Gründe blieben immer in ihrer Kraft; Phantasie und Empfindung
würden immer durch die Künste geübt; und der
Mensch würde durch ihre Schilderungen mit der
wirklichen Welt bekannter: es möchten sich nun
ihre Regeln auf ein allgemeines, einziges Principium des Schönen zurückbringen lassen oder mehrere erfordern; und dieses Principium möchte nun
aus der Erfahrung erkennbar, oder a priori aus
der Natur der Vernunft herzuleiten seyn.

Dritte Betrachtung. S. 65. Sie fängt
mit einer kurzen Geschichte der Aesthetik an. Die
Alten kannten nur wenig von einer allgemeinen
Theorie der Empfindungen des Schönen. Bilfinger äußert zuerst den Gedanken, daß eine solche
Wissenschaft möglich sey. Baumgarten versuchte
sie zu bearbeiten. Nach ihm hat die Aesthetik keine weitern Fortschritte gemacht. Die Mängel der
seinigen sind: 1) daß er nach Leibnitz und Wolf
Vergnügen und Schmerz für ein Product der Vor-
stellungskraft, oder die Empfindungen bloß für verworrene

worrene Vorstellungen hielt; 2) daß er die Schönheit in sinnlich erkannte Einheit des Mannichfaltigen setzte, — ein Begriff, der weder auf alle schöne Gegenstände paßt, noch, wo er anwendbar ist,
das Wesen derselben erschöpft; 3) daß er die
Vollkommenheit der sinnlichen Erkenntniß zum
Wesen der schönen Künste machte, wodurch 4) der
Fehler entsteht, daß Ton = und Tanzkunst, nebst den
bildenden Künsten, von seiner Aesthetik ausgeschlossen werden. Endlich verwechselte er 5) allgemeine
Begriffe mit Grundprincipien, und glaubt die Quellen unserer Empfindung des Schönen gefunden zu
haben, wenn er nur gewisse gemeinsame Merkmale
derselben durch ein abstractes Wort mit einander
verknüpft hat.

Vierte Betrachtung. S. 81. Die Frage:
ob es allgemeine Principien des Geschmacks gebe?
sagt mit andern Worten so viel: ob die Gesetze des
Geschmacks sich aus den höchsten Principien der
Vernunft so ableiten lassen, daß jeder, der diese
annimmt, auch jene anerkennen müsse?

Dieser ist eine zweyte Frage untergeordnet:
Machen die schönen Gegenstände eine eigne Classe
von Gegenständen, und die Empfindungen, die sie
erregen, eine eigne Classe von Empfindungen aus?

Um der Beantwortung dieser Fragen näher zu
rücken, macht der Autor folgende Eintheilung unter
den Empfindungen. Erstlich: Empfindungen, die
ohne alle uns bewußte Ursache in uns entstehen.
Zweytens: diejenigen, bey welchen wir uns des
Eindrucks gewisser Gegenstände auf unsere Organe

bewußt

bewußt sind, aber ohne daß wir über diese Gegenstände ein Urtheil fällen. Drittens: solche, welche auf zufälligen Associationen der Vorstellungen
beruhen. Viertens: solche, welche animalisches
Wohlseyn; oder, fünftens, geistige Glückseligkeit
zum Gegenstande haben. Endlich sechstens: welche durch die Beziehung gewisser Vorstellungen auf
die Gesetze des Verstandes und der Vernunft erregt werden.

Hieraus ergiebt sich die Classification der Schönheiten:

1) Schönheiten, wo das Wohlgefallen aus dem
sinnlichen Eindrucke, ohne ein Urtheil über den Gegenstand, entsteht. Hieher gehört die Schönheit
einzelner Farben und Klänge.

2) Diejenigen, wo das Vergnügen aus zufälligen Associationen der Vorstellungen herrührt. Beyspiele sind unzählige von Gegenständen, die uns gefallen, bloß weil sie uns an andere erinnern, die
uns lieb waren.

3) Solche, wo das Wohlgefallen entspringt aus
der Beziehung des Gegenstandes auf unser Wohl
und Weh. Licht und Finsterniß sind davon die
einfachsten Beyspiele. Diese ist uns nur deßwegen unangenehm, weil sie uns alles verbirgt, und
jenes erfreut uns, weil es uns alles entdeckt, was
wir zu unserer Sicherstellung oder zu unserer unge-
hinderten Thätigkeit brauchen.

Endlich die Schönheiten, welche uns deßwegen gefallen, weil wir in ihnen Uebereinstimmung
mit unsern Verstands- und Vernunftgesetzen finden.

den. Von dieser Art ist die Schönheit der Ordnung und Zweckmäßigkeit.

Die beyden ersten Gattungen der Schönheit
lassen sich durchaus nicht aus Vernunftprincipien
herleiten. Denn da, wo wir auch die nächste Ursache unserer Empfindungen nicht wissen, oder wo
wir sie geradezu in dem Reiz eines körperlichen
Werkzeugs antreffen: — wie könnten wir die Vernunft, die immer nur durch Urtheile wirkt, deren
wir uns bewußt sind, als Grund jener Empfindungen ansehen, und also in den Gesetzen der Vernunft
die Regeln dieser Schönheiten auffinden?

Nur fragt sichs: sind die beyden letztern Classen
in eben diesem Falle? oder vielmehr, da es schon
in der Definition liegt, daß dabey ein Urtheil vor-
waltet: beruht dieses Urtheil auf zufälligen oder
auf nothwendigen Ursachen? Sind diese Urtheile
von der Art, daß alle vernünftige Wesen, wenn sie
nicht irgendwo im Facto irren, darin übereinstimmen
müssen? Dieß wird nun der Gegenstand der folgenden Untersuchungen seyn.

Nur zwey Anmerkungen wollen wir uns über
diese Eintheilung erlauben: Die erste betrift die
Methode, wie der Philosoph bey Erfindung derselben zu Werke gegangen; die andere betrift die ge-
machten Unterschiede selbst.

Die erstere ist mit der Behandlungsart, welche im ganzen Werke herrscht, gleichförmig. Sie
geht ganz a priori aus; sie läßt den Leser nur die
Resultate der Untersuchungen sehen, ohne ihn selbst
daran Theil nehmen zu lassen. Durch die ange-

N 4　　　　　führten

führten Beyspiele, durch die Anwendung der gefundenen Begriffe auf specielle Untersuchungen, werden zwar dieselben gerechtfertiget; aber sie behalten doch das Ansehen von Hypothesen, die nicht aus den Erfahrungen abgezogen, sondern unabhängig von denselben durch Theilung und Combination allgemeiner Begriffe gemacht worden, und erst nachdem sie völlig fertig waren, auf die Objecte, zu deren Erklärung sie dienen, angewandt worden.

So hier in unserm Falle. Wer bürgt uns dafür, daß obige Eintheilung alle Gattungen von Schönheit unter sich befaßt; daß nicht noch mehrere Glieder dazu gehören; oder daß die Abtheilungen nicht noch bequemer und natürlicher unter den Arten gemacht werden könnten? Sollten nicht zu dem Ende zuerst alle die Gegenstände, welche der Sprachgebrauch schön nennt, aufgezählt worden seyn? Mußte nicht alsdenn erst der Sprachgebrauch selbst berichtiget, und unter den schöngenannten Gegenständen diejenigen, welche den Namen der schönen, nach der allgemeinen Uebereinstimmung der Menschen, im eigentlichsten Verstande verdienen, von denen abgesondert werden, die ihn nur im metaphorischen Sinne, oder gewisser Analogien wegen bekommen? War es nicht der natürliche Gang der Meditation, alsdann erst, wenn man die Facta, aus welchen der Begriff der Schönheit abstrahirt werden sollte, vollständig gesammelt und aufs Reine gebracht hätte, das Gemeinschaftliche in den Empfindungen des Schönen aufzusuchen; und wenn dieses geschehen wäre, die

Unter-

Unterschiede der Arten zu bemerken? Mit einem
Worte, ist der Weg der Induction und der Erfahrung nicht der einzige, welcher in Untersuchung
und Classification menschlicher Empfindungen und
menschlicher Werke genommen werden muß? In
der That, alle Theorien, welche nicht auf diese
Weise aus den beobachteten einzelnen Dingen hergeleitet werden, scheinen, wenn sie auch in ihrer
Anwendung noch so viel Aufschlüsse geben, doch
nur glückliche Einfälle zu seyn, die man wegen ihres innern Zusammenhangs und der Kunst in ihrer Anordnung bewundern kann, die man auch so
lange für wahr hält, als sie eine bequeme Anwendung auf die Thatsachen leiden; die aber doch niemals eine völlige Befriedigung gewähren. Was,
zum zweyten, die Eintheilung selbst betrift, so ist
das zweyte Glied derselben von einem ganz andern
Grunde der Eintheilung abhängig, als die übrigen.
Jeder Gegenstand nämlich, der eine Empfindung
nur durch Association der Begriffe erregt, erregt
eigentlich diese Empfindung gar nicht durch sich
selbst, — und gehört also gar nicht in die Classe
von Gegenständen, welche durch die Kraft, jene
Empfindung zu erregen, als durch eine ihnen eigenthümliche Beschaffenheit bezeichnet werden.
Auf der andern Seite findet die Association bey allen Arten der Empfindungen statt: und diese Classe erstreckt sich also gewissermaßen über die andern
alle. So würde in unserm Falle zuerst das Schöne, was durch sich selbst schön ist, von dem, was
schön bloß deßwegen genannt wird, weil es die

Idee

Idee eines schönen Gegenstandes in Erinnerung
bringt, abzusondern seyn. Und dann erst würde
das durch sich selbst Schöne von neuem eingetheilt,
oder die Verschiedenheit der Ursachen, welche diese
Empfindung erregen, aufgesucht werden können.
Die drey übrigen Arten des Schönen sind mit den
Abtheilungen gleichförmig, die Kant in seinem
neuesten Werke, der Kritik der Urtheilskraft, zwischen dem Angenehmen, dem Guten und dem Schönen macht. Das erste ist, was durch Eindruck auf
die Sinne, das zweyte, was durch Beziehung
auf unser Wohlseyn, das dritte, was durch Uebereinstimmung mit den Gesetzen unserer Vorstellungs-
und Denkkraft gefällt. Diese Uebereinstimmung
beyder Philosophen befremdet uns nicht: und wir
sind weit davon entfernt, die Ideen des jüngern
Autors aus der Bekanntschaft mit dem Werke des
ältern herzuleiten. Erstlich ist diese Unterscheidung nicht so unbekannt, daß sie als die ausschließ-
liche Erfindung eines von beyden Philosophen angesehen werden müßte. Beyde gehen in einem
wesentlichen Umstande von einander ab: indem
Kant dasjenige von dem Namen und dem Begriffe des Schönen gänzlich ausschließt, was Heydenreich als Arten desselben aufzählt. Und hierin
scheint uns allerdings Kant dem richtigern Sprachgebrauch und Ideengange gefolgt zu seyn.

III

Anhang

1. Biographische Daten
1764 geb. zu Stolpen (Pfarrhaus)
1778 Thomasschule Leipzig
1782 Universität Leipzig, Studium der Geschichte und Philosophie
1785 Magister der Philosophie
1789 Professur in Leipzig
1796 Flucht vor Gläubigern nach Köthen, Hubertusburg
1797 Rückkehr an die Universität. Entlassungsgesuch
1798 Umzug nach Burgwerben bei Weißenfels
1801 26. April: Tod durch Nervenschlag

2. Heydenreichs ästhetische Schriften
„Ideen über die Möglichkeit einer allgemeinen Theorie der schönen Künste", Denkwürdigkeiten aus der Philosophischen Welt, hg. K. A. Cäsar, 3 (1786), 231–306.
„Bemerkungen über den Zusammenhang der Empfindung und Phantasie", Denkwürdigkeiten, 5 (1786), 136–203.
„Skizze einer Einleitung in die Aesthetik", Denkwürdigkeiten, 5 (1787), 233–245.
„Ueber die Principien der Aesthetik, oder über den Ursprung und die Allgemeingültigkeit der Vollkommenheitsgesetze für die Werke der Empfindung und Phantasie", Amalthea für Wissenschaft und Geschmack, hg. D. C. D. Erhard, 1 (1789), 2. St., 7–24; 3. St., 112–120.

„Warum urtheilen die Neueren so zweydeutig über die Nützlichkeit der schönen Künste für den Staat und die Menschheit, welche doch die Alten so allgemein anerkannten", Amalthea, 1 (1789), 3. St., 24–49.

„Grundriß einer neuen Untersuchung über die Empfindung des Erhabenen", Neues Philosophisches Magazin, hg. J. H. Abicht u. F. G. Born, 1 (1789), 1. St., 86–96.

„Entstehung der Aesthetik, Kritik der Baumgartenschen, Prüfung des Kantischen Einwurfs gegen die Möglichkeit einer philosophischen Geschmackstheorie, bestimmtere Richtung der ganzen Frage, worauf es hiebey ankommt", Neues Philosophisches Magazin, 1 (1789), 2. St., 169–205.

„Ueber den Grundbegriff der schönen Künste", Amalthea, 2 (1790), 2. St., 129–168.

System der Aesthetik. Erster Band, Leipzig 1790.

Archibald Alison über den Geschmack, dessen Natur und Grundsätze. Verdeutscht und mit Anmerkungen und Abhandlungen begleitet, Leipzig 1792.

Aesthetisches Wörterbuch über die bildenden Künste, nach Watelet und Levesque. Mit nöthigen Abkürzungen und Zusätzen fehlender Artikel kritisch bearbeitet, 4 Bde, Leipzig 1793, 1794, 1795.

Kurzgefaßtes Handwörterbuch über die schönen Künste, Hg., Grohmann, u. a., 2 Bde, Leipzig 1794, 1795. (Von Heydenreich stammt u. a. der Artikel über die allgemeine Theorie der Ästhetik).

Grundsätze der Kritik des Lächerlichen mit Hinsicht auf das Lustspiel. Nebst einer Abhandlung über den Scherz und die Grundsätze seiner Beurtheilung, Leipzig 1797.

Der Privaterzieher in Familien, wie er seyn soll. Entwurf eines Instituts zur Bildung künftiger Hofmeister. Nebst einigen Vorlesungen über die Vortheile, welche künftige Religionslehrer von der Erziehung der Kinder in den Perioden der ersten Entwicklung ihrer Kräfte ziehen können, und einer Betrachtung über die Pflichten der Führer junger Studierenden auf Akademien, 2 Bde, Leipzig 1800, 1801.